Javier Sánchez-Beaskoetxea

CORRER MARATONES

...
INSPIRACIÓN
PREPARACIÓN
EXPERIENCIA
TÉCNICA
VIAJES
ORGANIZACIÓN
PASIÓN
...

DE **NUEVA YORK** A LA CIMA DEL **STELVIO**

Una GUÍA COMPLETA con toda la experiencia
de un corredor popular en 25 MARATONES

Javier Sánchez-Beaskoetxea

CORRER MARATONES

INSPIRACIÓN
PREPARACIÓN
EXPERIENCIA
TÉCNICA
VIAJES
ORGANIZACIÓN
PASIÓN

DE NUEVA YORK A LA CIMA DEL STELVIO

Una GUÍA COMPLETA con toda la experiencia
de un corredor popular en 25 MARATONES

DEPORTE • EDITORIAL ARCOPRESS
Directora editorial: Isabel Blasco
Edición, diseño y maquetación: Fernando de Miguel

Imprime: BLACK PRINT
ISBN: 978-84-17057-82-4
Depósito Legal: CO-2298-2018
Hecho e impreso en España - *Made and printed in Spain*

A mi familia, a mis compañeros de entrenamientos
y a todos los que han compartido kilómetros y risas conmigo.

Índice

Amor y odio

¿Quieres correr un maratón y no sabes si verdaderamente estás preparado para enfrentarte a la distancia mítica de los cuarenta y dos mil ciento noventa y cinco metros? Aquí tienes este libro escrito por Javier Sánchez-Beaskoetxea, un enamorado de las maratones que ha querido ilustrar todas sus experiencias en un ameno texto.

Antes de la carrera afloran pensamientos revoloteando por tu cabeza, esos miedos escénicos y preocupaciones que surgen cuando tienes que enfrentarte a un maratón: tú contra nadie, solo en el asfalto y con tu propio reto. Javier se ha puesto en la parrilla de salida en veinticinco ocasiones y tan grande fue su amor–odio con el maratón que en uno de ellos, en el de New York, en 2012, le pegó un tiro, «ficticiamente» claro, al alcalde de la ciudad en Central Park por haber cancelado la carrera y volvió a la ciudad de los rascacielos y continuó corriendo.

Por muy atleta de elite que hayas sido, por muchos maratones que hayas corrido y aunque en tu cabeza destellen canas de sabiduría, nunca dejarás de ilustrarte. Cada maratón es diferente y en cada uno de ellos se experimentan diferentes sensaciones. Decidí correr un maratón por envidia. No acertaba a creer la felicidad que expresaba mi grupo de atletas populares cada vez que participaban en una carrera de 42 km. No concebía el esfuerzo diario, los dolores y suspiros sin haber empezado, sin recompensa y con un sufrimiento difícil de reconvertir en gozo.

Foto de www.runningfiz.com

En mis pensamientos lo imaginaba como el masoquismo llevado al *running*, pero si ellos disfrutaban, había que probarlo. Tan
grandiosa fue la envidia que, una y otra vez, traté de experimentar-
la. Todo lo que me habían transmitido resultó no ser nada exage-
rado. Terminé mi primer maratón y lo que más me llamó la atención es que sí, hubo recompensa. Pero no la medí ni en pesetas, ni
en euros. Fue un premio que me vino interiorizado, un subidón de
autoestima y de sentimientos de amor y odio.

Quién me iba a decir a mí que una vez pasado de los cincuenta
«tacos», después de haber corrido más de 300 000 kilómetros y de
enfrentarme a maratones extenuantes, unos con el ideal de terminarlos y otros —lo que es más difícil—, para intentar conquistarlos,

que hoy continuaría corriendo con la misma pasión y dedicación que cuando corrí por primera vez un maratón (Helsinki 1993). Os aseguro que sigo estrellándome con ese personaje ficticio llamado «el hombre del mazo», que me hace empequeñecer como si se tratara de un espantapájaros y aún así sigo corriendo maratones. Sí, sigo corriendo maratones. Me angustio, lloro y me río sin saber por qué lo hago. Pero cuando llegan los metros finales me doy cuenta de que todo lo que surgió en el camino mereció tan grande atrevimiento. Estremecimientos, emociones, compañía y un brote de sentimientos es lo que se necesita cuando te vas aproximando a los arcos de meta. «¡Nunca más!». Pero a la vez cavilas... ¿Cuándo será la próxima?

Yo también fui principiante y ahora, con todo mi hábito en maratones y después de haber ganado los seis más importantes del Mundo (Tokio, Boston, Londres, Berlín, Chicago y New York), las *Six Majors* en categoría para Master, continúo reciclándome e informándome y nunca dejaré de hacerlo, porque en los pequeños detalles está el éxito. Y este libro que tienes entre tus manos, escrito por Javier, tiene todos los ingredientes para que tu maratón colme todas las aspiraciones.

Las piernas de Javier han llegado a cubrir veinticinco maratones. Javier es un escritor, corredor y maratoniano que no concibe la vida sin el deporte o sin escribir, dos facetas que están presentes en su día a día y que para él son su modo de vida.

Corre un maratón porque será lo mejor que te haya pasado nunca. Correr un maratón tiene más de amor que de odio, o si no que se lo digan a Javier, pues en todas estas carreras disfrutó intensamente y en algunas sufrió. Y ahora en este libro, didáctico y divertido, nos transmite todas sus experiencias.

Martín Fiz
Campeón del Mundo de Maratón 1995.
Ganador de las Six Majors

Introducción.
¿Por qué correr un maratón?

¿Por qué correr un maratón? Tal vez si respondo a la pregunta de por qué corrí mi primer maratón esté respondiendo a la pregunta de por qué hacerlo.

¿Qué me llevó a correr por primera vez la distancia de 42,195 kilómetros? No tengo ni idea. Fue una decisión de estas que te van dando vueltas en la cabeza hasta que toman forma concreta y, finalmente, la llevas a la práctica. En realidad, nunca sabré cuándo empezó a rondarme esa idea, solo sé que cada vez pensaba más y más en ella y un día decidí que debía correr un maratón.

¿Cuándo me pasó esto? Pues no sé. Ya desde que estaba en edad escolar me gustaba correr. El fútbol se me daba fatal, y en nuestro entorno, si eres un crío que juega mal al fútbol, no eres popular. Tal vez de ahí venga mi animadversión por el fútbol. De ahí y de que me resulta tremendamente aburrido. Creo que he visto muy pocos partidos que hayan logrado mantener mi interés los noventa minutos. Si además le sumas a esto el hecho de que es el deporte donde más violencia se da en su entorno, incluso en las categorías escolares, pues la verdad, no le tengo mucho cariño.

Así que, allí estaba yo, marginado en los recreos cuando se formaban partidos de fútbol. El baloncesto y otros deportes de equipo tampoco me atraían demasiado. Pero de vez en cuando algunos como yo nos juntábamos y corríamos dando vueltas a la Plaza Moyúa en el centro de Bilbao (que era nuestra pista de atletismo) y, más tarde, dando vueltas a la *ikastola* Lauro durante el recreo.

Desde siempre me gustaban los documentales, sobre todo los de Félix Rodríguez de la Fuente de *El hombre y la tierra*. Y me gustaba cuando contaba con su inolvidable voz cómo cazaban los lobos a sus presas, acosándolas y persiguiéndolas hasta que la mayor resistencia de los lobos las agotaba. Entonces yo no había oído nada acerca de la «caza por persistencia». De esto he sabido no hace mucho tras leer el famoso libro *Nacidos para correr: La historia de una tribu oculta, un grupo de superatletas y la mayor carrera de la historia*, de Christopher MacDougall. Pero, sin saber nada de eso, a mí me gustaba imaginarme que era un lobo corriendo infatigable tras mis presas por el monte.

Pero estoy seguro de que ni aún entonces pensaba que alguna vez me iba a gustar correr maratones. Seguramente no oía hablar mucho de maratones en aquellos años a principios de los setenta. Sí que oía hablar de Mariano Haro, un gran fondista palentino. Pero más que nada porque mi abuela materna era de Palencia.

Cuando entré en la adolescencia, y quizás porque en Euskadi el ciclismo siempre ha sido un deporte popular, me aficioné mucho a montar en bicicleta. El primer póster que recuerdo tener colgado en mi habitación era uno de Eddy Merckx, el mejor ciclista de la historia. Con 15 o 16 años, no recuerdo bien, me compraron mi primera bicicleta de carreras, porque los amigos con los que pasaba el verano en Lekeitio (que eran algunos de mis antiguos compañeros de la *ikastola*) solían salir en bici bastante. Y como en Lekeitio se captaba la señal de la televisión francesa, en julio solíamos ver las etapas del Tour y luego recorríamos las carreteras de la zona jugando a ser Eddy Merckx, Bernard Hinault, Joop Zoetemelk, Luis Ocaña y otros héroes de la ruta. Curiosamente, de todos aquellos amigos con los que me inicié en la bicicleta yo he sido el único que ha seguido practicando ciclismo toda la vida.

Así que, en aquellos años, entre los 15 y los 18, durante el invierno corría en el colegio (BUP y COU ya no seguí en Lauro) y montaba en bici durante el verano. No hacía competición, pero en ese tiempo fui formando mi cuerpo como corredor de fondo, que es lo único en lo que destaco un poco.

Después, el ciclismo empezó a ser una verdadera pasión para mí, y desde que terminé el colegio empecé a salir en bici casi todos los fines de semana, desde la primavera hasta el otoño, primero con la Sociedad Deportiva Indautxu y luego desde 1985 con la

Sociedad Ciclista Bilbaina, mi club, del que fui presidente unos años. Incluso durante dos temporadas me saqué la licencia de *amateur* (sin equipo, «por decidir», como ponía en la licencia) y tomé parte en algunas carreras, que casi nunca lograba terminar.

¿Y cuándo corría? Pues en los meses de invierno, cuando descansaba de la bici y hacía otros deportes que me gustaban, sobre todo ir al monte y correr. Corría algunas carreras cortas de la zona, y alguna vez la Behobia–San Sebastián, que para mí ya era larga por aquel entonces.

Pero aún no pensaba en correr maratones. Mis ansias de realizar grandes gestas deportivas estaban centradas en la bicicleta, sobre todo cuando ya en los noventa empecé a participar en grandes pruebas ciclistas en los Pirineos franceses subiendo los mismos puertos de montaña del Tour de Francia que tantas veces había visto por la tele y en las revistas.

Sin embargo, en algún lugar de mi cerebro tenía un maratoniano dentro, que creo que se despertó con los grandes éxitos de los atletas vascos Diego García y Martín Fiz (a quien no puedo sino agradecer de corazón que haya aceptado escribir el prólogo de este libro, todo un honor, Martín). Sus victorias en los maratones despertaron a mi maratoniano interior y a mediados de los noventa empecé a pensar en alto que alguna vez me gustaría correr un maratón. Y creo que entonces fue cuando comencé a soñar con correr un día el Maratón de Nueva York (sueño que hice realidad en 2013, tras una aventura fallida en el 2012 que explico en otro capítulo).

Y así, de forma natural, un día le comenté al Dr. Joseba Barron, mi compañero de la S. C. Bilbaina en muchas correrías por los Pirineos y que además dirige el Centro de Medicina Deportiva Senkirol, que quería prepararme para correr un maratón. La idea era elegir uno que fuera a comienzos de la primavera, para entrenar en invierno, y luego enlazar con la temporada ciclista.

En el club teníamos también a un gran deportista que hacía duatlones y corría maratones. La verdad es que no recuerdo su nombre. Hablando con él en alguna excursión me recomendó que para debutar en maratón eligiera uno con mucha gente y con mucho público para ayudarme a no venirme abajo en los momentos duros. Así que elegí hacerlo en Barcelona en 1996, en el que sería el último año en el que el Maratón de Barcelona transcurría por el recorrido del Maratón Olímpico de 1992, con la terrible y atractiva subida final a Montjuïc.

Me puse en manos de Joseba y me preparó un plan de entrenamiento. Lo primero que me preguntó es qué marca pensaba hacer. Yo no tenía ni idea. Más o menos, con los ritmos a los que corría entonces pensaba que podría poner como objetivo las 3 h 30 min, a una media de cinco minutos el kilómetro.

Como necesitaba una referencia, Joseba me mandó correr una prueba de 10 000 metros para poder deducir una posible marca objetivo. No había ninguna carrera de diez kilómetros en las siguientes semanas cerca de Bilbao (entonces no era como ahora, que hay carreras todas las semanas), así que un día bajé al parque de Doña Casilda con la bici, que tenía un cuenta–kilómetros de los de entonces, y un espray de pintura roja. Tomé un punto de referencia y fui marcando el perímetro del parque cada cien metros. Al día siguiente, y sabiendo cuántas vueltas tenía que dar para completar los 10k, fui al parque y corrí lo más rápido que pude. Creo recordar que tenía que dar nueve vueltas y un poco, porque cada vuelta era de algo más de 1 100 metros. No recuerdo lo que tardé, pero creo que dimos por bueno el objetivo de 3 h 30 min.

Así comenzó mi periplo maratoniano. Tenéis la historia de cómo me fue en Barcelona en el capítulo correspondiente en la segunda parte del libro.

Al año siguiente, de nuevo decidí que iba a correr otro maratón, pues la experiencia de Barcelona me marcó tanto que, a pesar de que me resultó una carrera durísima, según pasaba la meta ya tenía ganas de vivir otra vez ese momento mágico que supone siempre terminar un maratón.

En 1997 cambié el plan y me apunté al Maratón de San Sebastián. Al celebrarse en noviembre podía centrarme en la bicicleta hasta julio, para las grandes citas, y luego ya empezar a entrenar para el maratón. El objetivo volvía a ser hacer un tiempo de 3 h 30 min, y esta vez me quedé cerca.

Los siguientes años, entre la bici y el hecho de ser padre, apenas pensé en el maratón. Pero en el año 2000, unos problemas personales de los que no me gusta hablar (no quiero que este sea un libro más de superación personal y de autoayuda), me hicieron salir menos en bici y enfoqué mi motivación en completar el antiguo Maratón de Bilbao, que se celebraba en mayo. La verdad es que el tener en mente el maratón me ayudó con mis problemas y me salvó en los momentos complicados. Lo mismo me ocurrió muchas otras veces en los siguientes años al enfrentar diferentes objetivos deportivos.

Así que el año 2000 corrí mi tercer maratón en Bilbao, en casa. No lo pude entrenar mucho, así que me lo tomé con calma.

Después, poco a poco retomé con brío la bicicleta y, aunque corría algunas carreras y algún medio maratón, no fue hasta el año 2011 cuando decidí correr maratones de nuevo. Y ahí surgió como gran motivación la elección de «debutar» de nuevo en la distancia reina en Nueva York, en 2012.

En 2012 no pudo ser por los motivos que explico más adelante, pero sí que fue otra vez San Sebastián. En 2013 por fin corrí en Nueva York y unas semanas después también en San Sebastián. Luego en 2014 fue Rotterdam el elegido.

Ese año 2014 coincidió también con mi último año como ciclista de fondo, ya que unos problemas en la columna por una artritis me empezaron a resultar demasiado molestos en las salidas largas en bicicleta, con lo que ese año pasé de ser un ciclista que de vez en cuando corría maratones a un maratoniano que de vez en cuando sale en bici.

Y así empezó todo. Y así seguimos.

El libro *Correr maratones*

Si buscas un libro sobre planes de entrenamiento para correr maratones, este no es tu libro. Hay muchos buenos libros publicados sobre métodos de entrenamiento escritos por buenos especialistas en la materia. Yo no lo soy, ni pretendo serlo. Sí que dedico algunos capítulos a cómo preparar un maratón, pero aportando ideas generales que provienen de mi experiencia como corredor y que he aprendido tras leer mucho sobre el tema y charlar con médicos y entrenadores. También añado como anexo los entrenamientos que hice para los maratones a los que he llegado en mejor forma. Pero no pretendo decir a nadie qué plan le conviene seguir si quiere hacer una marca determinada.

La idea de este libro es plasmar sobre el papel todo lo que me inspira el deporte, el correr y el viajar para correr. También me gustaría transmitir desde estas líneas todo lo que he ido aprendiendo sobre el maratón, no sobre entrenar o sobre alimentación (para eso, como he dicho, ya hay gente que sabe muchísimo más que yo y que ha publicado libros), sino sobre la experiencia en sí misma del hecho de correr maratones.

Se suele comentar, como se dice de otras muchas facetas de la vida, que correr maratones más que un deporte es una forma de vida. No lo sé. Puede que sea así. Lo que sí sé es que desde que en mi planificación anual añado uno, dos o más maratones que me gustaría correr, se da la consecuencia lógica de que los meses siguientes buena parte de mi vida diaria gira en torno a esas carreras.

En mi anterior vida de cicloturista también me sucedía algo similar: elegía cuáles iban a ser las grandes citas de la temporada y enfocaba los entrenamientos y el resto de marchas ciclistas para llegar en las mejores condiciones posibles a los objetivos importantes. Ahora, desde que corro maratones con asiduidad, me pasa lo mismo: decido qué maratones quiero correr y el resto de mi año deportivo lo adapto a ellos (viajes, carreras…).

Así que sí… correr maratones puede que sea mi forma de vida. Y esta forma de vida me ha enseñado bastantes cosas, muchas de ellas aplicables a cualquier otro aspecto de la vida, como la habilidad en la planificación de objetivos, la perseverancia, la capacidad de superar obstáculos, la fortaleza o la agilidad en modificar un plan o un objetivo ante un imprevisto, etc.

De todo esto hablo en este libro. Muchos de los textos que aquí se reúnen los he ido escribiendo para mi blog *El sueño de Nueva York* desde 2014. Otros son textos escritos expresamente para esta edición.

He dividido el libro en dos partes:

— En la primera hablo de todo esto que os comento, de lo que he aprendido con el tiempo en cuanto a entrenar, técnica, viajes y todo lo relativo a correr, sobre todo maratones. Espero que sean temas interesantes para los que están empezando.

— La segunda parte la dedico a narrar mis experiencias en mis primeros veinticinco maratones (los veinticinco que he corrido hasta el momento, porque espero aumentar la lista), a modo de crónica de cada uno de ellos y describiendo lo que viví mientras los corría. De muchos de estos maratones he hablado en mi blog, pero de los primeros que corrí, entre 1996 y el año 2000, no había escrito nada, o casi nada, hasta ahora que lo he hecho para este libro. Entonces no tenía un blog, ya que Internet apenas se usaba.

Y, por último, he incluido un anexo con los entrenamientos que seguí para los maratones de Rotterdam'14, Sevilla'15 y Berlín'16, que son a los que más en forma he llegado, con el fin de que sirvan de referencia a los corredores populares. Tened en cuenta que esos maratones los corrí con 50, 51 y 53 años.

Espero que el libro os resulte ameno e interesante.

Javier Sánchez-Beaskoetxea
Bilbao, enero de 2019.

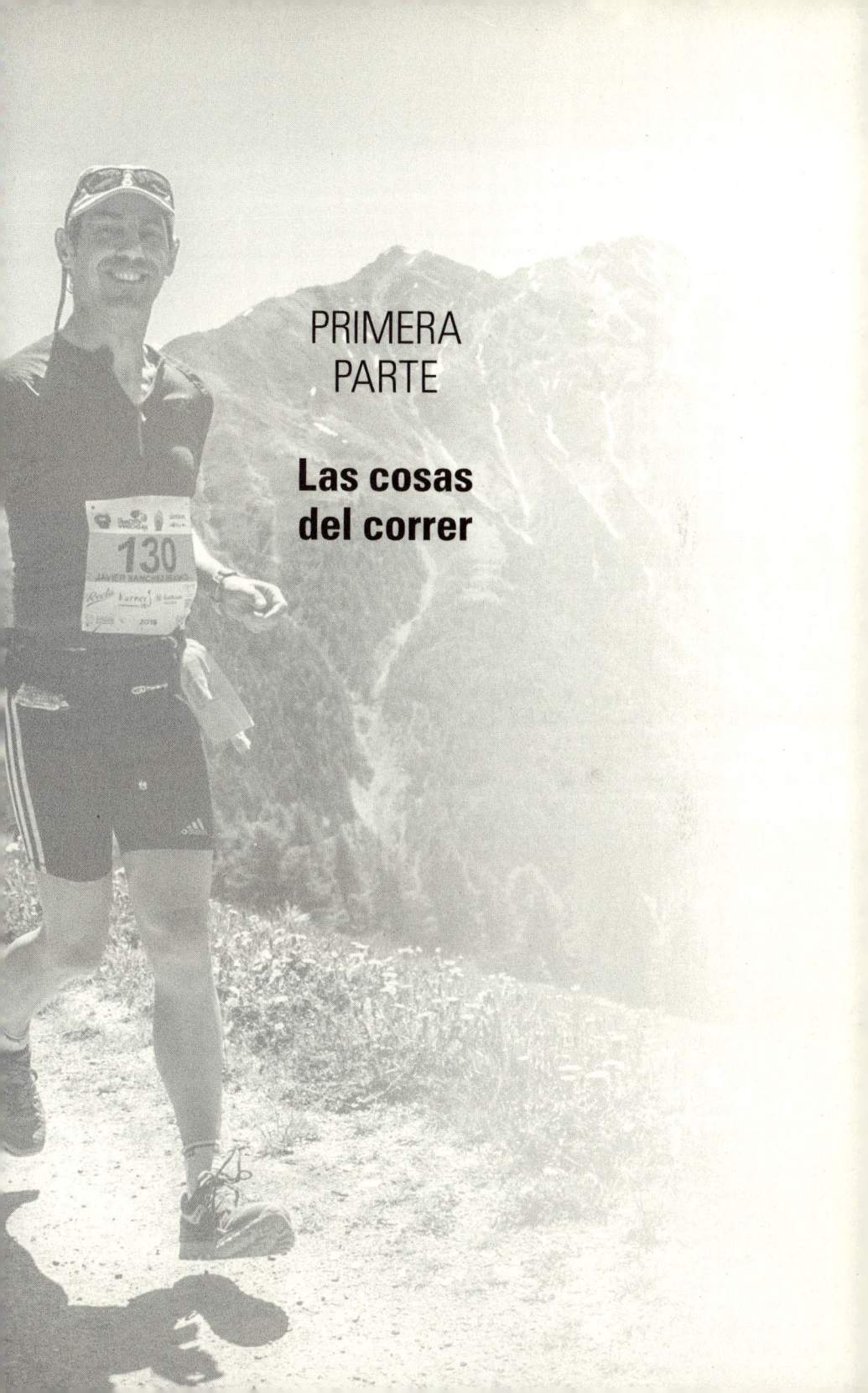

PRIMERA PARTE

Las cosas del correr

Por cierto, ¿por qué el maratón mide 42,195 kilómetros?

Antes de empezar, voy a dedicar un capítulo a explicar por qué el maratón tiene una distancia tan caprichosa de 42,195 kilómetros.

Las distancias en el atletismo normalmente responden a una lógica de números redondos: 100 yardas, 100 metros, 200 metros, 400 metros, 800 metros, 1500 metros, una milla terrestre (1609 metros), 3000 metros, 5000 metros, 10000 metros...

Pero de pronto surge la idea de hacer una gran carrera de fondo en los primeros Juegos Olímpicos de la era moderna, en Atenas en 1896, para conmemorar la supuesta gesta del soldado Filípides, quien, según la leyenda, corrió de Maratón a Atenas para anunciar la victoria de los griegos sobre los persas antes de morir tras el esfuerzo.

En Europa ya se corrían carreras de resistencia sobre una distancia de cerca de cuarenta kilómetros, y la distancia aproximada entre Maratón y Atenas es de 40,2 kilómetros (unas veinticinco millas). Así que la prueba que ponía broche final a los Juegos se corrió sobre esa distancia entre las dos localidades griegas.

Bueno, podemos pensar que veinticinco millas (o cuarenta kilómetros) también es una distancia de números redondos. Pero, ¿por qué ahora corremos 42,195 kilómetros? Con 40,2 kilómetros ya está bien, creo yo.

Hay que decir, en primer lugar, que la historia de Filípides no está documentada salvo en algún relato muy posterior (en varios siglos) al año de la Batalla de Maratón, que fue en el 490 a. C. Parece ser que Filípides sí que corrió, pero hasta Esparta, unos 225 kilómetros en dos días (el primer ultra, tal vez) para pedir ayuda a los espartanos, quienes la rechazaron. Y no murió al llegar, como dice la leyenda. Fueron todos los soldados del ejército griego que habían sobrevivido a la batalla victoriosa ante los persas, quienes recorrieron lo más rápido que pudieron la distancia de Maratón a Atenas para evitar que los barcos persas atacaran la ciudad.

Pero es igual. A los organizadores de los Juegos de 1896 les valía con la leyenda del exhausto Filípides para hacer una carrera para la historia y recrear su heroísmo, fuera o no cierta. La carrera de esos primeros Juegos de la era moderna fue un éxito y tuvo como colofón la victoria de un atleta griego, Spiridon Louis, lo que gustó aún más a los griegos que presenciaron ese histórico maratón.

Pese a todo, la prueba de maratón no se hizo muy popular. En los Juegos Olímpicos de 1900 en París y en los de 1904 en San Luis (EE. UU.) en sus pruebas de maratón (con distancias que variaron en torno a los cuarenta kilómetros) hubo varios escándalos que casi provocan la eliminación de dicha prueba del programa olímpico. Incluso se formó un comité para decidir qué hacer con esa carrera, tras ver los problemas que causó y las trampas que algunos atletas hicieron.

Pero en 1908, en los Juegos de Londres, sucedieron varios acontecimientos que marcaron el futuro de lo que hoy en día conocemos como el Maratón.

Por un lado, el circuito que se había previsto para la carrera final, diseñado por Jack Andrews del Polytechnic Harriers Club, iba a medir 24,5 millas (unos 39,4 kilómetros). Pero a última hora tuvieron que cambiar el circuito porque coincidía con otra carrera profesional. El nuevo recorrido iba a ir desde la terraza del Castillo de Windsor, para que la familia real viera la salida, hasta el White Stadium de Londres, unas veintiséis millas (41,8 kilómetros). Finalmente se añadieron unos metros más para dar una vuelta completa al estadio y poner así la meta frente al palco real. Con todos estos cambios quedaba una carrera de «aproximadamente 26 millas y 385 yardas» (42,195 kilómetros). Y bien hicieron en añadir el «aproximadamente», ya que John Disley, uno de los fundadores del Maratón de Londres actual, investigó el circuito y según él la primera milla de 1908 era 174 yardas más corta (159 metros).

Ese maratón de los Juegos Olímpicos de Londres de 1908 fue un éxito, con unas 90 000 personas presenciando en directo el disputado final entre el italiano Dorando Pietri y el americano Johnny Hayes en un día abrasador. Pietri entró el primero en el estadio, pero se desmayó y fue ayudado por el médico y el secretario de la carrera para cruzar la meta por delante de Hayes por muy poco. La delegación americana protestó por la ayuda recibida y se declaró ganador a Hayes, pese a las protestas del público.

Esa carrera suscitó tanto interés en los medios de comunicación que el maratón entró en la memoria colectiva de medio mundo y se convirtió en una prueba popular.

Por cierto. Uno de los periodistas que fue testigo directo de la carrera londinense fue sir Arthur Conan Doyle, quien dos años antes había publicado uno de los libros más famosos protagonizado por su detective Sherlock Holmes, *El perro de los Baskerville*. El escritor era muy aficionado al atletismo y pidió ser corresponsal del *Daily Mail* para poder ver la carrera en primera línea.

De todas formas, durante los siguientes Juegos Olímpicos aún no se estableció la distancia de Londres como oficial. No fue hasta 1921 cuando el Comité Olímpico Internacional la declaró distancia oficial de la carrera de maratón para los siguientes Juegos Olímpicos.

Bueno. Pues ya sabemos por qué tenemos que correr 42,195 kilómetros si queremos ser maratonianos. Una bonita historia, como casi todas las que vienen de épocas pasadas.

Cuánta experiencia necesitamos para correr un maratón

En la primavera de 2017, en un evento de *running*, tuve la suerte de compartir en Bilbao unos kilómetros de entrenamiento con el simpático atleta Chema Martínez, que es un referente para muchos, entre los que me incluyo, por la pasión con la que vive este deporte desde que dejó de ser atleta profesional.

Mientras estirábamos tras la carrerita que hicimos, alguien le preguntó sobre cuántas semanas aconsejaba él entrenar para correr un maratón. La respuesta de Chema quizás choque a los más puristas del maratón, ya que, según él, lo aconsejable para preparar un maratón es un plan de no más de ocho o diez semanas, siempre y cuando se trate de una persona deportista que corra habitualmente, no alguien que empiece desde cero.

El argumento de Chema es que, si ya tienes el *running* dentro de tu vida normal, corriendo varios días a la semana y participando en algunas carreras de vez en cuando, si haces un plan específico para el maratón de entre doce y dieciséis semanas, que es lo que se suele aconsejar normalmente, para cuando llegas al maratón puede que estés tan cansado como si ya lo hubieras corrido. Por eso Chema no aconseja dedicar más de ocho o diez semanas a la preparación específica para esta distancia, sobre todo si tu objetivo es solo terminar el maratón lo mejor posible y no hacer una marca exigente para tus condiciones físicas.

Creo que lo que dice Chema Martínez tiene mucha lógica y es lo más sensato. Si ya somos corredores habituales y tenemos experiencia en carreras de hasta medio maratón, no tenemos necesidad de estar tres o cuatro meses con un plan específico de maratón, con sus series cada vez más duras y sus tiradas cada vez más largas. En la mayoría de los casos un entrenamiento tan exigente puede llevarnos a lesionarnos por sobrecarga o a acumular una fatiga tan grande que, al final, nos impida correr el maratón en las mejores condiciones. Correr un maratón cansado es la mejor manera de odiarlo.

Es distinto para la gente que viene de otros deportes que no son de fondo, como los de equipo (fútbol, baloncesto...). En estos casos tal vez lo más sensato sería ir paso a paso y dedicar uno o dos años a ir aumentando la experiencia e ir participando progresivamente en carreras cada vez más largas, de diez kilómetros a medio maratón.

No digo que no se pueda correr un maratón en menos tiempo. Hay gente que empieza desde cero y corre un maratón en pocos meses. Lo que no sé si es lo más correcto desde el punto de vista de la salud. Además, creo que el objetivo al correr tu primer maratón debe ser vivir una gran experiencia en tu vida, y para ello es mejor disfrutar de la carrera y llegar a la meta con ganas de más, con ganas de repetir. Si no te has preparado bien, la experiencia del maratón no será tan dichosa y el sufrimiento en los últimos kilómetros puede no ser precisamente un buen recuerdo para el futuro.

Aunque hay casos para todos los gustos que se salen de la norma. En el año 2018, Fontso, uno de mis compañeros en los *Beer Runners* Bilbao, completó su tercero y cuarto maratón con un entrenamiento, digamos, muy poco ortodoxo. En 2017 había corrido en Sevilla entrenando más o menos con normalidad, según los cánones del maratón popular. Pero en 2018 tras correr en mayo el Maratón de Vitoria en 4 h 13 min, con unos cuarenta kilómetros semanales de entrenamiento (más o menos lo normal para él), en junio y julio corrió unos veinte kilómetros por mes, en agosto corrió treinta kilómetros, en septiembre cuarenta, y en octubre, con nueve días de entrenamiento, con una sola tirada de veinte kilómetros, corrió en 4h 34 min el Maratón de Bilbao. Y no solo eso. Un mes después, ya con algunos días más de entrenamiento, terminó el Maratón de San Sebastián en 4 h 7 min. Aparte de un buen dolor de piernas, estaba bastante bien. Y Fontso no tiene, precisamente, un físico de atleta. Es una persona grande, de más de noventa kilos, y cualquier preparador físico le aconsejaría bajar algo de peso. Eso sí, es un montañero habitual y hace bastantes salidas de dificultad en la montaña durante todo el año, no es una persona sedentaria.

En fin. Como veis, hay de todo en la viña del Señor y no todo es o blanco o negro.

Así que no tengas prisas por correr tu primer maratón. Sigue haciendo deporte, sumando carreras, sumando kilómetros. Un día sentirás la llamada del maratón y te prepararás para ese debut. Y si no sientes la llamada no pasa nada. Puedes disfrutar del *running* toda la vida sin correr ningún maratón.

Cómo preparar
un maratón

Antes de nada, quiero recordaros que no soy entrenador, ni médico deportivo ni experto en este tema, así que lo que voy a comentar en este capítulo solo son una serie de consejos que resumen mis conocimientos sobre este asunto del entrenamiento para maratones que tengo por haber leído bastante sobre ello (me interesa obviamente el tema), por hablar con médicos y entrenadores y por mi propia experiencia tras haber terminado todos los maratones en los que he participado. Por tanto, supongo que muchos de los que leáis esto podríais matizar muchos aspectos, pero creo que, tomándolo como una aproximación general al complejo mundo del entrenamiento para el maratón, puede servir para la mayoría de los corredores populares, como es mi caso, que no corremos demasiado rápido.

Lo subrayo para que quede más claro: esto que vas a leer está dirigido a corredores populares. Si eres un atleta con experiencia y que compites, ya sabes mejor que yo lo que tienes que hacer y seguro que ya tienes alguien que te ayuda. Y, si ya llevas muchos maratones en tus piernas, seguro que también sabes cómo prepararte.

Aclarado esto, empecemos. En un capítulo de la serie *Cómo conocí a vuestra madre*, uno de los protagonistas le explica a otro que para correr un maratón solo hacen falta dos pasos:

— 1º Empezar a correr.

— 2º Hum... Bueno, solo existe el primer paso.

Este chiste sobre lo que hay que hacer para correr un maratón puede parecer tonto, pero si nos paramos a pensar un poco sobre él no lo es tanto. Para muchos corredores populares que se deciden a preparar su primer maratón, este primer paso, empezar a correr, puede que de verdad sea el único necesario. Empiezan a correr, van aumentando la distancia recorrida en sus entrenamientos y todo ello culmina con el maratón.

Sí, puede que parezca una buena técnica. Si voy a correr una carrera de 42 kilómetros y pico en la que voy a tardar cuatro horas y pico, parece lógico que los meses anteriores vaya entrenando progresivamente aumentado la distancia de los entrenamientos, sobre todo de la ya mítica «tirada larga» del domingo en la que iré poco a poco acercándome a la distancia del maratón.

Y así, mucha gente lo único que hace es correr tres o cuatro días a la semana, y los domingos ir alargando las salidas hasta llegar en muchos casos a los treinta y muchos kilómetros. Incluso he leído comentarios de gente que hacen dos o tres semanas antes del maratón una tirada larga de 40 kilómetros.

Seguramente muchos maratonianos ya veteranos con muchos maratones en sus piernas es lo que han estado haciendo durante toda su vida. ¿Es lo adecuado? Puede ser que para algunos sí, pero creo que se pueden hacer las cosas mejor, con más garantías de salud y, además, terminando los maratones en mejor estado físico e incluso en menos tiempo. Correr dos días a la semana una hora y luego cada domingo meternos una paliza de kilometraje no es lo más sano para el corazón, aunque vayamos lentos. Son muchas horas de golpe.

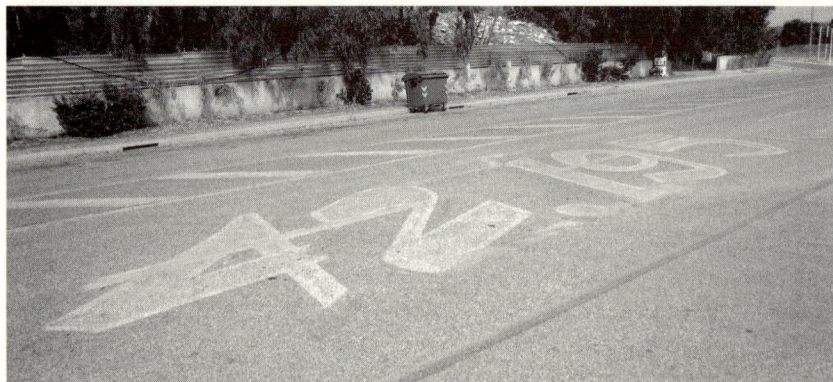

La cifra mágica de 42,195 km pintada en el asfalto en Maratón, donde se da la salida del Maratón de Atenas, «el auténtico».

Una vez leí una frase que no se me olvida: «La experiencia no quiere decir nada. Se puede estar toda una vida haciendo mal una cosa». Y es una frase completamente cierta. Solo hay que fijarse en nuestro entorno laboral y mirar a muchos veteranos con muchísima experiencia incapaces de adaptarse a nuevas formas de trabajar claramente mejores que lo que «se ha hecho toda la vida».

Y entonces, ¿cómo se debe entrenar para un maratón?

Es importante saber de dónde partimos y a dónde queremos llegar. Esto es, en qué estado físico estamos y qué queremos conseguir en el maratón. Y, para saber el estado físico que tenemos, lo mejor es pasar por la consulta de un médico deportivo que nos haga una prueba de esfuerzo. Con ello lograremos dos cosas muy importantes:

Primero, saber que tenemos el cuerpo preparado para afrontar el reto de entrenar y correr un maratón, y que podemos hacerlo sin poner en peligro nuestra salud, descartando que nuestro corazón tenga cualquier patología incompatible con una carrera así.

Y segundo, tendremos los datos precisos sobre cuál es nuestro estado físico a la hora de programar los entrenamientos y la carrera, como, por ejemplo, determinando nuestro umbral anaeróbico. Con ello, sabremos a partir de qué pulsaciones por minuto empezamos a producir cambios adaptativos en nuestro organismo o a generar fatiga.

Una vez hecho esto, lo siguiente será saber cuál es nuestro objetivo en el maratón. Por supuesto, para un corredor popular, su primer objetivo será normalmente acabar la carrera en buenas condiciones, y en segundo lugar estará el objetivo de acabarlo en un tiempo determinado.

Para saber en qué tiempo podremos, más o menos, acabar el maratón, hay varias tablas que extrapolan los resultados de carreras más cortas al maratón. Son herramientas útiles, ya que corriendo, por ejemplo, una carrera de 10 kilómetros, podremos hacernos una idea aproximada de lo que tardaremos en el maratón en circunstancias normales (sin lesiones, sin viento fuerte, sin mucho calor, etc.).

Ahora ya tenemos dos datos de vital importancia para empezar a entrenar: nuestro ritmo medio objetivo en el maratón y nuestras pulsaciones en el umbral anaeróbico (obviamente necesitaremos un reloj con pulsómetro para poder medirlo).

Antes que nada, es bueno tener claros algunos conceptos importantes sobre el entrenamiento deportivo:

— Progresión. El plan tiene que ser progresivo, alargando poco a poco la duración de las series y las tiradas largas. Así, hasta estar a tres semanas del maratón. Luego se baja volumen, aunque se mantiene la intensidad. En la última semana se baja también la intensidad.

— Asimilación. El objetivo de las series y de las tiradas de fondo es que el cuerpo logre adaptaciones para mejorar nuestro estado de forma mediante el proceso de supercompensación. Con este proceso el cuerpo, tras el castigo de un entrenamiento duro, se prepara para responder mejor ante el siguiente estímulo que espera recibir. Para ello, entre los días de carga (series, fondo, etc.) deben de intercalarse días de regeneración, corriendo muy suave para que el cuerpo asimile los trabajos duros y se produzcan las adaptaciones fisiológicas que determinarán la mejora de forma. Si no hay un descanso correcto, el cuerpo no tiene tiempo para adaptarse y al final acabamos peor de lo que estábamos al comienzo. Y no solo días de descanso activo, también vienen bien los días de reposo total. Por la misma razón, es conveniente cada tres semanas de trabajo en progresión meter una semana más suave. Y nunca se deben hacer dos entrenos duros (por intensidad o distancia) en días consecutivos.

— Variedad. Debemos evitar hacer siempre el mismo tipo de entrenamiento, como correr a un único ritmo todos los días variando solo las distancias. Viene muy bien hacer días de series cortas (de hasta un kilómetro a ritmos muy altos), de series largas (de hasta cinco kilómetros a ritmos no tan altos), añadir días de cuestas, etc.

— No se trata de entrenar mucho, sino de entrenar bien: si bastase con entrenar mucho, el récord del mundo lo conseguiría el que más entrena.

— Carreras dentro del plan para maratón: Viene bien realizar algunas carreras de hasta medio maratón como test, pero no en las últimas tres semanas.

Un plan de entrenamiento normal puede basarse en correr cuatro días a la semana, por ejemplo: martes, miércoles, viernes y domingo, dejando los otros días para descansar corriendo muy suave durante media hora, o para ir al gimnasio a fortalecer piernas y *core*, o para hacer otros deportes, como ciclismo. Correr fuerte o mucho tiempo durante varios días seguidos es «comprar» boletos para una lesión.

Damos por supuesto que este entrenamiento lo empezamos cuando ya llevamos un tiempo corriendo. No sirve para alguien que empieza desde cero.

Los cuatro días que corremos podemos organizarnos así:
— Martes: hasta una hora a ritmo medio (sin pasar del umbral).
— Miércoles: hasta una hora o una hora y cuarto a ritmo medio o suave, intercalando series a ritmo más duro, con pulsaciones por encima del umbral. Podemos alternar entre días de series cortas, de pocos minutos, y días de series más largas.
— Viernes: hasta hora y media a ritmo medio en progresión.
— Domingo: Tirada larga, empezando por una hora y añadiendo cada domingo unos diez minutos más, hasta llegar a las dos horas y media, más o menos. La mitad del tiempo iremos a un ritmo por debajo del umbral y la otra mitad en progresión, con unas pulsaciones por encima del umbral, para acabar algo más rápido que el ritmo previsto para el maratón.

Notas importantes

— Cada tres semanas de estos entrenamientos haremos una de regeneración activa. Esto es, una semana corriendo solo tres días, sin series y solo mantenemos la tirada larga del domingo.

— A partir del mes, más o menos, podemos intercalar algún día de series cuesta arriba, que vienen bien para coger fuerza.

— Respecto a la tirada larga (a la que dedico un capítulo del libro), la mayoría de lo que he leído recomienda que no sobrepase las dos horas y media (para un corredor popular, insisto), aunque no hay estudios que lleven a unas conclusiones definitivas. Esto sería correr como máximo algunos pocos domingos entre 24 y 28 kilómetros. En general, no se recomienda correr más tiempo debido al estrés y cansancio que supone para el cuerpo y porque, según unos estudios (como he dicho, no concluyentes), no aporta beneficios para los resultados. Correr dos horas y media ya nos da el fondo necesario para el maratón y no machacamos demasiado al cuerpo.

— La última tirada larga se debe hacer, como muy tarde, dos semanas antes del maratón. Las dos últimas semanas serán de recuperación y asimilación de los entrenamientos, lo que ahora llamamos *tapering*. En esas semanas se baja mucho el volumen y ya no se hacen series largas, aunque es conveniente mantener una cierta intensidad para mantener el tono muscular y la velocidad en las piernas.

— En las tiradas largas probaremos la ropa con la que vamos a correr el maratón. Igualmente veremos qué tipo de geles y bebidas nos sientan mejor.

— Cada dos o tres semanas podemos hacer un test de recuperación del pulso en un minuto para saber si estamos asimilando bien los entrenos. Al final de un entrenamiento no muy duro, antes de terminar, descansamos unos minutos caminando y luego, en una cuesta a ser posible, hacemos un esprint a tope de unos cien metros para intentar coger nuestras pulsaciones máximas y nos paramos. Miramos el pulso, caminamos muy despacio durante un minuto mientras nos recuperamos y volvemos a mirar el pulso. El número de pulsaciones que hemos bajado en un minuto nos dirá si tenemos fatiga o no. Si hacemos esto habitualmente, sabremos cuántas pulsaciones recuperamos normalmente. Si un día recuperamos menos de lo normal, eso puede ser signo de fatiga importante. En ese caso, podemos adaptar los entrenamientos de los días siguientes y eliminar un día de series cambiándolo por un día de descanso, por ejemplo. Si persiste en el tiempo una recuperación muy mala en un minuto sería conveniente ir al médico, ya que podríamos estar con anemia.

— También es útil mirar el pulso que tenemos por la mañana antes de levantarnos de la cama. Si sabemos cuál es nuestro pulso en reposo cuando estamos descansados, el día que veamos que es significativamente más alto de lo normal es que hay fatiga y es mejor descansar que entrenar fuerte, aunque nos toque.

Las ventajas de las series

Hay mucha gente que odia las series o que no las hace porque cree que para un corredor popular que va a correr el maratón en un ritmo mantenido no son necesarias. Yo creo que tienen muchas ventajas. No son solo para correr el maratón mucho más rápido (que viene bien para eso), sino que, si has acostumbrado al cuerpo a correr algunos kilómetros a una velocidad más alta que la que vas a llevar en el maratón, ten seguro que el ritmo de este te va a parecer mucho más cómodo que si solo entrenas siempre a ese mismo ritmo.

Además, aunque nos guste mucho correr, entrenar una hora o más tú solo al mismo ritmo a veces se puede hacer pesado. En cambio, el día que tocan series, como estamos pendientes del ritmo y de los minutos, el tiempo se nos va a pasar volando, aunque en algunas series intensas un minuto nos pueda parecer una eternidad.

Salvar la gamba y *Avere il gambone*[1]

En el ciclismo italiano hay dos conceptos que podemos aplicar también al maratón. El ciclismo es un deporte de fondo donde las piernas llevan el mayor peso de nuestro esfuerzo, lo mismo que en el maratón. Estos dos conceptos son «Salvar la gamba», esto

---

1 Conocí estos conceptos en un artículo de la revista *Ciclismo a fondo* escrito por Patxi Vila, exciclista profesional y entrenador del tres veces campeón de mundo de ciclismo, Peter Sagan.

es, «Guardar las piernas», y «Avere il gambone», que quiere decir «Tener las piernas a tope».

El primero significa que, en una carrera, hay que procurar hacer el menor gasto posible para tener las piernas listas para cuando realmente hacen falta. Esto en un maratón pasa por saber qué ritmo podemos imprimir en los primeros kilómetros para no tener calambres al final, o cómo gestionamos una subida en relación con nuestra forma de correr. Si en medio de un maratón hay una zona de subida y mantenemos la zancada y la velocidad que llevamos en el llano, estamos comprando boletos para tener que bajar el ritmo al final de la carrera. En las cuestas hay que *salvar la gamba*, acortando el paso y bajando un poco la velocidad.

El segundo concepto, *Avere il gambone* se refiere a haber hecho una correcta supercompensación en los días previos a una carrera importante, como un maratón. Esto pasa por lo que se conoce como *tapering*, con menos entrenamiento y una carga de los depósitos de glucógeno en el cuerpo correcta, con más ingesta de carbohidratos y una buena hidratación, de forma que el día del maratón tenemos las mejores piernas posibles para exigir el máximo durante toda la carrera.

Un plan para cada persona. Seamos realistas

A menudo escucho a amigos que quieren enfrentarse por primera vez a un maratón decir que han encontrado en Internet o en alguna revista especializada un plan de entrenamiento para bajar de una marca dada en la carrera. Si son corredores más o menos novatos o no muy rápidos, suelen elegir un plan para bajar de 4 horas, o para terminar en 4 h 15 min. Si son algo más rápidos y con más experiencia es muy normal que opten por un plan para hacer sub 3 h 30 min, o incluso menos.

Todo esto está muy bien. Tener un plan para saber cuánto y cómo entrenar para una carrera tan exigente como un maratón es un buen comienzo para apuntalar la consecución del objetivo final en la ardua empresa que tenemos por delante. Pero, quizás mucha gente no es consciente de que no es tan fácil llevar a cabo con éxito un plan de entrenamiento si este no lo hemos elegido bien según nuestras características personales: edad, capacidad física, estado de salud, disponibilidad de tiempo para entrenar, etc.

La cosa no es casi nunca tan fácil como coger un plan para bajar de un tiempo determinado, seguirlo a rajatabla y terminar el maratón en ese tiempo. Y es que, no por entrenar más vamos a conseguir bajar de un tiempo si este supera con creces nuestras condiciones para el deporte. Aquí la genética manda mucho.

Si la cosa fuera tan sencilla, los atletas que más y mejor entrenan serían siempre los ganadores. Pero todos sabemos que los atletas de elite entrenan todos prácticamente igual, y, sin embargo, en la realidad, los récords del mundo en maratón y en las demás distancias solo los consiguen unos pocos privilegiados. Los maratonianos de elite cuyas mejores marcas rondan las 2 h 13 min o las 2 h 15 min, por ejemplo, por mucho que entrenen exactamente igual (o incluso más) que los pocos que son capaces de bajar de 2 h 5 min, difícilmente, por no decir nunca, van a conseguir acercarse a esos tiempos estratosféricos.

Si miramos en el ciclismo también pasa lo mismo. Los corredores que, como mucho y con suerte, terminan entre los cinco primeros en el Tour de Francia, no entrenan menos que Chris Froome y, sin embargo, en circunstancias normales, nunca van a ganar el Tour.

Por lo tanto, hemos de ser realistas con nuestras capacidades físicas para correr un maratón. Si somos corredores habituales y más o menos entrenados, y en un 10k nos cuesta un mundo acercarnos siquiera a una marca de 50 minutos (o sea, correr a 5 min/km), no podemos esperar hacer un maratón en 3 h 30 min horas (a 5 min/km). Por lo tanto, si elegimos un plan para hacer el maratón en 3 h 30 min, lo más normal es que tengamos problemas para seguir todo el plan sin sobrecargas, o incluso lesiones, o sin generarnos una fatiga que al final nos impida completar las últimas semanas del plan. Por tanto, lo que pasará será que en el maratón suframos más de la cuenta si nos empeñamos en seguir el ritmo y al final nos caerá una minutada en los últimos kilómetros. Porque los planes de entrenamiento, cuanto más ambiciosos son en cuanto a la marca a conseguir, más kilómetros y días de entrenamiento incluyen y más tiradas largas programan (de 30 kilómetros o más).

En un libro de entrenamiento para maratón leí que cada persona tiene un límite de kilómetros semanales que puede correr sin lesionarse. En los corredores profesionales ese límite será de 200, 250 o incluso más kilómetros, según la persona. En los corredores populares el límite semanal soportable en muchos casos no se acerca ni de lejos a los 100 kilómetros, o incluso a los setenta kilómetros o menos. Y no solo se trata de no lesionarse. Un exceso de entrenamiento (en volumen y en intensidad) para nuestras capacidades físicas puede provocarnos a la larga una fatiga cardíaca que provoque arritmias y otros problemas más graves que pongan en riesgo nuestra continuidad en el deporte y nuestra salud.

Así que, si queremos preparar un maratón, lo primero que tenemos que saber, más o menos, es cuál es nuestra capacidad. Y eso solo lo podemos saber con la experiencia que tengamos en carreras de otras distancias y en los datos de ritmos, pulsaciones y sensaciones que nos dan estas carreras y los entrenamientos.

Una vez que tenemos claro cuál sería un objetivo realista en el maratón, habría que elaborar un plan personalizado que se adapte a nosotros. De nada nos sirve un plan en el que hay que correr cinco días por semana si por nuestra situación laboral y familiar no podemos correr más que cuatro días, como mucho. Y también hay que analizar cuántas tiradas, de las largas (más de 26 o 27 kilómetros), podemos aguantar sin generarnos una fatiga que nos reste en vez de que nos sume. Muchos planes, sobre todo los de sub 3 h 30 min, incluyen cuatro o cinco tiradas de 30 o 32 kilómetros en domingos consecutivos. Pero eso para muchas personas puede ser excesivo y les hará llegar fatigados al maratón. En estos casos sería mejor hacer tres tiradas no tan largas y en tres domingos no consecutivos, intercalando entre medio tiradas de 20 o 22 kilómetros, por ejemplo.

Otro punto que habría que tener en cuenta es qué maratón vamos a elegir para nuestro debut en la distancia. Si no estamos acostumbrados a correr en terreno ondulado y con cuestas, sería mejor debutar en un maratón llano, como Valencia, San Sebastián o Laredo, por ejemplo, y no en Madrid, que es bastante duro. Y, como he comentado en un capitulo anterior, también hay que elegir bien la mejor fecha para nosotros a la hora de correr nuestro primer maratón.

Así que, y resumiendo, antes de lanzarnos a por nuestro primer maratón debemos tener una experiencia previa en otras distancias y tenemos que ser realistas en cuanto a nuestro objetivo en la carrera. Luego tendremos que elaborar (o pedir ayuda a alguien que sepa para que nos lo haga) un plan realista para nuestras posibilidades. Por último, tendremos que tener la cabeza fría para no ser impulsivos y cargarnos el trabajo por querer ir demasiado rápido y demasiado pronto, tanto en los entrenamientos como en la carrera. Y no olvidemos nunca que en el primer maratón el objetivo principal de un corredor popular debe ser el acabar la carrera con buenas sensaciones, aunque sea un poco más lento de lo que habíamos pensado. Si no es así, además de sufrir mucho ese día, nos va a quedar muy mal sabor de boca.

El test de «2 x 6k»
y la prueba de esfuerzo

Una de las cosas que más preocupación nos va a causar de cara a un maratón, sobre todo si es el primero que hacemos, es hacer una estimación lo más realista posible del tiempo que vamos a tardar en terminar la carrera.

Mirando las marcas que hayamos hecho en carreras más cortas las semanas previas, podemos tener una idea aproximada del tiempo que vamos a tardar en el maratón. Para ello en Internet hay numerosas páginas (como la de la calculadora McMillan) que extrapolan el tiempo empleado en carreras de 10k o de medio maratón para la distancia de maratón. Y realmente son herramientas muy interesantes para tener una previsión de tiempos dentro de una horquilla no muy amplia, si todo va bien en la carrera.

Pero existe un test, el conocido como el test de «2 x 6k» o test de Rodrigo Gavela (ya que fue este corredor quien lo empezó a popularizar), que, si se hace bien, es una magnífica prueba para saber si el ritmo medio al que queremos correr el maratón es realista para nosotros o no.

Como explica el propio Rodrigo Gavela en la web de *Runner's World*, este test «en un principio no era más que unas series largas, pero luego nos dimos cuenta de la estrecha relación entre el estado de forma, los tiempos realizados en los dos seismiles, los resultados de las pruebas de esfuerzo y los tiempos en el maratón».

Así que, voy a explicar aquí en qué consiste este test, cómo se hace, y mi experiencia en las tres ocasiones en las que lo he llevado a cabo para los maratones de Sevilla'15, París'16 y Berlín'16.

El test «2 x 6k» no es un test, como se suele decir, para predecir la marca que vas a hacer en la carrera, ya que luego influyen otros factores el día de la prueba que pueden echar al traste todo el entrenamiento (como me pasó a mí en dos de estas tres ocasiones). Para lo que sí que sirve, si se hace correctamente, es para confirmar el ritmo al que debemos correr el maratón si queremos acabarlo bien.

Este test se debe realizar entre diez y quince días antes del maratón y consiste en hacer primero un buen calentamiento y luego en hacer dos series de seis kilómetros, con un descanso entre las dos de noventa segundos. La primera serie se debe hacer al ritmo al que queremos correr el maratón (no más rápido), y la segunda se hace lo más rápido que podamos. Si la diferencia del ritmo promedio por kilómetro entre las dos series es de más de veinticinco segundos, indicaría que el ritmo al que hemos corrido los primeros seis kilómetros lo vamos a poder aguantar (en circunstancias normales) durante el maratón. Pero si esa diferencia es menor a veinticinco segundos, podemos deducir que ese ritmo es demasiado exigente, por lo que deberíamos ir al maratón pensando en correrlo un poco más despacio.

Mi experiencia para Sevilla'15

Dos semanas antes de este maratón hice por primera vez este test de cara a prepararme. Tras correr seis kilómetros de calentamiento, hice la primera serie intentando mantener un pulso de 140 ppm, que era mi umbral entonces y que sabía que eran unas pulsaciones que podría mantener casi todo el maratón. Esos primeros seis kilómetros me salieron a un ritmo medio de 4 min 56 s a 141 ppm de pulsaciones medias. Luego paré 90 segundos, bebí un poco de agua y tomé un poco de glucosa y luego corrí la segunda serie a un ritmo de 4 min 34 s, a 149 ppm de pulsaciones medias.

— Primera serie en 29 min 20 s, a ritmo medio de 4 min 56 s por km, con unas pulsaciones medias de 141 ppm (máx. 147). Quizás demasiado rápida viendo el pulso.

— Segunda serie en 26 min 56 s, a ritmo medio de 4 min 34 s por km con unas pulsaciones medias de 149 (máx. 156).

Viendo los resultados, comprobé que logré bajar 22 segundos por minuto en la segunda serie. Lo ideal es bajar más de 25 segundos, así que tal vez el ritmo al que corrí la primera serie estaba un poco por encima del que podría hacer en el maratón. Por lo tanto, debería correr el maratón un poco más lento que esos 4,56 min/km. Y como mi objetivo en Sevilla era intentar hacer mi MMP (3 h 39 min), tenía que correr en ese maratón por debajo de 5,11 min/km de ritmo medio, algo que, visto el test, parecía estar a mi alcance.

En la segunda parte del libro tenéis el capítulo dedicado al Maratón de Sevilla'15 y ahí podéis leer que quedé cerca de esa marca.

Mi experiencia para París'16

En el test que hice de cara al Maratón de París'16, los resultados fueron estos:

— Primera serie en 29 min 26 s, a ritmo medio de 4 min 54 s por km, con unas pulsaciones medias de 141 ppm (máx. 147). Casi calcada a la de 2015.

— Segunda serie en 26 min 51 s, a ritmo medio de 4 min 28 s por km con unas pulsaciones medias de 149 (máx. 158). Más rápida que en 2015, pero sufriendo al final.

La diferencia entre ambos ritmos en esta ocasión fue de 26 segundos, por lo que el ritmo medio de la primera serie podía ser válido para el maratón, aunque quizás algo excesivo viendo las pulsaciones. Así que, según este test, y viendo la marca del Medio Maratón de Santander unas semanas antes, no me parecía excesivo tomar como posible ritmo medio en París correr entre 5 min 7 s y 5 min 11 s por km e intentar bajar mi MMP.

De nuevo os remito a la segunda parte del libro para ver qué me pasó al final.

Mi experiencia para Berlín'16

Mi tercer test de 2 x 6k de Rodrigo Gavela lo hice a dos semanas del Maratón de Berlín. Luego, a falta de cinco días para la carrera, me hice una prueba de esfuerzo para afinar los ritmos a los que correr en ese maratón para llegar a la meta en el objetivo buscado.

Así que, en esta ocasión pude contrastar los resultados de la prueba de esfuerzo con los datos obtenidos en el test.

Voy a comentar aquí los resultados de la prueba comparándolos con los resultados del test.

En el test del domingo obtuve estos datos:

— Primer 6000: 29 min 32 s, ritmo medio de 4 min 55 s por km, pulsaciones medias 137 ppm.

— Segundo 6000: 26min 27 s, ritmo medio de 4 min 25 s por km, pulsaciones medias 147 ppm.

Diferencia: 30 segundos.

Lo importante aquí es el primer 6000. El dato de las 137 ppm de media que obtuve en ese primer 6000 a ritmo objetivo del maratón indicaba que mi umbral anaeróbico iba a rondar ese dato. Y también el test me decía que podía correr el maratón al ritmo objetivo de unos 5 min/km.

Veamos ahora los resultados de la prueba de esfuerzo:

— Electrocardiograma compatible con el deporte (un dato vital), sin fatiga cardíaca tras todo el entrenamiento para Berlín y las carreras de antes del verano.

— Consumo máximo de oxígeno: 71,32 ml/kg/min. El mejor dato de nivel de fondo que he tenido en toda mi vida. Por ejemplo, en la prueba previa a Sevilla tenía 61,83. En julio de 2013, tras entrenar y correr la Milán–San Remo (300 kilómetros en bici) tenía un valor de 69,97.

— Punto de Conconi (umbral anaeróbico): ¡tachán! 137 ppm a unos 5 min/km. Justo lo mismo que me salió en el test de 2x6000. Un dato vital para no pasarme de ese ritmo en la primera mitad del Maratón de Berlín. En abril, tras el Maratón de París, era muy parecido, 136 ppm, pero a un poco menos de velocidad.

— Potencia máxima mantenible: 153 ppm a unos 4 min 20 s por km. En abril este dato era de 141 ppm.

— Recuperación minuto 1: –40 ppm. También mejorado. En abril eran –23 ppm.

Con todos estos datos ya tenía clara la estrategia para Berlín en cuanto a ritmos:

— 1ª parte: hasta el medio maratón, correr en un rango de pulsaciones de entre 130 y 137 ppm. Sobre los 5 min/km. No preocuparme de nada más, salvo de comer, beber y no superarlas.

— 2ª parte: del medio maratón hasta el kilómetro 38 o kilómetro 39, correr a un pulso en progresión de 137 ppm hasta 153 ppm, lo que equivale a un ritmo de entre 5 min/km hasta 4,40 min/km más o menos. Y seguir comiendo y bebiendo.

— 3ª parte: los últimos 3 o 4 kilómetros a todo lo que pueda, regulando para aguantar esos 15 o 20 minutos finales.

Así que, como conclusión, el trabajo que había hecho de cara a Berlín había estado bien planificado y lo había llevado a cabo con éxito. Llegaba al maratón mejor que nunca y esto me daba la confianza de que, si todo iba bien, tenía una buena marca en las piernas. Ahora solo me faltaba descansar bien y tener la cabeza fría en la carrera para ajustarme al plan y no cebarme con nadie.

¿Cómo me fue finalmente en la carrera? Pues a leer el capítulo dedicado al Maratón de Berlín'16 en la segunda parte de este libro para saberlo.

¿Correr por ritmo, por pulso, por sensaciones... o por vatios?

Cuando buscamos un plan de entrenamiento para hacer una determinada marca en cualquier distancia, hasta hoy lo más normal es que el plan nos marque los kilómetros o minutos que tenemos que correr cada día de entrenamiento y a qué ritmo debemos hacer cada tramo del entrenamiento.

Esto es lógico, ya que, una vez decidido nuestro objetivo, tanto la distancia como el tiempo que queremos emplear en la carrera, se obtiene fácilmente el ritmo medio que debemos ser capaces de mantener toda la carrera. Si queremos correr un maratón en 3 h 30 min, el ritmo medio a realizar es de 4,58 min/km (5 min/km para redondear).

Por lo tanto, buscaremos un plan para acabar el maratón en ese tiempo y los ritmos que nos indique para cada sesión estarán calculados en función de ese ritmo objetivo de 5 min/km. Si nuestro ritmo objetivo es realista, o sea, si nuestras marcas en distancias menores pronostican un posible maratón en 3 h 30min, durante las semanas que dure el plan de entrenamientos será fácil saber a qué ritmos trabajar.

Así, por ejemplo, el plan nos señalará esto:
— Jueves: calentamiento a 5,45 + 3 series de 1 km a 4,30 con recuperación de 2 minutos a 5,30 + 10 minutos de descalentamiento a 6,00;
— Domingo: calentamiento + 60 minutos a 5,30 + 30 minutos a 5,10 + 15 minutos a 4,50 + descalentamiento a 6,00.

Bien. Esto tiene sus ventajas, como que hoy en día es fácil saber a qué ritmo vamos solo mirando el reloj, y sus desventajas, como cuando hay mucho viento o tenemos una cuesta en medio del recorrido.

Efectivamente, si entrenamos en un terreno totalmente plano, o en una pista, y no sopla un viento muy fuerte, es fácil mantener un ritmo uniforme y hacer cada parte del entrenamiento al ritmo que nos indica el plan. Esto facilita mucho las cosas y podemos ver a qué ritmos corremos «cómodos» en cada distancia.

Pero, en realidad, es muy difícil que nuestros entrenamientos sean siempre en una pista o en un terreno totalmente plano. Y, como cualquiera puede comprobar, aunque una pendiente sea pequeña afectará bastante a nuestro ritmo y tendremos que apretar en las cuestas o frenarnos en las bajadas para correr todo el rato al ritmo buscado. Lo mismo ocurrirá si entrenamos un día con viento fuerte de cara en unos tramos o de espalda en otros.

Todo esto hace que muchos corredores elijan otro indicador de referencia para buscar el ritmo. Normalmente, y hasta hace muy poco, este indicador era el pulso cardíaco.

Para calcular el ritmo cardíaco de referencia para un corredor que busque las 3 h 30 min en un maratón, como en el ejemplo anterior, lo normal es que se base en su experiencia en carrera más cortas, como un medio maratón, para ver qué pulsaciones es capaz de mantener durante un tiempo prolongado. Pero lo mejor, y más sensato, sería hacerse una prueba de esfuerzo que, además de darnos la tranquilidad de saber que nuestro corazón es apto para correr un maratón, nos dirá en qué pulsaciones exactas está nuestro umbral aeróbico mantenible, que es el dato que necesitamos para saber a qué pulsaciones correr en cada entrenamiento y en cada serie.

Pongamos que este corredor obtiene en una prueba de esfuerzo el dato de que su umbral está en 150 ppm corriendo a 4,35 min/km. Con este dato tendríamos una tabla de zonas de pulsaciones en las que trabajar como la de la página siguiente.

A partir de ella, nuestro corredor seguirá un plan en el que la referencia sean sus pulsaciones y ahora pondrá algo así:

— Jueves: calentamiento a 125 ppm + 3 series de 1 km a 160 ppm con recuperación de 2 minutos a 130 ppm + 10 minutos de descalentamiento a 120 ppm;

— Domingo: calentamiento a 125 ppm + 60 minutos a 135 ppm + 30 minutos a 145 ppm + 15 minutos a 155 ppm + descalentamiento a 120 ppm.

TABLA DE ZONA DE PULSACIONES

150	% ppm	Pulso desde	Pulso hasta	Tipo entreno	Distancia
ZONA 1	<90 %		135	Regeneración Activa	Recuperación
ZONA 2	90–98 %	135	147	Fondo Aeróbico	Tirada larga y Maratón
ZONA 3	98–102 %	147	153	Tempo	Medio Maratón
ZONA 4	102–105 %	153	158	Umbral	10k
ZONA 5	105–108 %	158	162	Alta intensidad	5k
ZONA 6	>108 %	162		Anaeróbico	Series cortas

Como veis, entrenar por pulsaciones no se refiere necesariamente a ir a pulsaciones bajas todo el rato.

Con esta referencia dará igual si en nuestro recorrido tenemos cuestas o no. El objetivo será mantenernos en el rango de pulsaciones, aunque tengamos que bajar el ritmo para subir la cuesta.

Y a la hora de enfrentarse al maratón, si el corredor ha hecho bien las cosas y su objetivo era realista, logrará correr a 5 min/km sin pasar de su umbral de 150 ppm. Por lo tanto, si se mantiene por debajo del umbral en gran parte del maratón, y se alimenta e hidrata correctamente en la carrera, llegará a meta en el tiempo buscado con éxito.

Correr por vatios. La novedad

Si además de correr seguís también el mundo del ciclismo, seguro que lleváis unos años oyendo que los ciclistas de hoy en día entrenan por vatios.

Hasta hace pocos años en el ciclismo se entrenaba por sensaciones o por pulsaciones. Por sensaciones es el método de toda la vida, ya que antes no existían los pulsómetros. Desde que se popularizaron los pulsómetros, gran parte de los ciclistas, como de los atletas, empezaron a entrenar con el pulso como referencia. Y no solo a entrenar, también a competir, ya que los ciclistas sabían qué pulsaciones eran capaz de aguantar durante los minutos necesarios para subir el último puerto de una carrera sin explotar, con lo que calculaban mejor cuándo atacar y qué ritmo mantener hasta meta.

Pero entrenar por pulsaciones tiene también sus inconvenientes. Supongamos que un día hemos dormido mal, o hace mucho calor y humedad. Esto nos afecta al pulso. Todos lo hemos comprobado. Así que, si ese día nos toca un entrenamiento de 90 minutos a 140 ppm, como es posible que tengamos el pulso más alto de lo normal, el resultado será que esos 90 minutos iremos más despacio que lo que seríamos capaces de hacer porque enseguida llegaremos a las 140 ppm.

Otro ejemplo. Si nos toca hacer unas series a 160 ppm y resulta que ese día estamos con algo de fatiga por los días anteriores, es muy probable que no seamos capaces de alcanzar ese pulso en las últimas series, por lo que apretaremos más de la cuenta para intentar llegar a las 160 ppm, haciendo entonces un entreno mucho más duro que el previsto en un principio.

Además, el pulso reacciona con retardo al estímulo, por lo que para las series cortas no sirve como referencia, ya que para cuando alcanzamos el pulso deseado ya hemos terminado la serie. Y luego, una vez terminada la serie, el pulso tarda bastante en bajar de nuevo.

Para evitar todos estos inconvenientes están los potenciómetros. En el ciclismo existen desde hace varios años, ya que en una bicicleta es relativamente fácil saber el trabajo real que un ciclista está haciendo midiendo la fuerza que aplica a los pedales.

Hoy en día es muy raro encontrar un ciclista de cierto nivel que no entrene con un potenciómetro. Incluso en la competición es una herramienta casi imprescindible para muchos. ¿Quién no tiene en la cabeza la imagen de Chris Froome mirando a su potenciómetro cuando está en pleno ataque en un puerto?

Pero medir el trabajo que realizamos al correr es más complicado. El pulso no es una medición del trabajo que estamos haciendo, sino la respuesta que nuestro cuerpo tiene ante ese trabajo. Y esta respuesta, como en el caso de las series cortas, no es inmediata. Por ello, hasta hace poco no ha existido la tecnología necesaria para medir en vatios el trabajo que estamos haciendo al correr. Entre las empresas que tienen dispositivos para medirlo están

Stryd, con un potenciómetro que se coloca en la zapatilla y que es compatible con relojes de varias marcas (Garmin, Polar, Suunto, etc.), y Garmin, que tiene algunos relojes de última generación que miden la potencia directamente.

Sensor de potencia Stryd colocado en la zapatilla.

Si tenemos un potenciómetro, en la pantalla de nuestro reloj tendremos el dato de los vatios que estamos desarrollando en cada instante. Si aceleramos suben, si vamos más despacio bajan, si paramos marca cero.

Configurando nuestros datos en el reloj tendremos los vatios reales. Con unas pruebas de campo, en pista o en terreno llano, o en una cinta, podremos determinar nuestro umbral de vatios, que es parecido al umbral que medimos con las pulsaciones. El umbral de vatios se llama Umbral de Potencia Funcional (FTP por sus siglas en inglés de *Functional Threshold Power*). El FTP (o mejor rFTP —*running* FTP— para diferenciarlo del de ciclismo), indica los vatios máximos que podemos mantener durante una hora, aproximadamente (según la persona, entre 35 y 70 minutos). Este es el dato determinante para establecer nuestras zonas de entrenamiento y nuestra capacidad física.

Este dato por sí solo no indica nuestro nivel deportivo. Un corredor corpulento produce al correr muchos más vatios que un corredor ligero a la misma velocidad. Por eso se usa el dato de la relación entre vatios y peso en kilos para determinar el nivel de cada deportista. Un corredor popular puede tener una relación de 2,9 w/kg, por ejemplo, mientras que un atleta de elite puede superar los 6 w/kg. Se estima que el límite humano está en 6,41 w/kg para los hombres y en 5,70 w/kg para las mujeres (van Dijk, H. & van Megen, R., *The secret of Running*, 2017).

Por supuesto, es fácil deducir que si bajamos de peso aumentaremos la ratio w/kg, por lo que correremos más rápido con la misma potencia. De ahí la importancia de alcanzar nuestro peso ideal si queremos correr al máximo de nuestras posibilidades.

De cara al entrenamiento, supongamos que nuestro corredor que quiere hacer el maratón en 3 h 30 min tiene un rFTP de 260 vatios. Ahora tendría esta tabla de zonas en las que entrenar:

POTENCIA

260	% FTP	Vatios desde	Vatios hasta	Tipo de entreno	Distancia
ZONA 1	<81 %		211	Regeneración Activa	Recuperación
ZONA 2	81–90 %	211	234	Fondo Aeróbico	Tirada larga y Maratón
ZONA 3	90–94 %	234	244	Tempo	Medio Maratón
ZONA 4	95–100 %	244	260	Umbral	10k
ZONA 5	100–114 %	260	296	Alta intensidad	5k
ZONA 6	>114 %	296		Aeróbico	Series cortas

Ahora pues, el plan en el que la referencia sean sus vatios diría algo así:

— Jueves: calentamiento a 190 w + 3 series de 1 km a 265 w con recuperación de 2 minutos a 200 w + 10 minutos de descalentamiento a 190 w;

— Domingo: calentamiento a 190 w + 60 minutos a 240 w + 30 minutos a 245 w + 15 minutos a 250 w + descalentamiento a 190 w.

Usando los vatios como referencia da lo mismo que el recorrido sea ondulado, que haya viento, que estemos cansados o que las condiciones meteorológicas sean malas. El dato de los vatios será un reflejo exacto del trabajo que estemos realizando en cada momento. Además, es un dato instantáneo, por lo que incluso en series cortas nos es útil.

Luego, para competir, hay unas tablas que nos ayudan a saber en qué porcentaje de nuestro rFTP podremos terminar una carrera de una distancia determinada. Como el rFTP es el máximo de vatios que podemos mantener durante más o menos una hora, si la carrera es más corta, un 5k por ejemplo, podremos ir a unos vatios más altos que el rFTP. Y si es más larga, como un maratón, tendremos que mantener nuestro esfuerzo en un nivel más bajo de vatios para no chocarnos contra el muro al final de la carrera.
Un ejemplo es esta tabla de los desarrolladores de Stryd:

DISTANCIA	% FTP
5 km	103,8 %
10 km	100 %
Medio Maratón	94,6 %
Maratón	89,9 %

En el caso de nuestro corredor de rFTP de 260 w, si quiere correr el maratón aprovechando al máximo su potencial debería intentar mantener durante la carrera una potencia de 234 vatios (el 89,9 % de 260). Si lo hace así, y come y bebe bien, se asegurará de poder mantener un ritmo uniforme durante toda la carrera. Un ritmo que no será demasiado fuerte como para que se le haga duro el final y tenga que bajar el ritmo, ni demasiado suave como para desaprovechar parte de su potencial en los primeros kilómetros.
A medida que vamos entrenando y nos vamos poniendo más en forma, nuestro rFTP aumentará, y podremos ir determinando cuál es nuestro nuevo rFTP para ir ajustando los ritmos a los que correr durante las semanas de entrenamiento.

Comentarios finales

Como hemos visto, tanto empleando los ritmos, las pulsaciones o los vatios, podemos determinar nuestra tabla personalizada de zonas de entrenamiento, con la equivalencia aproximada de ritmos, pulsaciones y vatios, y entrenar por zonas, mirando la referencia que mejor consideremos en cada momento.

El plan en el que la referencia fueran las zonas diría algo así:
— Jueves: calentamiento en Zona 1 + 3 series de 1 km en Zona 5 con recuperación de 2 minutos en Zona 2 + 10 minutos de descalentamiento en Zona 1;
— Domingo: calentamiento en Zona 1 + 60 minutos en Zona 2 + 30 minutos en Zona 3 + 15 minutos en Zona 4 + descalentamiento en Zona 1.

Con esto podríamos aprovechar la referencia que más nos convenga según el terreno y los medios que tengamos a mano (potenciómetro, pulso o solo ritmo).

Yo llevo desde septiembre de 2017 corriendo con un potenciómetro de Stryd, y reconozco que es una herramienta fantástica para correr con cabeza. Hasta ahora solo tomaba como referencia el pulso, pero hoy en día voy corriendo mirando primero a los vatios y luego al pulso.

Sin embargo, veo también que, en muchos casos, a los fríos y objetivos números de vatios, pulsaciones y velocidad, he de añadir el dato subjetivo de mis propias sensaciones mientras corro. Por ejemplo, cuando entreno por el monte o corro en carreras de *trail*, en las cuestas más duras debo dejar de correr y empezar a caminar. En esos casos los vatios descienden mucho, pero el pulso no baja demasiado si trato de caminar rápido cuesta arriba.

Por tanto, creo que un buen conocimiento de nuestras propias reacciones y sensaciones mientras hacemos deporte es fundamental para lograr correr con salud y con garantías de acabar una carrera en buen estado.

¿Qué referencia tomar para entrenar? ¿El ritmo, el pulso, los vatios o las sensaciones? Mi respuesta es que todas ellas.

Cómo correr un maratón

En un capítulo anterior he tratado el tema de cómo preparar un maratón. Ahora voy a hablar de cómo correrlo una vez que ya lo hemos preparado. Es decir, cómo afrontar el día de la carrera y las diferentes fases de la misma después de los meses que hemos estado entrenándonos y cuidándonos para un día tan importante.

Como he intentado dejar claro al principio del libro, no soy entrenador, así que aquí solo plasmo lo que he aprendido después de leer mucho sobre este tema y tras haber terminado los maratones en los que he tomado parte. Cualquiera que haya corrido varios maratones sabrá, seguramente, cómo afronta esta distancia, pero para los que están preparando su primer maratón es posible que lo que yo explique aquí les pueda servir para algo.

Un inciso: en este capítulo me dirijo a aquellos corredores que afrontan un maratón (el primero o no) con la intención de terminarlo en condiciones, no a los que afrontan la carrera para lograr su MMP. Para estos puede que muchos de los consejos que aporto no les sirvan y seguramente ya tendrán una estrategia o una experiencia más útiles.

Así que, como dijo Jack «el Destripador», vayamos por partes.

El día antes

El día anterior a un maratón tiene una gran importancia en el resultado final de la carrera. No es un día para comer de cualquier manera, ni para estar ocho horas haciendo turismo por la ciudad del maratón, ni para tomar unas copas por la noche. Por supuesto todo esto lo podemos hacer, y de hecho lo hacemos a veces, porque nosotros no somos profesionales y si nuestro objetivo es solo acabar la carrera tampoco es cuestión de sacrificar otras cosas agradables de la vida.

Por ejemplo, no es lo mismo correr el maratón de tu ciudad que correr el maratón de Nueva York. Si vas a correr en tu ciudad, el día antes seguramente comerás en casa la comida a la que estás habituado y como mucho darás un paseo por la tarde. Pero si has viajado hasta Nueva York, tampoco vas a estar encerrado en el hotel para no cansar las piernas. Lo normal es que hagas turismo por la ciudad aunque el día de la carrera vayas más lento de lo que quisieras. El maratón, aunque sea el primero y sea en Nueva York, no debe convertirse en lo más importante de nuestra vida (aunque hayamos estado meses pensado solo en ese día).

Pero bueno, en general, el día antes de la carrera intentaremos no cansarnos demasiado, no cargar las piernas con largos paseos por la ciudad viendo tiendas, procuraremos irnos temprano a dormir y habrá que comer y cenar un poco más de hidratos de carbono de lo normal (pero sin pasarnos para no tener problemas digestivos).

A mí personalmente me gusta trotar una media hora suave por la mañana el día antes de la carrera, pero mucha gente prefiere no hacer nada. Un consejo: no experimentes en un maratón, haz diferentes pruebas en otras carreras más fáciles.

Antes de ir a dormir hay que poner dos despertadores para no dormirnos y levantarnos con tiempo por la mañana para no andar con prisas de última hora. Dejaremos todo preparado para la carrera: el dorsal bien colocado en la camiseta que hayamos elegido, toda la ropa lista, la crema de calentar (si la usamos habitualmente) o la vaselina para las rozaduras a mano, el reloj con la batería cargada a tope, tener listos los geles, etc. Hay que evitar tener que preocuparnos de algo a última hora por la mañana, pues eso solo nos causará estrés y ya iremos con nervios a la salida. En fin, haremos un buen repaso a lo que necesitamos y a todo lo que vamos a tener que hacer desde que suene el despertador hasta la hora de la salida para tener todo listo.

Si la salida está lejos del hotel, es mejor ir con mucho tiempo de sobra por si acaso.

La ropa

Durante las semanas de entrenamiento ya habremos elegido la ropa que vamos a usar en el maratón. Es conveniente llevar dos opciones de camiseta, por si sale un día más caluroso de lo normal o uno frío y lluvioso. No vaya a ser que solo hayamos viajado con una camiseta de tirantes y luego resulta que amanece con 5°C y con lluvia anunciada para toda la mañana.

Por supuesto, no hay que estrenar nada el día de la carrera, aunque hayamos comprado en la feria del corredor el día antes los mejores calcetines anti ampollas del mercado. Como mucho podremos estrenar una gorra, unos manguitos o unos guantes, ya que estos no nos van a causar rozaduras inesperadas.

Si queremos personalizar nuestro debut en la distancia del maratón, podemos prepararnos una camiseta con nuestro nombre. Dependiendo del maratón que vayamos a correr, esto nos puede asegurar que nos animen más. En Nueva York, por ejemplo, si llevas tu nombre bien visible en la camiseta te vas a emocionar de estar un montón de horas oyendo tu nombre a gritos desde el público. Pero pruébala antes en varias tiradas largas para saber que no te produce rozaduras.

La estrategia

Aunque nunca vayamos a disputar la victoria en una carrera, y mucho menos en un maratón, debemos tener una estrategia que nos ayude a alcanzar nuestro objetivo, sea este el terminarla con buenas sensaciones, sin más, o bajar de un determinado tiempo.

Para la mayor parte de los maratonianos populares, una buena estrategia pasa por saber a qué ritmo vamos a correr en cada fase de la carrera. Si sabemos cuál es el ritmo máximo que somos capaces de aguantar durante toda la distancia, tendremos ya casi decidida la estrategia a seguir. Esto es así porque tanto la investigación científica sobre los ritmos sostenibles en una determinada distancia, como nuestra experiencia personal, nos dirán si somos o no capaces de aguantar un ritmo determinado durante una distancia concreta. Yo puedo ser capaz de correr un 5k por debajo de 4,45 min/km, por ejemplo, pero en un 10k igual empiezo a flaquear en los últimos kilómetros si salgo a esa velocidad. Y si salgo por debajo de 5 min/km en un maratón, es seguro al cien por cien que no llegaré al final en buen estado y tendré que bajar el ritmo.

Por lo tanto, tenemos que saber escuchar a nuestro cuerpo y conocer nuestras limitaciones para elegir la estrategia de ritmos más adecuada durante toda la carrera, saliendo, por ejemplo, a un ritmo algo más lento del que podemos mantener hasta el medio maratón, para luego, si vemos que nos encontramos bien, acelerar un poco hasta el final.

Y una estrategia correcta también pasa por planificar bien en qué kilómetros debemos ingerir algún gel o algo de comida y bebida, y qué ropa llevar según las condiciones meteorológicas que haya ese día.

Podéis leer un ejemplo de buena planificación de ritmos y de una correcta ejecución de mi estrategia de carrera en la crónica de mi Maratón de Sevilla'15. Y, como ejemplo de mala ejecución de la estrategia, os remito a mi crónica de Berlín'16.

Antes de la salida

Desayuna bien, un poco más de lo normal pero sin pasarte, y con tiempo suficiente para hacer la digestión e ir al baño con tranquilidad antes de salir del hotel. Vístete con calma, ponte la cinta del pulsómetro (si lo usas), ajústate el reloj y prepara la mochila con la ropa que vas a llevar hasta la hora de salir y lo que necesites para cambiarte en la meta tras terminar la carrera (porque la vas a acabar, seguro).

Aplícate bien la vaselina en los sitios de posibles rozaduras: dedos de los pies, axilas, ingles, pezones, etc. Si va a hacer sol échate crema solar. Si estás habituado, hazte un ligero masaje en las piernas con una crema calentadora (ojo, no te eches una crema que no hayas probado antes).

En los momentos previos a la salida es normal que sientas continuas ganas de ir al baño, ya que los nervios nos provocan esta sensación. Normalmente en cualquier carrera medianamente bien organizada hay baños a disposición de los corredores. Si no, busca un bar que esté abierto donde puedas aprovechar para tomar un último café si tienes costumbre.

Por último, colócate en el cajón de salida en la zona que corresponda al tiempo que esperas hacer. Si crees que vas a terminar en 4 horas, no te pongas en la salida con los de 3,30 horas, ya que les vas a molestar y te van a pasar por encima en los primeros kilómetros. Si es tu primer maratón, a no ser que seas un atleta con experiencia y que sepas que vas a poder correr rápido, es mejor salir por detrás tranquilo y luego ir de menos a más.

Si a la hora de la salida va a hacer frío pero luego se espera buen tiempo, podemos llevar una camiseta o un chubasquero viejo que luego podamos tirar en alguna papelera una vez que empecemos a correr.

La salida

Por fin llega el momento que llevamos meses esperando, se terminan los nervios, apretamos el botón del reloj y... empezamos a correr. Por cierto, si usas un reloj con GPS actívalo con tiempo ya que a veces tardan unos minutos en recibir la señal.

Como anécdota puedo deciros que en el Maratón de Valencia de 2017 se me olvidó activar a tiempo el reloj y tuve que esperar un par de minutos sin cruzar la línea de salida hasta que me encontró la señal. Mientras tanto, todo el pelotón del cajón de salida que me correspondía ya había empezado la carrera, por lo que salí solo detrás de todo el mundo. Además, justo cuando crucé el sensor de la cinta de salida y le di al botón de empezar a grabar la carrera, mi Garmin se apagó y se reinicializó, con lo que perdí la grabación de los primeros metros del maratón. Nada grave, pero es algo que podía haber evitado si hubiese hecho las cosas con tiempo.

Los primeros metros en un maratón con alta participación pueden ser un poco caóticos, con corredores que se cruzan por todas partes. Hay que mantener la calma, intentar no tropezarnos con nadie y dejar pasar unos minutos hasta que encontremos nuestro ritmo. Los primeros centenares de metros es mejor hacerlos sin mirar mucho el reloj para evitar tropiezos.

Una vez que el pelotón esté estirado, podemos empezar a concentrarnos en ir a un ritmo cómodo, más lento de lo normal para ir calentando. Ya habrá tiempo para apretar si el cuerpo lo permite.

Las fases de la carrera

Como expliqué en el capítulo sobre «cómo preparar un maratón», si hemos entrenado con pulsómetro y sabemos cuál es nuestro umbral anaeróbico, podemos dividir la carrera en dos partes: hasta el medio maratón, o un poco más, sin pasar de ese umbral y a partir de ahí en aceleración progresiva, si podemos.

De todas formas, la carrera se puede dividir en varios tramos más. Cada tramo corresponde, más o menos, a diferentes adaptaciones fisiológicas y psicológicas de nuestro cuerpo a la distancia del maratón.

1ª FASE: hasta el kilómetro 10

En estos primeros 10 kilómetros (una hora más o menos para la mayoría de los populares) el cuerpo se va adaptando a la carrera. Hay que ir relajados y no dejarnos llevar por corredores más rápidos, aunque nos parezca que vamos lentos. Es bueno integrarnos en un grupo que vaya al ritmo que queremos ir y no pensar en el tiempo. Si llevamos las pulsaciones demasiado altas, o nos da la sensación de ir ahogados, es mejor dejar marchar al grupo y esperar a que nos coja otro más lento. Incluso puede ser buena idea, si vamos pasados de pulsaciones, parar a vaciar la vejiga en algún punto y así aprovechar para bajar pulsaciones antes de retomar el ritmo adecuado.

Normalmente, el primer avituallamiento estará en el kilómetro 5. En la mayoría de los maratones hay un avituallamiento cada cinco kilómetros. Aunque nos parezca muy pronto y no tengamos sed es conveniente beber, aunque sea solo un trago, sobre todo si hace calor. La hidratación adecuada es muy importante. También puede ser el momento de tomar el primer gel, ya que la mejor estrategia para no tener que luchar con el muro al final de la carrera es ir recargando glucógeno desde el principio.

2ª FASE: del kilómetro 10 al medio maratón

Aquí estamos todavía en terreno conocido, porque habremos hecho muchos entrenamientos dentro de esta distancia. En el kilómetro 10, o en la primera hora, es conveniente empezar a tomar algo de glucosa o un gel (si no hemos empezado en el kilómetro 5). Puede parecer pronto, pero si esperamos al kilómetro 25 a tomar un gel (que es donde muchos maratones los ofrecen) ya habrá descendido demasiado nuestro depósito de glucógeno y eso nos puede llevar a bajar mucho el ritmo en los últimos kilómetros por falta de gasolina. Es importante mantener el depósito lleno todo el rato, y eso pasa por empezar a rellenarlo cuanto antes, tomando geles cada cinco kilómetros, aprovechando los avituallamientos para tomarlos con agua. Así que no os olvidéis de llevar geles o pastillas de glucosa suficientes con vosotros. Mejor que nos sobren en meta que necesitarlos y no tenerlos. Es muy importante que hayamos probado los geles en las tiradas largas de la fase de entrenamiento para estar seguros de que nos van a sentar bien. Mejor no hacer pruebas el día del maratón.

Un riesgo que corremos en esta fase de la carrera es que pensemos que vamos demasiado fácil. Es normal. Estamos corriendo a un ritmo más cómodo del que hemos llevado en entrenamientos cortos y nos parece que somos capaces de correr más rápido, por lo que es posible que aceleremos el ritmo sin querer. ¡Ojo! Efectivamente podemos correr más rápido, pero, ¿estamos seguros de que podemos correr más rápido hasta el final? Más vale ser conservadores y fiarnos del pulso y de nuestras sensaciones sin pasar del ritmo que habíamos planeado, aunque ahora nos parezca lento. Tenemos que pensar en la meta final, no en las partes intermedias.

Así que, cabeza fría y controlando el ritmo todo el rato. Ya habrá tiempo al final para acelerar, si tenemos fuerzas.

3ª FASE: del medio maratón al kilómetro 30

Ahora empieza una zona muy dura del maratón. Ya empezamos a acusar los kilómetros, pero la meta está tan lejos que no tenemos el alivio mental que da el ver que ya estamos terminando.

Si hasta aquí hemos ido con el pulso controlado por debajo del umbral, a partir de ahora, si vemos que nos encontramos bien, podemos empezar a acelerar progresivamente. Si no estamos seguros de poder aumentar el ritmo sin pagar el esfuerzo al final, es mejor seguir al ritmo que llevábamos hasta ahora. Aunque no nos lo parezca, si hemos entrenado bien y hemos llevado un ritmo adecuado hasta ahora, nuestro cuerpo aguantará bien esta fase a pesar de que nos pueda parecer que no podemos más. Se trata de una lucha más mental que física y hay que estar listo para ganar esta batalla.

Podemos usar varias estrategias para vencer a la idea de que no vamos a poder.

En primer lugar, si empezamos a tener molestias musculares (digo molestias, no dolores que puedan indicar una lesión, en cuyo caso puede ser mejor parar y pensar en otro maratón en el futuro), hay que intentar distraer la mente para que no se concentre en la molestia.

Los atletas profesionales, o los que quieren batir su MMP, normalmente intentan mantener la concentración todo el rato para no distraerse y bajar sin querer el ritmo. Ellos usan la estrategia asociativa de concentrarse en su cuerpo para ir todo el rato al máximo ritmo posible.

Pero nosotros, los populares que solo queremos acabar el maratón en buen estado, es mejor que usemos la estrategia disociativa, lo que significa que, si nos empieza a molestar una pierna, debemos tratar de pensar en otra cosa hasta que la molestia desaparezca. ¿Y en qué podemos pensar? Pues podemos empezar a contar los pasos que damos, de uno a cien. Como nos vamos a distraer antes de llegar a cien, cada vez que perdamos la cuenta empezaremos de nuevo, y así, sin darnos cuenta pasaremos unos minutos sin pensar en la molestia muscular.

También podemos soñar despiertos y vernos ya entrando felices en la meta. Eso siempre ayuda mucho y nos va a dar muchos ánimos. Es lo que los psicólogos llaman «visualización de los objetivos», y de verdad que es muy útil.

Otra cosa sencilla que podemos hacer es simplemente empezar a charlar con la gente que nos rodea. Eso mantendrá nuestra cabeza distraída del cuerpo a la vez que nos permitirá conocer gente nueva, aprender de su experiencia y pasar unos kilómetros fácilmente. Además, si podemos mantener una conversación, es que vamos corriendo por debajo de nuestro umbral, lo que es una buena garantía de poder mantener el ritmo mucho tiempo.

Reitero lo de no olvidarnos de comer y beber cada cinco kilómetros, que aún queda mucha carrera y hay que evitar quedarse sin gasolina.

Objetivo en esta fase: dejar que pasen los kilómetros poco a poco.

4ª FASE: del kilómetro 30 al kilómetro 38

Siento deciros esto, pero el maratón de verdad empieza ahora. ¿Y qué es lo que hemos estado haciendo hasta aquí?, os preguntaréis. Pues habéis preparado el cuerpo para sentir lo que es un maratón.

Hasta el kilómetro 30, más o menos, va a ser parecido a lo que hemos experimentado en las tiradas más largas que hemos hecho para preparar la carrera. Más o menos aquí es donde el cuerpo habrá consumido casi todo el glucógeno almacenado en los músculos si no lo hemos repuesto. Por eso es importante haber estado reponiendo glucosa desde el comienzo, ya que, si no lo hemos hecho así, lo más normal es que nuestro ritmo decaiga mucho en los últimos diez kilómetros del maratón o que incluso cojamos un buen «pajarón» que nos obligue a caminar hasta el final. Por estas razones, hacia el kilómetro 30 es donde empieza el famoso «muro» del maratón.

No os asustéis. Si habéis entrenado bien, si habéis comido y bebido correctamente los kilómetros anteriores, y si habéis ido a un ritmo por debajo del umbral hasta por lo menos el medio maratón, el muro no existe. Repito, el muro no existe.

Por supuesto, entre el kilómetro 30 y el kilómetro 38 seguramente vais a pasarlo mal. Porque ya lleváis mucho tiempo corriendo y porque aún falta bastante para acabar. Pero si habéis corrido con cabeza hasta ahora siguiendo las pautas apuntadas no os vais a hundir.

Debéis mantener las tácticas de distracción que os he comentado, pero a partir del kilómetro 30, la cabeza empieza a recibir un salvavidas muy importante: estamos llegando al final y vemos, poco a poco, que lo vamos a conseguir. Y esto, casi maratonianos, es un chute de optimismo que nos va a ayudar a vencer esta fase durísima del maratón.

Así que, seguid comiendo y bebiendo que ya queda menos. Dejemos que sigan pasando los kilómetros.

5ª FASE: del kilómetro 38 al kilómetro 42

Ahora vemos que la meta está cerca, los ánimos del público se multiplican. Lo que hace una hora era una visualización lejana de nuestra entrada triunfal bajo el arco de la llegada ahora es algo que ya casi lo podemos tocar con las manos. Si hemos corrido bien hasta ahora, incluso podemos apretar el ritmo. La felicidad que poco a poco nos va invadiendo nos permite correr más de lo que habíamos pensado. Y si estamos sufriendo habrá que aguantar. Ya queda poco. Ya casi lo tenemos. Una media horita más y ya está.

ÚLTIMA FASE: los últimos 195 metros

Ahora no os puedo decir nada más. Esto es algo que hay que vivirlo para sentirlo. Solo os comento una cosa: por volver a experimentar la felicidad plena que sentiréis en estos metros finales, casi seguro que volveréis a preparar otro maratón. Enhorabuena. Ya sois maratonianos.

Cómo no pensar en un maratón (mientras corres un maratón)

Hay mucha gente que, en la salida de un maratón, al pensar que tiene que correr sin parar durante cuatro o cinco horas, puede que sienta el peso de que va a afrontar un reto imposible. Esto puede hacer que se bloquee mentalmente en algún punto de la carrera, cuando ya esté cansado y vea que por delante le quedan veinte o veinticinco kilómetros.

En este capítulo voy a tratar el tema de cómo afrontar una carrera (un maratón o cualquier otra carrera larga) desde el punto de vista de la mente y cómo poder evitar en la mente los pensamientos negativos que a todos nos asaltan en algún momento en la carrera.

En primer lugar, doy por supuesto que habremos llegado a la carrera con el entrenamiento y la motivación suficientes como para tener la seguridad de que somos capaces de acabarla. Y si no nos creemos capaces, aunque sea más difícil, también podremos terminarla si usamos bien la cabeza y corremos reservando fuerzas. Eso sí, no esperemos milagros, si no hemos entrenado apenas, es probable que no terminemos un maratón y, si lo terminamos, no será la mejor idea que hayamos tenido.

Ya puestos en la tesitura de que hemos entrenado, estamos animados y tomamos la salida en la carrera con la esperanza de llegar a la meta disfrutando (que debe ser siempre nuestro principal objetivo), lo primero que debemos hacer es intentar estar preparados para lo que nos pueda pasar. Puede que nos ocurra algo inesperado en la carrera, pero si hemos pensado un poco podremos estar prevenidos ante casi cualquier circunstancia que se nos presente en la carrera.

Así que, antes de empezar a correr una carrera larga, pensemos en qué contingencias nos pueden pasar que nos hagan sufrir más de la cuenta, nos obliguen a parar o, en última instancia, nos lleven a retirarnos.

¿Y cuáles son estas contingencias? Pues hay de todo, como en botica.

En primer lugar, está el (mal) tiempo que pueda hacer. Si hay previsión de frío y lluvia, de mucho viento o de un calor bochornoso, es mejor saberlo cuanto antes y así estaremos preparados para afrontar estas dificultades de la mejor manera posible (además de para vestirnos con la ropa más adecuada).

Pero si nos sorprende un cambio de tiempo repentino en mitad de la carrera, lo mejor es adaptarnos al cambio, olvidarnos del ritmo que queríamos llevar e intentar ajustarnos al nuevo ritmo que las circunstancias nos impongan. Que hay mucho viento de cara, pues habrá que ir más despacio; que de repente hace mucho calor, pues habrá que pararse en las fuentes que encontremos; que hace frío, pues habrá que apretar un poco para entrar en calor. El truco está en adaptarnos a lo que vamos encontrando, como en la vida.

Luego están las molestias que podamos sentir en nuestro cuerpo, normalmente en forma de dolores musculares en las piernas. Bien. Si son solo molestias no hay que hacerles mucho caso. Otra cosa es cuando la molestia pasa a ser un dolor insoportable. En ese caso es mejor parar y evitar una lesión que nos haga estar sin correr varias semanas.

Si a mitad de carrera nos empieza a molestar un músculo, lo mejor es intentar cambiar el paso, haciéndolo más corto o más largo durante unos metros, a ver si así se nos pasa. También podemos parar un momento y estirar un poco. De todas formas, en una carrera larga es normal tener molestias repentinas que vienen y van. La mayor parte de las veces no tienen ninguna importancia y suelen ser más por causa de la tensión y los nervios que otra cosa. Lo mejor es intentar no pensar en ellas. Luego hablaré de algunos trucos para evadir la mente de la carrera.

Otra eventualidad que nos puede pasar es que nos hayamos olvidado de darnos vaselina, o de llevar algún gel, y que a mitad de la carrera empecemos a tener incómodas rozaduras o que empecemos a sentir que nos acecha una pájara de las buenas.

Bien. No nos pongamos nerviosos por ahora. Podemos pedir en algún avituallamiento a ver si tienen vaselina o algo para la rozadura. Si no, podremos cambiar la forma de correr para ver si así la podemos soportar. Si empezamos a sentir hambre y aún queda mucho, y no hemos llevado geles o glucosa, lo mejor es bajar el ritmo y parar en el siguiente avituallamiento para coger lo necesario. También podemos pedir a los compañeros a ver si alguien lleva algún gel de sobra. Siempre hay quien, como yo, os podrá dar un gel o una pastilla de glucosa. Es normal ser solidarios entre los participantes.

Otra cosa que nos puede suceder y que puede llegar a ser nefasta en una carrera larga es que nos entre la horrible sensación de que no podemos más, que tenemos que parar y retirarnos.

Bueno. Esto puede ser debido a que hayamos llevado hasta ese momento un ritmo demasiado alto. Si es así, lo mejor es bajar el ritmo, o incluso caminar un rato, comer algo y no perder nunca la moral de que podemos llegar a meta, aunque sea más despacio. ¿Y cómo podemos saber si el ritmo al que vamos es el adecuado para una carrera larga? Si tenemos pulsómetro y nos hemos hecho una prueba de esfuerzo, ya sabremos a qué pulsaciones debemos correr para no pasar de nuestro umbral. Si no llevamos pulsómetro, o no tenemos ni idea de cuál es nuestro umbral, hay un indicador que es infalible: si podemos mantener una conversación con los corredores que van con nosotros sin que la respiración se nos entrecorte es que vamos bien. A ese ritmo podemos aguantar mucho tiempo, hasta el final.

Trucos para no pensar en que corremos mientras corremos

El simpático atleta Chema Martínez ha hecho famoso su lema de «No pienses, corre». Yo no estoy muy de acuerdo con ese lema, ya que mientras corro es cuanto más pienso, la verdad. Pero en lo que sí tiene razón Chema es que cuando las cosas se ponen duras en una carrera lo mejor que podemos hacer es no pensar en la carrera y dejar que el cuerpo corra solo (que ya sabe él cómo hacerlo).

En el anterior capítulo, *Cómo correr un maratón*, comenté que los atletas profesionales y los que quieren batir su MMP deben correr concentrados en lo que están haciendo, ya que si no es fácil que bajen el ritmo y ya no vayan a tope («a puto tope», que diría Chema).

Pero para un corredor popular que solo quiere acabar su primer maratón, cuando vienen estos imprevistos que he comentado antes, lo mejor es que deje de pensar en que está corriendo una carrera, que le duele una pierna o que está sofocado por el calor.

En estos casos lo mejor es simplemente cambiar de pensamiento y dejar que el tiempo pase. Así, para cuando nos hemos dado cuenta ya no nos duele la pierna o hemos llegado al puesto de avituallamiento y nos estamos echando agua por la cabeza.

«Vale —diréis—. Esto es fácil de decir, pero difícil de hacer». Pues sí, a veces puede ser difícil dejar de pensar en el sufrimiento. Cómo hacerlo:

— Pensar en algo que tengamos que solucionar la semana siguiente en el trabajo o en casa. Además, puede que nos sorprendamos al lograr dos cosas a la vez, como son la de dejar de pensar en el dolor del pie, y que se nos ocurra una solución a ese problema en el trabajo que no sabíamos cómo resolver. Al correr, la mente se despeja muchísimo y el cerebro encuentra formas diferentes de pensar y se desbloquea.

— Hablar con otros corredores. Es una de las mejores formas de evadirnos de la carrera, de conocer gente nueva y aprender cosas de ellos. Si son veteranos, nos transmitirán tranquilidad, y si son novatos como nosotros, compartiremos con ellos nuestras inquietudes.

— Contar. Contar pasos, contar la respiración, contar personas que vemos por delante, contar papeleras... Lo que sea, pero al contar la mente se tiene que concentrar y dejamos de pensar en otras cosas. Además, como vamos a perder la cuenta, enseguida tendremos que empezar de nuevo y el tiempo pasará volando.

— Saludar al público y sonreír a los que nos saludan. Si estamos en una carrera en la que hay mucho público tendremos la suerte de recibir sus ánimos y, parece una tontería, pero esto realmente nos anima mucho. Así que, responder a sus aplausos y saludarles nos hará disfrutar un buen rato como si no nos doliera nada o como si no estuviéramos cansados.

— Dividir la carrera en tramos cortos, por ejemplo, de cinco en cinco kilómetros. Concentrarnos en llegar al siguiente tramo donde debamos hacer algo, como beber o comer, nos ayudará a pasar los kilómetros más fácilmente. En el Maratón de Madrid de 2017 empecé a sentir sed poco después de la salida, por lo que llegué al avituallamiento del kilómetro 5 con ganas de coger agua. Por si acaso, y para no deshidratarme, cogí una botella y me la llevé conmigo para ir bebiéndola con calma. Dos kilómetros después ya la había terminado, por lo que mi objetivo a corto plazo era llegar al siguiente avituallamiento para coger otra. Así que, el resto del maratón mi cabeza solo se concentraba en llegar al avituallamiento, coger una botella, beberla con calma, esperar al siguiente y repetir la operación. Con ello se me hizo muy corto el tiempo que pasaba entre cada avituallamiento.

— No pensar en el tiempo que nos queda hasta la meta. Si estás cansado en el kilómetro 30 de un maratón y piensas que aún te queda más de una hora corriendo se te va a hundir la moral. Es mejor pensar en que solo te quedan doce kilómetros. Y, además, si haces trucos mentales verás que no son doce, sino diez, pues los últimos dos los vas a hacer con la ilusión que da el estar ya llegando a meta. También puedes pensar en el recorrido que te queda. Por ejemplo, si los últimos diez kilómetros son un último circuito, pues piensa que solo te falta una vuelta. O si son ida y vuelta por una misma avenida, concéntrate en que solo te queda ir hasta el final y volver.

— Por último, solo me queda comentaros el truco definitivo para acabar cualquier carrera: tener ganas de acabarla. Los psicólogos lo denominan «estar motivados». En estos casos casi siempre es cierto eso de «querer es poder». Si realmente queremos acabar, si realmente tenemos ganas, seguro que lo conseguiremos. Ya conocéis el dicho de que «el que quiere hacer algo encuentra la forma de hacerlo y el que no quiere, encuentra excusas para no hacerlo».

Ánimo. Si has leído hasta aquí, es que realmente quieres terminar tu próxima carrera. Ya lo tienes casi hecho.

Consejos para la carrera y el viaje

Cuando un corredor popular se va a enfrentar por primera vez a un maratón está lleno de temores y de preocupaciones sobre cómo va a ser ese día. Las dudas le asaltan ante cualquier cosa que pueda afectar a su carrera: qué ropa llevar, qué desayunar, cómo beber, a qué hora levantarse...

Y, además, si el maratón va a ser en una ciudad lejana, en otro país, también es normal que tenga dudas sobre el viaje en sí mismo, sobre todo si es la primera vez que va a viajar a otro continente o a un país con otro idioma.

Ante todo, lo que debéis saber es que todas estas dudas, todos estos miedos, son normales. Lo raro sería no tenerlos. Y no solo son normales, sino que son necesarios, ya que ese pequeño estado de estrés previo a la carrera nos hará estar atentos y así será más fácil tener todo controlado.

De todas formas, y como sé que todos los primerizos están necesitados de consejos como lo estuve yo también cuando decidí correr mi primer maratón, enumero a continuación unos cuantos consejos para el gran día. Algunos son muy obvios y a la mayoría no les harán falta, otros son más útiles. Y no son solo consejos respecto a la carrera en sí, sino que también añado otros para el viaje y para lo que conforma la experiencia de vivir un maratón, sobre todo la primera vez.

Consejos para el viaje

Si el maratón al que vamos a ir es importante y tenemos que volar para llegar a la ciudad, lo normal es que meses antes tengamos decidido nuestra participación. Por lo tanto, además de hacer la inscripción a la carrera cuanto antes, para no quedarnos sin dorsal y para aprovechar los precios más reducidos por apuntarnos con antelación, es muy importante hacer la reserva del hotel y del vuelo con tiempo, cuanto antes mejor. Así, ahorraremos dinero en el billete de avión y podremos elegir un hotel lo más cerca posible de la salida y de la meta de la carrera, cosa que agradeceremos después.

Si vamos a viajar a un país para el que necesitemos el pasaporte, es muy importante comprobar su caducidad así como la del DNI, por si acaso tenemos que renovarlos antes del viaje. Para algunos países necesitaremos también un visado o rellenar alguna solicitud de admisión (como el ESTA para ir a los EE. UU.). Cuanto antes hagamos estos trámites, mejor.

Y, en relación al pasaporte, es una buena idea el llevar una fotocopia en la maleta. Así, si por lo que fuese lo perdiéramos o nos lo robaran, resultará más fácil hacer los trámites necesarios en nuestro consulado para que nos proporcionen un pasaporte provisional.

Es conveniente ir anotando con tiempo en una lista todo aquello que vamos a necesitar para viajar. Así, cuando llegue el momento de hacer la maleta, no nos olvidaremos nada importante y que no podamos conseguir en el destino, como pueden ser algunas medicinas que estemos tomando, las plantillas ortopédicas para las zapatillas (si es que las usamos), etc.

Entre las cosas que pondremos en esa lista estará, sin duda, la ropa con la que vamos a correr el maratón. Si tenemos que facturar la maleta, siempre corremos el riesgo de que se extravíe o que se pierda y llegue al destino cuando ya hayamos corrido la carrera. Si eso ocurriera, siempre podemos comprar en el destino ropa de correr para salir del paso. Sin embargo, lo que no vamos a poder comprar son nuestras zapatillas. Igual sí el mismo modelo y mismo número, pero no «las nuestras», que ya están hechas a nuestros pies. Así que, un buen consejo es volar con ellas puestas y no facturarlas en la maleta.

También es buena idea tener una lista de cosas que podemos necesitar en el vuelo para llevarlas en el bolso de viaje o en una mochila en la cabina del avión: un antifaz y tapones para los oídos para intentar dormir si el vuelo es largo, nuestra música, un libro, un jersey por si hace frío en la cabina, ropa cómoda…

Cambio de horario (*jetlag*): Si vamos a un destino que tiene una hora oficial muy diferente a la nuestra, es normal que eso nos cause algunos problemas de adaptación, sobre todo en el sueño. Lo ideal, dicen, es llegar al destino el mismo número de días antes que el número de horas de diferencia. Por ejemplo, si vamos al Maratón de Nueva York (donde hay seis horas menos que en España), lo ideal sería llegar seis días antes. Pero como esto va a ser imposible para la mayoría de nosotros, tendremos que adaptarnos en dos o tres días como mucho. Mi consejo es que nada más meternos en el avión, ya actuemos como si estuviéramos en el horario del destino. Así, si llegamos a Nueva York a las cinco de la tarde de allí (las once de la noche para nosotros), pues dejamos las cosas en el hotel y salimos a la calle como si fueran las cinco de la tarde. Damos una vuelta, hacemos un poco de turismo, cenamos y nos acostamos a nuestra hora habitual, por ejemplo, las once de la noche, pero las once en Nueva York. Al día siguiente es probable que nos despertemos muy pronto, pero ya será a una hora más adecuada a la que tenemos en Nueva York, y las noches siguientes dormiremos mejor.

Las semanas previas al viaje no está de más el confirmar con el hotel nuestra hora de llegada aproximada, sobre todo si vamos a llegar muy tarde.

También es conveniente mirar el tiempo que nos vamos a encontrar en el destino para así poder llevar ropa adecuada, no solo para la carrera, sino para caminar por la ciudad. Sobre todo si vamos a una ciudad en la que puede hacer mucho más frío que en la nuestra en esa época del año.

Es buena idea llevar apuntados en una agenda los horarios de los vuelos, dirección del hotel, modo de transporte desde el aeropuerto al hotel (metro, autobús, etc.), dirección del lugar de la entrega de los dorsales y los horarios de recogida, etc. Aunque lo normal es que tengamos guardada esa información en nuestro correo electrónico y podamos acceder a ella desde el teléfono móvil, no está de más llevarla también apuntada en un papel por si nos quedamos sin batería, por ejemplo.

Por último, debemos llevar en una carpeta la documentación necesaria para la recogida del dorsal, como puede ser la hoja de confirmación de la inscripción, el certificado médico (para los maratones en los que lo exigen) o cualquier otra documentación que el reglamento de la carrera nos pida.

Si hemos decidido participar en un maratón en el extranjero contratando los servicios de una agencia de viajes especializada en viajes deportivos, ellos nos ayudarán con muchos de estos trámites engorrosos. Viajar con una agencia es una idea muy buena para ciertos maratones en los que es casi imposible conseguir un dorsal por nuestra cuenta. También es muy conveniente si no hablamos el idioma del país del maratón, ya que así tendremos siempre a alguien pendiente de ayudarnos antes cualquier problema.

Consejos para el día previo y el día de la carrera

En los grandes maratones internacionales la Feria del Corredor suele ser una buena ocasión para mirar novedades en material y ropa de correr. Siempre que podamos debemos ir con antelación suficiente a la Feria para tener tiempo de sobra para recoger el dorsal y la bolsa del corredor y luego ver los *stands* tranquilamente.

Al recoger la bolsa del corredor hay que comprobar que esté todo lo necesario: el dorsal, el chip, los imperdibles, etc.

Una vez que salgamos de la Feria, lo más recomendable es regresar al hotel para dejar el dorsal y las bolsas antes de ir a la ciudad a dar una vuelta, a comer o a cenar. Sería un desastre perder el dorsal o dejarlo olvidado en algún sitio y no poder tomar la salida al día siguiente.

Si podemos, es preferible tener una reserva para cenar a estar dando vueltas para encontrar un sitio. En la mayoría de los países la hora de cenar es mucho antes que en España y si vamos muy tarde corremos el riesgo de no poder hacerlo. Por cierto, no nos pasemos con la cena para no tener dolor de tripas por la noche.

Igualmente, debemos comprobar que en el hotel nos darán de desayunar a la hora que queremos o tener previsto, en su caso, un plan alternativo. Puede ser buena idea el comprar algunos pasteles o algo para desayunar y comerlos tranquilos en el hotel por la mañana si la hora de la salida del maratón es muy temprana. Si tenemos costumbre de tomar un café antes de la salida, podemos dar una vuelta por la zona de salida el día antes para ver dónde lo vamos a poder hacer.

Si nos vamos a marchar del hotel el mismo día tras la carrera, hay que preguntar si nos van a dejar ducharnos pasada la hora del *check out*. Si no es posible, hay que mirar si la organización tiene previsto algún lugar para poder hacerlo.

Antes de acostarnos dejaremos todo preparado: la ropa que vamos a llevar en la carrera, los geles, la vaselina para evitar rozaduras, el dorsal bien puesto en la camiseta, el reloj–GPS con la batería bien cargada, etc.

Si tenemos que madrugar, que será lo normal, es mejor poner varias alarmas para despertarnos. Quedarnos dormidos puede ser un desastre, sobre todo si tenemos que coger un medio de transporte para ir a la salida.

No debemos preocuparnos si no dormimos la noche previa a la carrera. Por muy tranquilos que seamos, la víspera de un maratón siempre tendremos un cierto nivel de ansiedad y eso nos puede provocar que no durmamos todo lo que nos gustaría. No pasa nada. Hay estudios que demuestran que esto no va a afectar a nuestro rendimiento si las noches anteriores han sido normales. Así que, si no podemos dormir, no le demos muchas vueltas al asunto. Lo importante es estar tumbado descansando.

Una vez levantados es mejor seguir el protocolo que hayamos decidido previamente para no olvidarnos de nada: ir al baño para vaciar el intestino lo que podamos, desayunar bien (pero sin excedernos para que no tengamos problemas en la carrera), vestirnos, beber agua, colocarnos el dorsal y la banda del pulsómetro, meter los geles en el sitio en el que los vamos a llevar en la carrera, etc.

Si la mañana es fresca, hay que llevar prendas de abrigo para no enfriarnos hasta la hora de la salida.

También es aconsejable llevar una botella de agua y algo de fruta para comer y beber algo mientras esperamos la salida.

Hay que ir con tiempo de sobra a la salida para no ponernos nerviosos por las prisas de última hora. Así, tendremos tiempo para prepararnos, darnos un auto masaje en las piernas, tomar un café, ir al baño si lo necesitamos, etc. No está de más llevar pañuelos de papel a la salida por si debemos ir al baño en el último minuto.

Aunque en principio no vayamos a necesitarlo, es conveniente llevar algo de dinero, no solo para tomar un café antes de salir. Si las cosas van mal, puede que nos tengamos que retirar en algún lugar alejado de la meta y tengamos que coger un taxi, o el Metro, o comprar algo de comida.

Música. Hay gente que necesita llevar su música para correr. Yo en las carreras prefiero no hacerlo para vivir mejor el ambiente del maratón.

Si vamos a dejar una mochila o una bolsa en el ropero, normalmente nos darán una pegatina con nuestro número de dorsal para pegarla. Una buena idea es hacerlo en el último momento justo al entregarla en el ropero, así no corremos el riesgo de que se despegue en el traslado del hotel a la salida. Y si nos dan una bolsa transparente en la que dejar nuestras cosas podemos poner la pegatina por dentro para que se vea el número sin que se pueda perder.

Si hace mal tiempo, es conveniente llevar un chubasquero y una gorra, y si hace mucho frío, también unos guantes. Es cierto que corriendo generamos calor, pero salvo los atletas de elite que generan mucho, es posible que, en un día de lluvia y temperaturas bajas, pasemos frío pese a estar corriendo un maratón. Si deja de llover y empieza a sobrarnos el chubasquero siempre podremos atarlo a la cintura.

Si el día va a ser caluroso y soleado, debemos ponernos abundante crema solar media hora antes de la salida, y llevar gorra y gafas de sol. Y habrá que beber todo el rato y refrescarnos cuando podamos.

Toda la ropa que vayamos a usar en la carrera la habremos probado antes en los entrenamientos, no vaya a ser que nos encontremos con molestas rozaduras a mitad de carrera.

Por supuesto, no debemos estrenar zapatillas el día de la carrera, ni aunque sean del mismo modelo que usamos siempre. Y tampoco es bueno usar zapatillas que estén demasiado viejas y gastadas.

Unos minutos antes de la salida hay que repasar la lazada de las zapatillas para que no esté ni muy floja ni muy prieta. Y darle un nudo doble para que no se suelte durante la carrera.

También, un cuarto de hora antes de la salida, es conveniente activar el GPS de nuestro reloj para que localice los satélites y estemos listos para darle al botón de inicio en cuanto llegue la hora de empezar a correr, no vaya a ser que justo el día de la carrera sea uno de esos días en los que nuestro reloj tarda más de la cuenta en detectar la señal.

Ya en carrera, no debemos tardar mucho en empezar a avituallarnos, tanto con agua como con geles o glucosa. En el kilómetro 5 normalmente llegará el primer avituallamiento. Hay que comprobar si va a haber avituallamientos a los dos lados de la carrera o solo en un lado para colocarnos bien.

No debemos lanzarnos a la primera mesa de avituallamiento que veamos. Siempre hay varias mesas para repartir el agua y no tenemos que ir a la que va todo el mundo con las molestias que eso acarrea y el riesgo de tropezarnos.

En los avituallamientos donde hemos decidido tomar los geles o glucosa, lo haremos justo antes de alcanzarlos. Así, una vez ingeridos, llegaremos a las mesas del avituallamiento para coger agua y beberla.

Si dan el agua en vasos es mejor caminar unos metros para beber tranquilos poco a poco y no atragantarnos. Eso no supone una pérdida de segundos.

Una vez que hayamos bebido, hay que arrojar el vaso o la botella en el lugar señalado para facilitar después la limpieza del circuito.

Hay una máxima en el mundo del ciclismo que dice que hay que comer antes de tener hambre y beber antes de tener sed. Es buena idea aplicarla en los maratones.

Siempre es mejor llevar geles de sobra que quedarnos cortos y pillar una pájara en los últimos kilómetros que nos obligue a bajar mucho el ritmo o caminar.

Respecto al ritmo de carrera, lo mejor es intentar mantener un ritmo uniforme todo el rato y, si vamos muy bien, apretar un poco al final. Si salimos demasiado rápido, lo más probable es que perdamos al final más tiempo del que ganemos al principio.

Tened paciencia. El maratón es el arte de saber esperar. No sirve de nada correr mucho al principio.

Si vemos que estamos en un grupo que va a nuestro ritmo es conveniente mantenernos en él. Si no, mejor buscar otro.

Para evadir un poco la mente, es bueno conversar con la gente que esté alrededor, pero sin relajarnos mucho.

Si se trata de un maratón muy especial en cuanto al ambiente y el circuito, no está de más hacer fotos y disfrutar de esos momentos, aunque tardemos algo más en llegar a la meta.

Durante la carrera hay que relajar los brazos de vez en cuando. Parece que no, pero los antebrazos se cargan mucho corriendo muchas horas.

Cuando llegue el ansiado momento de pasar la meta, hay que sonreír para la foto. Lo mismo cuando veamos fotógrafos en el recorrido. Unas fotos con cara sonriente serán un bonito recuerdo de nuestro maratón.

Es importante parar el reloj una vez que hayamos pasado la meta para no estropear nuestra foto de *finisher*. Es muy diferente una foto sonrientes y con los brazos en alto, que una mirando a la mano que aprieta el reloj.

Y un último consejo. En un maratón nos pueden pasar muchas cosas imprevistas. No hay que dejar que nada nos desmoralice. Si hemos pensado en todos los inconvenientes que nos puedan surgir (mal tiempo, olvido de alguna prenda, etc.) estaremos preparados para afrontarlos con optimismo. Incluso si surge algo en lo que nunca habíamos siquiera pensado, un buen maratoniano no dejará que eso le afecte. Si es necesario, se baja el ritmo, se rebajan las expectativas de tiempo y a seguir corriendo hasta la meta.

Espero que algunos de estos consejos os sean útiles.

La importancia de la cadencia en la técnica de carrera

Cualquiera que empieza en esto de correr, y a poco que lea sobre el tema o lo comente con corredores veteranos, no tardará mucho en toparse con conceptos como «técnica de carrera», «cadencia del paso», «tipo de pisada», «pisada de talón o de punta», etc. Si buscáis en Google o en YouTube estos conceptos obtendréis mucha información al respecto.

Lo primero que pensará el novato es que nunca había imaginado que correr fuera algo tan complicado que necesitara una técnica que aprender. Uno se pone las zapatillas y echa a correr. Un pie delante del otro. Algo tan sencillo que lo hacemos desde que somos niños sin haberlo aprendido en ningún sitio.

Pero parece que la cosa no es tan simple.

No son pocos los corredores noveles que al cabo de unas semanas o de unos meses de empezar con la práctica habitual de salir a correr (o del *running*, como prefiráis llamarlo) se encuentran que no lo pueden hacer porque se han lesionado.

Y suele ser entonces, al comentar la lesión con *fisios*, médicos deportivos y compañeros con más experiencia, cuando empiezan a oír hablar de la técnica de carrera, tipos de pisada y estos conceptos.

A poco que nos fijemos cuando salimos a correr o cuando vamos a carreras populares (sobre todo en las de distancias asequibles para todo el mundo), veremos que hay gente que corre dando muchos pasos más o menos cortos y otros que van dando zancadas largas y lentas, como si fueran futbolistas calentando en la banda.

¡Ojo! Algunos de estos compañeros corren rápido, al menos más rápido que yo, pero su estilo es feo y su técnica de correr nefasta. En estos casos de gente que corre mal pero rápido, siempre pienso lo mucho que mejorarían si tuvieran una mejor técnica.

La cadencia

Se llama cadencia de carrera al número de pasos que damos por minuto mientras corremos. Hay gente de cadencia lenta, de unos 150 o 160 pasos por minuto, y otros de cadencia muy alta, de unos 190 o más pasos por minuto. Incluso un mismo corredor varía su cadencia según la velocidad a la que corre, ya que cuando corremos muy rápido (por ejemplo, en un esprint o en una serie corta) la aumentamos instintivamente, y cuando corremos muy despacio (por ejemplo, en un trote suave de calentamiento) nuestra cadencia baja.

¿Cuál es la mejor cadencia? No hay una respuesta fácil. Hay gente de cadencia baja que corre rápido y no se lesiona, y otros de cadencia alta de los que podríamos decir lo mismo.

En principio, y para mejorar la técnica de carrera, es más adecuado una cadencia elevada. Con una buena técnica de carrera se pisa menos de talón y eso, en la mayoría de los casos, evita lesiones por sobrecarga. Y para mejorar la técnica, el correr con cadencia alta es muy eficaz.

Casi todos los expertos dicen que la cadencia más adecuada al correr es la que está en torno a los 180 pasos por minuto, y si os fijáis, la mayoría de los atletas de competición corren en esos valores.

Curiosamente esta cadencia de 180 pasos por minuto suele coincidir con la que llevamos al caminar rápido en llano y también coincide con la cadencia de pedaleo de los ciclistas profesionales. Incluso subiendo un puerto duro, donde la mayoría de los mortales vamos en bicicleta atrancados (con «poca cadencia», en el argot ciclista), ellos suben con una cadencia de pedaleo en torno a las 180 pedaladas por minuto (o incluso de 200 en el caso de algunos corredores, como Chris Froome).

Parece, por tanto, que los corredores que suelen correr con cadencias bajas lograrían muchas ventajas si lograran correr a 180 pasos por minuto o más. ¿Y qué ventajas son esas? Pues bastantes. Solo por mencionar algunas, las enumero aquí:

— Mejora de la técnica de carrera.

— Ayuda a aterrizar con la parte media del pie o con la punta.

— Menos golpe en el talón al aterrizar en el suelo.

— Menos lesiones por sobrecargas.

— Más eficacia y más economía de esfuerzos en el movimiento, lo que mejora los resultados en pruebas largas.

—Menos tiempo de contacto del pie con el suelo, lo que facilita el correr más rápido y ayuda a que los pies sufran menos.

— Menos sufrimiento a nivel vertebral, ya que el correcto juego de las articulaciones de pie, tobillo, rodilla y cadera hará que el golpe de cada pisada llegue bien amortiguado a la columna (lo que es bueno para los que ya tenemos una edad en la que empezamos a tener desgaste vertebral, hernias u otros problemas de columna).

Como veis, aumentar la cadencia es muy recomendable para la mayoría de los corredores.

Bien. ¿Y cómo podemos mejorar nuestra cadencia? Pues hay varias cosas que podemos hacer, como son, por ejemplo:

— Al iniciar el paso tirar la rodilla hacia adelante, no el pie (un truco es imaginar que alguien tira de nuestras rodillas con una cuerda desde delante a cada paso que damos).

— No lanzar el pie para adelante como si diésemos una patada a cada paso que damos, echar rápido el pie para atrás nada más que aterrice en el suelo, como si corriéramos por un suelo que nos quema, acortar el paso, correr descalzo en una cinta. Al correr descalzo nos obligamos a mejorar la técnica, ya que no podremos pisar de talón, así que si nos quitamos las zapatillas un día y corremos unos pocos minutos en la cinta veremos cómo aumenta nuestra cadencia (ojo, no lo hagas muchos minutos si no estás acostumbrado o se te cargarán muchísimo los gemelos y los sóleos), usar relojes que nos den el dato de la cadencia que llevamos (ojo, la mayoría nos mide este dato por cada pie, dándonos el dato real, pero algunos miden solo el paso de un pie, por lo que en estos casos hay que multiplicar el resultado que ofrecen por dos), salir a correr algunos días sin mirar el reloj, solo para concentrarnos en la cadencia (si tu cadencia habitual es baja te va a costar subirla, y hasta que no interiorices la nueva forma de correr pasará un tiempo y en cuanto dejes de estar concentrado en la pisada volverás a la anterior), si corres con música prueba a llevar temas cuyo ritmo sea parecido a la cadencia ideal, como por ejemplo el *Highway Star* de Deep Purple.

¿Cuán larga debe ser la tirada larga?

Cuando alguien comenta que quiere correr por primera vez un maratón y pide consejos sobre cómo tiene que preparar la mítica distancia, enseguida hay gente que dice que, además de tener una base como corredor de meses o años (algo obvio), tendrá que completar un plan de entrenamientos de entre 15 y 18 semanas (según quién lo diga) y que en ese plan obligatoriamente tendrá que incluir varias tiradas largas (que es como comúnmente se conoce a los entrenos de fondo más largos) de hasta 32 kilómetros, o incluso más.

Está claro que si estamos preparando una carrera de 42,195 metros es conveniente que vayamos añadiendo de forma progresiva un mayor kilometraje semanal y que el entreno largo, que normalmente se hace el domingo, vaya siendo cada vez más largo.

Sí, pero, ¿hasta cuánto de largo? ¿Por qué ha de ser de 32 kilómetros y no de 30 o de 33 o de 27 kilómetros?

No lo he leído en ningún sitio, pero para mí está claro que la respuesta a la segunda pregunta es que las tiradas más largas son habitualmente de 32 kilómetros porque el maratón en EE. UU. mide 26,2 millas, que es igual pero no es lo mismo.

Me explico: cuando en los EE. UU. surgió el *boom* por correr maratones a finales de los 70 y en los años 80, los maratonianos iban alargando sus entrenamientos hasta una distancia de 20 millas, más que nada porque es un número redondo. Y como una milla terrestre mide 1609 metros, pues 20 millas son 32,18 kilómetros. De ahí que, al popularizarse estos planes de entrenamiento en otros países, quedó establecido que la tirada larga había que llevarla hasta los 32 kilómetros. Seguramente si en los EE. UU. también se hubiese usado en aquella época el sistema métrico, los entrenadores hubieran dejado la tirada más larga en 30 kilómetros, por redondear.

Y es que no hay ningún estudio que diga que hacer la tirada larga de 32 kilómetros nos entrene más que si la dejamos en 30. Aunque, por otra parte, tampoco he encontrado estudios que digan lo contrario. Lo que sí parece claro es que la mayoría de los entrenadores coinciden en la opinión de que no es conveniente pasar de los 27 o 28 kilómetros, que son unas 2 h 30 min horas para la mayoría de corredores.

Y ya puestos a hablar en tiempo en vez de en distancia, volviendo a los maratonianos estadounidenses de los 80, hay que decir que entonces el tiempo medio de los participantes en maratones era de algo más de 3 horas (solo corrían maratones los corredores más experimentados), y para la mayoría, una tirada de 20 millas (32 kilómetros) suponía algo más de dos horas.

Más tarde, al popularizarse la distancia entre el resto de corredores, el tiempo medio para terminar un maratón ha ido subiendo y ahora en los EE. UU. (y en la mayoría de países) está en más de 4 h 15 min. Y claro, para los que tardan 4 h 30 min en hacer un maratón, una tirada de 32 kilómetros supone más de tres horas corriendo, y según estudios actuales sobre el tema, entrenar tanto tiempo en lugar de mejorar nuestras prestaciones deportivas las puede empeorar por el desgaste que supone al cuerpo. Es por esto que casi todos los estudiosos de este tema recomiendan no pasar de 2 h 30 min en los entrenos más largos y no recomiendan hacer demasiadas tiradas largas previas a un maratón.

Hoy en día, en la mayor parte de los planes de entrenamiento para maratón se concentran más entrenos entre semana y la tirada larga no se hace tan larga. Da más fondo correr varios días 15 o 16 kilómetros, alternando con series, *fartlek*, cuestas, etc. que atiborrarnos de kilómetros el domingo.

A los que piensan que para correr una carrera de 42,2 kilómetros hay que entrenar algún día una distancia similar, pongamos de 35 o más kilómetros, les preguntaría cuántos kilómetros deben incluir entonces las tiradas largas de los que corren carreras de ultra resistencia, como las de 100 kilómetros o más. ¿Setenta? ¿Ochenta?

Sobre este tema me parece muy ilustrativo este comentario que me hizo Tom, un amigo mío de California que fue uno de aquellos maratonianos de los años 70–80:

«Como veterano de los maratones de EE. UU. a finales de los 70, te puedo decir que la información es exacta. El *running* estaba en su infancia como deporte de masas y los maratonianos éramos una especie rara. No teníamos entrenadores ni estudios basados en años de *running* que nos ofrecieran planes de entrenamientos. La sabiduría aceptada era correr un montón cada día, correr tiradas largas de al menos 20 millas (32 km) una vez a la semana y correr rápido (el tiempo para calificarnos para Boston era de 3 h para todo el mundo). Como resultado estábamos constantemente cansados y corriendo siempre medio lesionados o algo peor. Cada carrera era un ejercicio de tortura y malestar. Toda una generación entera de maratonianos nos quemamos física y mentalmente demasiado pronto. Ninguno de los maratonianos que yo conocía entonces, incluyéndome a mí, duramos más de unos pocos años. En el mejor de los casos seguimos corriendo distancias más cortas hasta que los años de daños acumulados en las rodillas y tobillos por las continuas tiradas de 32 kilómetros terminaron con nuestras carreras como corredores. Por suerte, hoy en día tenéis nuestros errores y nuestras ideas equivocadas para hacer planes inteligentes a largo plazo y evitarlos».

Voy a echar un rápido vistazo a varios planes de entrenamiento para maratón que encontramos en Internet y que son muy populares, para ver cómo tratan el tema de la distancia de las tiradas largas.

En primer lugar, en los planes de Hal Higdon (un experimentado maratoniano americano, redactor de *Runner's World* y autor de varios libros muy buenos sobre el tema) vemos que, en todos ellos, independientemente del tiempo objetivo, introduce tres tiradas de 20 millas, pero con la particularidad de que alterna estos domingos de entrenos largos con domingos de solo 12 millas, para dar tiempo al cuerpo a asimilar bien esos 32 kilómetros.

En el plan de la edición española de *Runner's World* para bajar de 3 h 30 min, las tiradas largas las mide en minutos (lo que me parece mucho más lógico que en kilómetros) y hay dos de 100 min, dos de 105 min y otras dos de 110 min. O sea, que no hace ninguna tirada de más de dos horas.

En la web de *Foro Atletismo* encontramos planes de José Antonio Redolat y, en los que ofrece para sub 3 h 45 min y para sub 3 h 30 min, solo hay una tirada de 27 kilómetros y otra de 31.

La web del *Maratón Martín Fiz* nos ofrece planes para correr su maratón, y en el de sub 3h 30 min en el segundo mes hace tiradas de 2 h 10 min y el tercer mes de 2 horas (unos 24 kilómetros). Para sub 3 h no pasa de las 2 horas (27–28 kilómetros) el tercer mes.

Por otra parte, en la web de *Soy maratonista*, Antonio Azpiroz es más de la «vieja escuela» y para sub 3 h 30 min mete muchas tiradas largas, concretamente tres de 25 kilómetros, una de 27 kilómetros, otra de 28 kilómetros, dos de 30 kilómetros e incluso una de 35 kilómetros. Además, entre semana también mete mucha carga y casi sin días de descanso. Puede ser que influya en la insistencia de tanto volumen de trabajo el hecho de que Antonio Azpiroz es un triatleta que hace *Ironman*, y para entrenar estos triatlones de larga distancia hay que acumular mucho volumen de trabajo, pero no lo considero necesario para un maratoniano popular.

En fin. Parece claro que las tiradas largas, siendo muy necesarias, están de alguna forma sobrevaloradas. ¿Es conveniente hacerlas? Por supuesto que sí. ¿Tienen que ser muy largas? Parece que no. Parece que con 26–28 kilómetros (unas 2 h 30 min) como máximo es suficiente, y con tres o cuatro veces ya es suficiente. Conozco gente que ha terminado su primer maratón en 3 h 11 min y la tirada más larga que hizo fue un medio maratón.

Sobre mi propia experiencia os puedo comentar las tiradas largas que hice de más de 21 kilómetros para los tres maratones en los que más en forma he llegado en los últimos años: Rotterdam'14, Sevilla'15 y Berlín'16.

Para Rotterdam hice una de 25 y otra de 26 kilómetros (2 h 24 min). De cara a Sevilla mis tiradas más largas fueron dos de 23 kilómetros, una de 27 y otra de 28 kilómetros (2 h 33 min). Y para Berlín, el maratón al que mejor llegué, hice dos fondos de 23 kilómetros y uno de 27 (2 h 26 min).

Para otros maratones he hecho algo similar. Solo cuatro veces he hecho una tirada de 30 kilómetros (sobre las 2 h 45 min) previa a un maratón: París'16, San Sebastián'16, Lieja'17 y Valencia'17. Como veis, no soy muy fan de las tiradas largas.

De todas formas, y para los que piensan que para un maratón hay que hacer, aunque sea una vez, una tirada muy larga para ver la reacción que va a tener su cuerpo el día de la carrera, también quiero destacar dos ventajas que le veo a las tiradas largas muy largas:

— Por un lado, nos da una cierta confianza en que seremos capaces de correr 42,2 km, sobre todo para los primerizos.

— Y, por otra parte, para los que nos gusta correr maratones, de vez en cuando es un placer correr muchos kilómetros solo por el hecho de hacerlos. A veces, incluso cuando no estoy preparando un maratón, me gusta correr una distancia larga y disfrutar de la sensación que tengo cuando logro seguir corriendo a gusto con 25 o 28 kilómetros en las piernas. Esos días me siento maratoniano.

Correr rápido
o coleccionar maratones

Cada cierto tiempo leo en diferentes foros sobre atletismo, carreras y maratones el ya viejo debate de si tiene más mérito correr un maratón en un tiempo rápido que correr varios maratones más o menos seguidos, un ultra o algo así. Para algunos parece como si la esencia de correr un maratón se base solamente en lograr un buen registro, en intentar estar siempre cerca de tu MMP, y que correr un maratón, pongamos, en cinco horas, no es correr un maratón sino trotar durante ese tiempo y que no tiene mucho mérito.

En primer lugar, a mí me parece mucho más difícil correr un 10 000 en 32 minutos que correr un maratón en 4 h 30 min. Pero eso solo es porque por mucho que entrene, con mis cualidades, mi objetivo en un 10 000 como mucho sería intentar acercarme a 45 minutos sufriendo a tope, y, sin embargo, con mi estado de forma normal correr un maratón en 4 h 30 min lo puedo hacer sufriendo menos. Bueno, no sé si es sufrir menos, pero por lo menos iría a un ritmo cómodo todo el rato, en cambio para acercarme a los 45 minutos en un 10k tendría que ir forzado todo el tiempo, lo que para mí es menos soportable.

Pero, en segundo lugar, soy de los que cree que todo el mundo que corre tiene mérito. Para mucha gente bajar de una hora en una carrera de 10 kilómetros es un objetivo, y es tan motivador y meritorio como puede ser para otros bajar de tres horas en un maratón.

Además, ¡qué más da si uno va lento o va rápido!, cada cual que corra las carreras como quiera. Están abiertas a todos los ritmos, siempre y cuando las terminemos dentro del tiempo que establece el reglamento.

¿Y tiene más mérito correr dos maratones al año rozando tu MMP que correr un ultra de 100 kilómetros rozando el tiempo límite para acabarlo? Pues no soy quién para decirlo. Las dos cosas me parece que tienen mucho mérito.

En un estudio publicado en la web *Run Repeat* sobre las marcas realizadas en diferentes maratones internacionales entre 2009 y 2014, lo que más llamó la atención en los medios y foros españoles fue el dato de que los maratonianos españoles eran los más rápidos del mundo entre los corredores populares.

Según los datos del estudio, la media de tiempo de todos los corredores populares que participaron en los maratones analizados fue de 4 h 21 min 21 s, figurando España, con un tiempo de 3 h 55 min 35 s, como el tiempo medio más rápido de los países analizados.

¿Es un dato positivo que los maratonianos españoles sean los más rápidos de promedio? No lo sé. Puede que a algunos les guste este dato, pero creo, y es mi modesta opinión, que en muchos países del mundo se practica mucho más deporte que en España y que lo hace mucha gente solo por el hecho de participar y que no hay esa obsesión por las marcas. En Nueva York, en Washington, en París, en Berlín y en otros maratones internacionales que he corrido fuera de España, he visto a muchos participantes con el único objetivo de acabar la carrera, que ya es suficiente.

En cambio, y repito que es mi opinión, aquí parece que mucha gente piensa que si no puede correr rápido un maratón es mejor no participar, y con esa misma filosofía hay quien piensa que si no está en edad ni en condiciones de ser un deportista de competición pues no le merece la pena hacer deporte. Una pena, y un error desde mi punto de vista.

Pero hay otros datos que también se pueden destacar del estudio que he mencionado.

Si vemos cuántas mujeres corrieron en esos maratones, nos encontramos que en porcentaje de participación femenina, EE. UU. estaba a la cabeza con un 45 %, mientras que España se queda muy atrás, en concreto en el último lugar (puesto 47 de los países estudiados), con solo un 6,4 % de mujeres participantes.

No sé. Tal vez habría que intentar mejorar este último dato de mujeres en los maratones en vez de sacar pecho de ser los populares más rápidos.

Así que, a la pregunta de correr o correr rápido, mi respuesta es que lo más importante es correr, y si luego puedes correr rápido, pues a darle caña, que de vez en cuando viene bien.

Pese a todo, hacer deporte es más sano que no hacerlo

En la Behobia–San Sebastián'15, mi última participación por ahora en esta bonita carrera, hizo un día de mucho calor y ocurrió la desgracia del triste fallecimiento de un compañero de Navarra nada más pasar la meta.

Como desconozco las causas exactas que provocaron el fallecimiento del joven navarro no voy a comentar nada sobre este caso concreto. Tan solo envío desde aquí un abrazo a sus amigos y a su familia, que sé que es poco consuelo.

Tras estos hechos, todos los medios de comunicación del País Vasco, y muchos de fuera, abrieron sus informativos con esta noticia en portada. Además, se dedicaron horas de tertulias en las que en algunas, con suerte, hablaba gente con conocimiento del tema (entrenadores, médicos deportivos, corredores experimentados...), pero que en la mayoría de los casos los que daban su opinión demostraban saber poco o nada sobre lo que es la salud y el deporte.

Solo quiero comentar a este respecto que eso que se suele decir de que todas las opiniones son respetables es mentira. Pueden ser respetables las personas que expresan su opinión, pero muchas veces sus opiniones no son respetables, sino que hay que trabajar para que las cambien (¿o acaso eran respetables las opiniones de Hitler?).

Sé que muchos de estos tertulianos hablaban de buena fe, pero que alguien diga que correr es peligroso y que los que lo hacemos es porque está de moda y por sacarnos la foto, pues hombre, yo no comparto esa opinión.

Bueno. Voy al grano.

Una idea está clara, y además la he hablado con diferentes médicos: hacer deporte es más sano que no hacer deporte. El número de muertes por infarto es mayor en personas sedentarias que en personas deportistas.

Sin embargo, y como ocurrió en el caso de la Behobia–San Sebastián, al ver los periódicos del día siguiente cualquiera llega a la conclusión de que los que corremos estamos flirteando con la muerte en cada kilómetro. Se entiende que un fallecimiento en esa carrera sea una noticia, pero claro, no vende que nos digan cuántos infartos hubo ese domingo en el País Vasco en personas sedentarias, que comen y beben en exceso, que trasnochan, etc.

Sí. Hacer deporte es más sano que no hacerlo. Pero, por supuesto, cualquiera que vaya a correr carreras del tipo de la Behobia–San Sebastián, o que vaya a iniciarse en el deporte, debe tener también la cabeza suficiente como para, de entrada, hacerse un buen chequeo médico incluyendo una prueba de esfuerzo. De esta forma podrá comprobar que su cuerpo no tiene ninguna patología incompatible con el deporte, para luego saber cuál es su ritmo, qué distancia puede o no correr con salud, y para saber escuchar a su cuerpo y decidir, si es el caso, retirarse en una carrera antes de ponerse en riesgo.

Y no estaría de más que los organizadores de pruebas deportivas populares exigieran a los participantes una prueba de esfuerzo reciente, como se hace en Francia y en otros muchos países. Por supuesto el riesgo cero no existe, pero seguramente habría menos sustos en las carreras.

Creo que solamente con esas precauciones la mayoría de la gente puede correr (o hacer otros deportes) sin tener que preocuparse más de la cuenta. Va a mejorar su salud y su autoestima, va a poder hacer nuevos amigos, conocer nuevos lugares, y, sobre todo, va a sentirse mucho mejor.

Yo, que vengo del mundo del ciclismo, he escuchado a veces eso de que correr un Tour de Francia te quita años de vida, que no hay ganadores del Tour que hayan llegado a viejos, y cosas así.

Siempre lo he puesto en duda, sobre todo lo de que los ganadores del Tour no llegan a viejos, ya que no hay un número suficientemente grande de ganadores del Tour como para hacer un estudio comparativo con personas de su edad y entorno.

Pero hace poco, leyendo el libro *Por qué corremos: Las causas científicas del furor de las maratones,* de los argentinos Ambrosio y Losada, me encontré con este estudio científico:

«(Una investigación) hecha en el departamento de Fisiología de la Facultad de Medicina de la Universidad de Valencia, analizó vida y muerte de 834 ciclistas franceses, belgas e italianos nacidos entre 1892 y 1942, y que terminaron al menos un Tour de Francia entre 1930 y 1964, y la comparó con los datos de los censos de población general de esos mismos países. El resultado es espectacular. Mientras el índice de supervivencia de la población general es del 50 % a los 73,5 años, casi el 70 % de los participantes del Tour aún estaban vivos a esa edad, y el índice del 50 % lo alcanzaban a los 81,5 años, lo que significa, según los autores, un 17 % de incremento en la longevidad media.»

Más claro agua. Deportistas de élite, ciclistas que terminaron el Tour en los años en los que el ciclismo era mucho más duro que hoy en día, vivieron muchos más años que sus conciudadanos.

Pero aún hay más. Un poco después el libro añade este otro párrafo:

«Lo mismo pasa con los remeros de Oxford y Cambridge en comparación con los no remeros de sus mismas aulas (lo que elimina, de paso, los sesgos que causa comparar la vida de los deportistas, un grupo muy específico, con la población en general, de diferentes edades y condición social); y también los de Harvard y los de Yale, y los universitarios japoneses que participaban en competiciones deportivas y los campeones deportivos de Dinamarca, y los no maoríes del equipo de rugby de Nueva Zelanda. Resultados impactantes.»

Y ya en relación a los maratones, en el mismo libro nos cuentan lo siguiente:

«Un estudio analizó treinta años, entre 1980 y 2010, de las marcas de la maratón de Nueva York y halló que los más viejos fueron los que más mejoraron sus registros. "Los tiempos de los corredores se redujeron significativamente en los varones mayores de 64 años y en las mujeres mayores de 44. Estos datos sugieren que estos corredores todavía no han alcanzado sus límites en la *performance* de la maratón", escribieron Romuald Lepers y Thomas Cattagni, expertos del

Instituto Nacional de la Salud y la Investigación Médica, de Francia, en la revista especializada *Age*, que reprodujo el diario *La Nación*, en un artículo de Sebastián Ríos. Señalan dos factores: la explosión mundial del *running* por un lado y, por otro, a que el límite del rendimiento físico para los viejos está más lejos de lo que se pensaba.»

Conclusiones que saco: con un poco de sentido común, el deporte es sano para todo el mundo, incluso a un nivel profesional, y nos hará llegar a la vejez en mejores condiciones que si no fuésemos deportistas.

Sigamos corriendo y haciendo deporte. Sigue siendo más sano que no hacerlo.

Los latidos del corazón, el *running* y la vejez

Al hilo del capítulo anterior, hace unos años, navegando por la red, encontré esta frase atribuida al astronauta Neil Armstrong: «I believe that every human has a finite number of heart beats. I don't intend to waste any of mine running around doing exercises», que traducido significa «Creo que cada persona tiene un número finito de latidos de su corazón. No tengo ninguna intención de malgastar ninguno de los míos corriendo o haciendo ejercicio».

¡Qué casualidad! Siempre he mantenido la teoría (nada científica) de que cada corazón nace con un número determinado de latidos. Pero al contrario que Neil Armstrong creo que los que hacemos deporte con regularidad alargamos nuestra vida.

Mi razonamiento es el siguiente: supongamos que mi corazón está diseñado para latir a una media de 75 pulsaciones por minuto durante 75 años. Si haciendo ejercicio logro que las pulsaciones por minuto desciendan, por ejemplo, a 55 ppm, habré alargado la vida de mi corazón, que alcanzará su límite más tarde que si sigue latiendo a 75 ppm de media.

Pero claro, hay que tener en cuenta que cuando estamos haciendo ejercicio nuestro corazón se acelera. Por lo que el quid de la cuestión para alargar la vida sería saber cuántas horas al día de media podemos tener el corazón trabajando a ritmo elevado de forma que se compensen con la ganancia que tendremos debido al descenso de nuestras pulsaciones medias.

No voy a hacer el cálculo ahora. Podéis entreteneros haciéndolo. Pero una vez que lo hice llegué a la conclusión de que con una actividad deportiva no competitiva ganamos tiempo de vida, y con una actividad deportiva excesiva nos acortamos la vida.

Bueno, es solo una teoría. Y como hemos leído antes en el estudio que se cita en el libro *Por qué corremos: Las causas científicas del furor de las maratones*, de los argentinos Ambrosio y Losada, es una teoría equivocada, puesto que el deporte, en todos los casos, alarga la vida de quien lo practica.

Al hilo de esto, en el libro *Nacidos para correr: La historia de una tribu oculta, un grupo de superatletas y la mayor carrera de la historia* de Christopher McDougall, aparece una frase de un corredor americano que terminó sesenta y ocho veces (y ganó en dos ocasiones) la carrera de *trail running* más antigua de EE. UU., la Dipsea Trail Race, y que me llamó mucho la atención. Se trata de una frase de Jack Kirk (1906–2007), conocido como el «Demonio de Dipsea», que dice: «Uno no deja de correr porque se hace viejo, uno se hace viejo porque deja de correr». Teniendo en cuenta que este hombre participó en esta carrera hasta que cumplió 96 años pues habrá que hacerle caso.

Estoy muy de acuerdo con esta sentencia. Practicar deporte —no solo el *running*—, es algo que está demostrado que hace que nuestra vida transcurra con mejor salud a medida que vamos cumpliendo años y, por lo tanto, también nos añade años de vida de calidad.

Cualquier médico nos dirá que lo mejor para cuidar de nuestra salud es mantenernos activos. Nuestro cuerpo no está diseñado para ser sedentario, y la vida cómoda que tenemos la mayor parte de las personas en nuestro tiempo es un arma de doble filo para nuestros cuerpos, ya que, mientras creemos que estamos confortablemente preservándonos de esfuerzos innecesarios, en realidad estamos sembrando las semillas para padecer numerosos achaques físicos para el futuro.

Una actividad física intensa, aunque sin excesos, es lo que mejor podemos hacer para mantenernos jóvenes más tiempo. Y digo intensa, porque al parecer está demostrado que es mejor un ejercicio de cierta intensidad antes que dar agradables paseos por el parque, que sí, son agradables, pero no suficientes para obtener todos los beneficios del deporte.

Claro que, lo de la intensidad del ejercicio siempre es algo muy relativo. Para alguien que nunca ha hecho deporte y empieza a correr bien entrada la cincuentena, pues lo más aconsejable es ir paso a paso añadiendo progresivamente kilómetros e intensidad. Sin embargo, para alguien que lleva toda la vida haciendo deporte, quizás sea muy interesante meter series cortas e intensas en sus entrenamientos de *running* habituales.

Basándome en mi propia experiencia, he de decir que las semanas en las que me toca una mayor intensidad en los ritmos y un kilometraje más alto, es cuando mejor me encuentro de mis problemas de espalda derivados de la artritis que padezco. Y es mi propio reumatólogo quien me dice que no deje de correr. Ahora, ¿hago bien en correr varios maratones al año? Pues la verdad, tampoco me atrevo a afirmarlo del todo. Pienso que corriéndolos como lo hago, sin buscar una MMP en cada carrera, mi cuerpo no sufre demasiado, incluso, como he dicho, me encuentro mejor tras un maratón que antes de tomar la salida.

En fin. Que mi intención es seguir corriendo muchos años. Y si la salud no me deja correr tantos años como quiero, pues ya encontraré otra actividad física que me llene.

Viajar y correr

Correr es una actividad sencilla que se puede practicar a cualquier hora del día y haga el tiempo que haga. Hay otros deportes que necesitan más condicionamientos para poder hacerlos. Por ejemplo, los deportes de equipo necesitan que varias personas coincidan en su tiempo libre, o para montar en bici es necesario tener una bicicleta disponible, que haga buen tiempo y sea de día (aunque es verdad que con el equipo adecuado hay gente que entrena de noche y con mal tiempo, pero no es lo normal). Pero para correr, con unas zapatillas y algo de ropa podemos aprovechar un rato libre en cualquier momento y lugar, y no importa que sea de noche, que haga frío o que esté jarreando.

Por eso, casi todos los que disfrutamos corriendo, aprovechamos cualquier viaje para meter en la maleta las zapatillas y algo de ropa de correr y disfrutamos corriendo unos kilómetros mientras descubrimos nuevos lugares. Es una forma agradable de ver y conocer nuevos paisajes y de hacer unos kilómetros de entrenamiento fáciles.

Por ejemplo, en diciembre de 2016 tuve que ir a Bruselas para una reunión de trabajo que me surgió un miércoles por la mañana. Por los horarios de los vuelos tuve que ir el martes y me quedaba toda la tarde libre, así que me llevé las zapatillas y la ropa de correr. Miré en Google Maps para ver cómo podía ir desde mi hotel hasta el Atomium y hacia allí que me lancé con un chubasquero y un mapa en la mano en una tarde oscura y lluviosa.

La Avenida de Maratón, en Bruselas.

No pude disfrutar mucho de las vistas de la ciudad, ya que en esta época del año para las 16:30 ya es de noche y además no hacía un tiempo muy agradable, pero logré llegar hasta el Atomium y hacerme una foto allí con mi camiseta viajera de los *Beer Runners* de Bilbao, que el año anterior ya había salido a correr en Washington y Nueva York con motivo de mi viaje al Maratón de los Marines, y en Cuba, donde estuve de vacaciones en agosto.

Tras ver el Atomium, me saqué otra foto junto al nombre de la *Avenue du Marathon*, calle que descubrí por casualidad en Google Maps y que está muy cerca del Atomium, junto al Estadio Heysel. Parecía que esa avenida me estaba esperando.

Otro viaje bien aprovechado fue el que hice en mayo de 2016 a Atenas.

Al día siguiente de correr la Wings for life World Run en Valencia (carrera de la que os hablo en el epílogo del libro), tuve que volar a Atenas por un tema laboral.

Por supuesto, a pesar del cansancio que llevaba por la carrera de Valencia, aproveché los días para correr un poco por Atenas, una ciudad muy interesante llena de monumentos fantásticos. Pero el protagonismo de esta capital europea, en cuanto a la historia del atletismo, es para el Estadio Panathinaikó, donde se celebraron aquellos Juegos de 1896. Es un estadio abierto por un lado, diferente a lo que estamos acostumbrados a ver en los estadios de atletismo. En él termina hoy en día el Maratón de Atenas, «el auténtico» como se le conoce. Al ser abierto, no hace falta pagar la entrada para ver lo que vieron los atletas de finales del s. XIX y lo que ven los miles de maratonianos que acuden cada año a pisar la historia.

Primeros metros del recorrido del Maratón de Atenas, en la localidad de Maratón.

Uno de los objetivos de la carrerita que di por la ciudad fue sacarme unas fotos junto a este estadio de leyenda. Espero que algún día no muy lejano pueda entrar corriendo en él en los últimos metros del Maratón de Atenas.

Y claro, no podía pasar la ocasión, estando en Grecia, de acercarme a la localidad de Maratón, allí donde empezó el mito de la carrera por excelencia.

Nunca el nombre de un pueblo ha trascendido tanto en la memoria colectiva de todo el mundo en lo que al deporte se refiere. Aquella batalla que ganaron en las llanuras que rodean a Maratón los atenienses a los persas dio lugar siglos después a la prueba deportiva más mítica del mundo: el maratón.

En este pequeño pueblo se da la salida al Maratón de Atenas cada mes de noviembre. Cerca de allí se encuentra el Museo de la Carrera del Maratón, donde se guardan medallas, zapatillas, banderas y todo tipo de objetos de todos los maratones olímpicos de la historia y de otros famosos maratones, como el de Boston, el más antiguo del mundo, ya que, inspirado en el Maratón Olímpico de los Juegos de 1896, el Maratón de Boston se corre desde 1897.

Entre otros objetos de culto, podemos ver la medalla que ganó el griego Spiridon Louis, vencedor de aquel primer maratón olímpico, y podemos comprar una reproducción de la misma, algo que hace las delicias de los mitómanos como yo.

Estando en Maratón, no dudé en calzarme las zapatillas y corrí los primeros kilómetros del Maratón de Atenas, cuyo trazado transcurre por la fea carretera que va desde Maratón a la capital griega. Cada kilómetro está señalado de forma permanente.

101

*Entrenando por el malecón de
La Habana.
Debajo, corriendo al amanecer en
Yosemite y, junto al río Delaware,
en Pennsylvania, con mi amigo
Juan.*

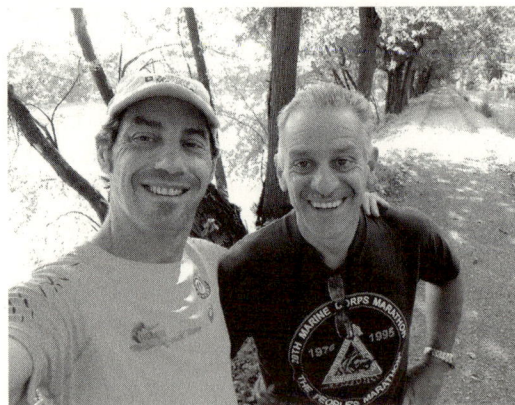

Otros viajes en los que he aprovechado para correr me han permitido hacerlo en lugares tan fantásticos como el malecón de La Habana, San Francisco, el valle de Yosemite, la orilla del río Delaware o las calles de Singapur. Pero el lugar más raro en el que he corrido sin duda fue, en mi época de marino mercante, dando vueltas a la cubierta de un petrolero de 100 000 toneladas mientras navegábamos por el Mediterráneo o por el Atlántico Norte.

En fin. Si tienes que hacer un viaje rápido a una ciudad, no te olvides de meter en la maleta tus zapatillas y ropa de correr. Qué mejor que una buena carrerita mientras conocemos el lugar y hacemos algo de turismo. Qué más podemos pedir.

Sigamos corriendo.

Las redes sociales: conocer gente (los *Beer Runners*)

Antes de que existieran las redes sociales tal y como las conocemos hoy (Facebook, Instagram, grupos de WhatsApp, etc.), normalmente corríamos solos o como mucho con algunos pocos amigos. La única alternativa para correr en grupos más numerosos era apuntándonos a algún club de atletismo, pero eso es algo más enfocado a competir, y no tanto a correr por el simple placer de correr compartiendo unos kilómetros con más gente.

Pero desde que en los últimos años nuestra vida social se reparte entre el mundo real y el mundo virtual, se ha popularizado el pertenecer a grupos virtuales que nos ayudan a correr en grupos reales.

Esto ha empujado a mucha gente que no se animaba a salir a correr en solitario, o que si lo hacía luego no tenía constancia y lo dejaba, a apuntarse a algún grupo de *runners* en su ciudad y tener así la excusa perfecta para salir a correr más a menudo de lo que lo harían sin esa fuerza que nos da el grupo. Además, y es una percepción mía, esto ha ayudado especialmente a que muchas mujeres se animen a salir a correr, puesto que a muchas les daba cierto reparo (y miedo, por qué no decirlo) salir solas.

Pertenecer a este tipo de grupos tiene muchas ventajas. Como son grupos variopintos en los que hay novatos pero también gente con mucha experiencia, los neófitos se benefician de las enseñanzas de los veteranos y a su vez los veteranos se impregnan con la ilusión de los nuevos y eso les ayuda a reavivar la llama de su pasión por correr.

Otra gran ventaja que tiene el estar en un grupo de gente más o menos numerosa es la posibilidad que nos brinda de conocer gente muy interesante con gustos similares a los nuestros. Me atrevo a decir que hay personas a las que empezar a correr con gente nueva les ha cambiado las vidas. No son pocos los casos de gente que encuentra verdaderos amigos en un periodo de su vida en la que se encontraban solos, o incluso personas que encuentran el amor mientras hacen deporte.

Como he dicho, hay muchos grupos sociales para correr, pero me voy a permitir aquí hablar un poco más del mío.

Los *Beer Runners*

En el año 2012 se crearon los primeros grupos de *Beer Runners* en España. Los *Beer Runners* es un movimiento social de gente a la que le gusta correr y compartir una cerveza después. Surgió en EE. UU., en Filadelfia, a raíz de la publicación de un estudio en el que se afirmaba que la cerveza era una bebida excelente para recuperar tras el ejercicio. Y de ahí se fue extendiendo por todo el mundo creándose grupos locales en numerosas ciudades.

Me uní al grupo de *Beer Runners* Bilbao a finales de 2014. Entonces éramos más o menos una docena de personas las que nos reuníamos un día a la semana para correr juntos y tomar una cerveza después. Poco a poco el grupo fue creciendo y ya no solo quedábamos un día entre semana, sino que algunos también entrenaban juntos los fines de semana y empezamos a ir a las carreras de nuestro entorno en grupo, como un equipo más.

Cuatro años después somos unas setenta personas las que estamos en el chat oficial de WhatsApp que nos sirve, además de Facebook, como nexo de unión. Por supuesto, no siempre corremos todos juntos, pues somos tantos que algunos quedan por su cuenta ya que les vienen mal las horas de las «quedadas» oficiales o porque son de localidades de fuera de Bilbao. Pero, a lo largo del año nos vamos viendo todos en muchas carreras. En algunas de ellas hemos logrado algún premio por ser el equipo con más inscritos, e incluso un grupo de nuestras chicas quedaron terceras en una carrera por equipos.

En la página anterior, los Beer Runners *de Bilbao.*
Abajo, conociendo a gente de Instagram antes del Maratón de Madrid'17.

También formamos grupos para viajar a algunas carreras. Por ejemplo, al Maratón de Valencia de 2017 fuimos más de veinte personas y diecisiete corrimos el maratón (los demás hicieron el 10k).

Al ser tantos, no siempre las relaciones son perfectas entre nosotros (sería un milagro), pero puedo afirmar que se ha creado un grupo bien avenido entre personas de diferentes edades y procedencias. Además, más de una pareja ha ido surgiendo entre carrera y carrera.

Como veis, los grupos sociales son muy importantes hoy en día en la vida de los *runners*.

Pero no solo el mundo virtual de las redes sociales nos permite conocer a gente real para correr con ellos. Incluso sin «desvirtualizar» a personas, el simple hecho de compartir nuestras carreras y nuestros entrenamientos en Instagram, Facebook, Strava y en otras redes, hace que muchas veces se creen verdaderas comunidades de *runners* que no se han visto nunca pero que mantienen estrechos lazos a través de sus comentarios, *likes* o *kudos*. Y en ocasiones, con motivo de alguna carrera o eventos especiales en algunas ciudades, incluso se organizan «quedadas» físicas para conocerse en persona.

Por ejemplo, el día antes de correr el Maratón de Madrid en 2017, compartí unos kilómetros muy agradables por el Parque de El Retiro con otras personas a las que solo conocía a través de Instagram. Y la verdad es que tengo un recuerdo muy bonito de ese entrenamiento conjunto con gente a quienes solo nos unía la pasión por correr.

Strava

Quiero hacer un comentario especial respecto a esta red social para compartir nuestras actividades deportivas de ciclismo y *running* principalmente, ya que se ha popularizado tanto que para muchos se ha convertido en un diario en donde guardar sus entrenamientos.

La verdad es que es muy interesante ver en esta aplicación nuestros entrenamientos y nuestras carreras y las de nuestros compañeros. Y resulta muy curioso ver los entrenamientos de deportistas profesionales que usan Strava. Además, los famosos segmentos de

Strava nos permiten comparar nuestras marcas con las de los demás, incluso con las de los profesionales. También es muy popular el poder crear grupos y así «picarnos» viendo quién es el que hace más kilómetros a la semana, por ejemplo. Pero esto tiene sus riesgos.

A casi todos nos ha pasado. Empezamos a correr o a montar en bici; cada vez lo hacemos con más afición y con más ganas; vamos invirtiendo más tiempo en los entrenamientos; nos animamos a correr en carreras populares o en marchas cicloturistas; gastamos cada vez más en mejorar nuestro material; nos compramos un reloj con GPS; y terminamos subiendo nuestros entrenos a Strava. Y aquí es donde, si no andamos con ojo, la jodemos (con perdón).

A partir de entonces, si no tenemos el autocontrol suficiente, cada vez que subamos un nuevo entrenamiento o una nueva carrera a esta aplicación no podremos evitar mirar, solo por curiosidad, los malditos segmentos y empezaremos a compararnos con los demás.

Si no hay nadie conocido en el listado, pues igual no pasa nada. Total, si nos gana un montón de gente es normal, pueden ser mucho mejores que nosotros.

Pero, ¡ay!, como nos empecemos a comparar con los conocidos y veamos que, justo el día que nosotros hemos hecho nuestro RP (Récord Personal) en un segmento que ya conocíamos y en el que hemos apretado a tope, uno de nuestros amigos ha marcado mejor tiempo que nosotros. Ya no pararemos hasta ganarle, aunque solo sea en ese segmento, y aunque sepamos que siempre fue, es y será más rápido que nosotros.

Adiós a salir a entrenar siguiendo el plan que teníamos marcado para mejorar nuestra marca en el siguiente 10k en el que íbamos a correr, o adiós a las tiradas largas para preparar nuestro próximo maratón. No. A partir de ahora solo haremos series de velocidad para ir, los días que haga falta, a ese puñetero segmento para bajar, aunque sea por un segundo, la marca de ese amigo.

Y además, ¿qué me decís cuando miramos el listado de todos los tiempos registrados en ese segmento?

Bueno, si es un segmento de ciclismo y justo ha pasado por allí una carrera profesional, pues entonces no nos preocupará mucho, ya que es normal que los ciclistas profesionales sean los más rápidos en los segmentos (y eso viendo que por las pulsaciones que llevaban en ese segmento en particular lo hicieron sin apretar). Y si es un segmento de *running*, tampoco pasa nada si por ahí pasa una carrera importante en la que han corrido atletas de los buenos.

Pero si el que marca el mejor tiempo es alguien desconocido y además ha hecho un tiempo digno de récord mundial, pues eso es para analizarlo con lupa. Por ejemplo, no hay pocos segmentos de carrera a pie donde el supuesto poseedor del mejor tiempo ha marcado un ritmo que ni el campeón del mundo podría igualar. ¿Cómo es posible? Pues porque normalmente se trata de alguien que ha pasado por allí en bicicleta pero ha subido a Strava el recorrido como si fuera de *running*. Si no pensamos mal, lo normal es que sea por error, pero sé de buena tinta que hay gente que lo hace a propósito, o incluso hay gente que hace tramos en moto y los sube a Strava como si hubiesen ido en bicicleta. En fin. Hay gente para todo.

Si ya lo dijo un ciclista profesional. Los dos mayores peligros para echar por tierra el trabajo de base en la pretemporada son la *grupetta* (el grupo de compañeros con el que supuestamente sales a entrenar suave) y los segmentos del Strava.

¡Ah! Un último comentario sobre Strava. Más adelante explico en este libro los errores de los GPS a la hora de medir la distancia que corremos. Normalmente la aplicación de Strava se limita a mostrar la grabación que hace nuestro reloj (o teléfono móvil) mientras corremos o pedaleamos. Pero, si a causa de una señal distorsionada nuestro GPS registra un punto del recorrido erróneo, lejano a donde estamos realmente, en Strava aparecerá, por ejemplo, que hemos corrido un kilómetro en un tiempo de menos de un minuto, con lo que la media de todo el ejercicio ya no será real y en las clasificaciones apareceremos mucho más arriba que lo que nos corresponde. Así que, mucho ojo con fiarnos ciegamente del Strava.

Bien, como vemos, si bien es cierto que muchas veces el uso excesivo de nuestros móviles, *tablets*, etc., nos aísla en cierta manera del mundo real, usando las redes sociales con sentido común podemos divertirnos, ampliar nuestro círculo de amistades y enriquecernos con las experiencias de los demás.

Mujeres que corren

Si alguien pregunta a los participantes de cualquier maratón quién fue la primera mujer en correr esta distancia, estoy seguro de que la respuesta mayoritaria sería Kathrine Switzer.

Kathrine «Kathy» Switzer corrió en 1967 el maratón de Boston, el maratón más antiguo del mundo, con el dorsal 261. Hoy, ese número es todo un símbolo de la incorporación de la mujer al deporte.

Pero Kathrine Switzer no fue la primera mujer en correr un maratón. Fue la primera en correrlo con un dorsal. Hay que decir que en aquellos años las mujeres tenían prohibido correr maratones y otras pruebas deportivas ya que se consideraban perjudiciales para su salud.

En 1966 y en los dos años siguientes Roberta «Bobbi» Gibb corrió el Maratón de Boston. Como no se podía inscribir oficialmente, ella se escondía bajo la capucha de su sudadera cerca de la salida y cuando empezaba la carrera se metía en el grupo y corría de incógnito. Es probable que algunos comisarios la vieran, pero al no llevar dorsal no les importaría su presencia.

En 1967, como he dicho, Kathrine Virginia Switzer (que era su nombre completo) sí tenía dorsal. Como las inscripciones se hacían a través de los clubes de atletismo, Kathrine se inscribió poniendo solo las iniciales de su nombre, K. V. Switzer, y tomó la salida junto a su novio, Tom Miller, y otros compañeros de su equipo Syracuse Harriers. Tras unos kilómetros, uno de los comisarios, Jock Semple, la vio y se abalanzó como un loco sobre ella para echarla de la prueba gritando: «Sal de mi maldita carrera y devuélveme ese dorsal».

Por suerte para Kathrine Switzer, entre su novio y sus compañeros se quitaron al comisario de encima y pudieron seguir corriendo hasta la meta, donde Kathrine terminó con un tiempo de 4 h 20 min. Hay que decir que por delante de ella, con un tiempo de 3 h 27 min 17 s, había entrado Roberta Gibb.

El momento en el que Jock Semple agarró a Kathrine Switzer para echarla de la carrera fue inmortalizado por los fotógrafos que iban en un camión abierto preparado para llevar a los periodistas que cubrían la competición, y esas fotos son hoy en día todo un símbolo y un icono de la lucha de las mujeres por sus derechos.

Gracias a Kathrine Switzer y a Roberta Gibb, desde 1972 se autorizó la inscripción de mujeres en Boston y en otros maratones... de asfalto.

Sí. De asfalto.

Terminando ya de escribir este texto, he leído algunos libros muy interesantes sobre maratones. En uno de ellos, *En busca de las carreras extremas. La ruta hacia el Grand Slam Marathon*, muy bien escrito por Jorge González de Matauco y publicado en 2014 por la editorial Desnivel, en el capítulo dedicado al Pikes Peak Marathon, un maratón de montaña que se celebra en Colorado (EE. UU.) desde el año 1956, se nos explica cómo, ya en 1959, Arlene Pieper, una mujer de la zona, completó este maratón en 9 horas y 16 minutos, convirtiéndose, por tanto, en la primera mujer en terminar oficialmente un maratón en los EE. UU. (no he encontrado el dato de si alguna mujer lo hizo antes en algún otro lugar del mundo). El año anterior Arlene también participó en la carrera, pero solo completo la primera mitad, la que asciende a la cima del Pikes Peak (4302 m).

En España, la primera mujer en completar un maratón oficial fue la guipuzcoana Lourdes Gabarain, quien, en 1977, cuando aún no había maratones organizados en nuestro país (excepto el Campeonato de España para federados, donde no corrían mujeres), terminó el Maratón de Burdeos con 17 años.

Sirva todo esto como introducción para darnos cuenta de que las mujeres no han tenido una vida fácil, ni siquiera en algo tan cotidiano como hacer deporte por placer.

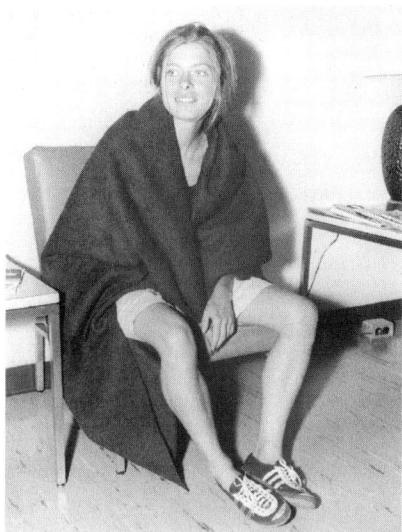

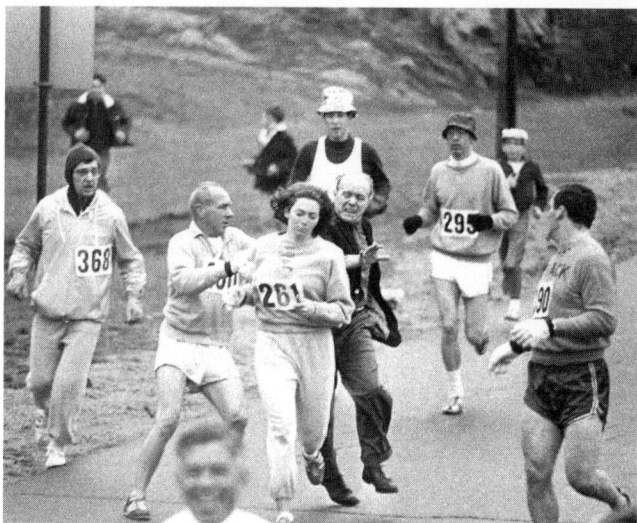

Las pioneras del maratón. Arriba, Roberta Gibb y Arlene Pieper. A la izquierda, Kathrine Switzer en el maratón de Boston de 1967.

Por suerte, en nuestros días todo esto ha mejorado mucho. Pero si miramos las cifras de participación de mujeres en pruebas deportivas, sobre todo en maratón, estamos muy lejos de la igualdad. Por ejemplo, en el Maratón de Valencia de 2017 solo un 15 % de los participantes fueron mujeres. Sin embargo, en el Lanzarote International Marathon de 2017, donde la participación extranjera superaba con mucho a la española, el porcentaje de mujeres fue de un 24,6 %.

Este último dato es un ejemplo de que en el extranjero la mujer está mucho más integrada en el deporte. Como he comentado en otro capítulo, según un estudio de participación en maratones en todo el mundo entre 2009 y 2014, el porcentaje de participación femenina en EE. UU. era el más alto del mundo con un 45 %, mientras que España se quedaba en el último lugar de los 47 países estudiados, con solo un 6,4 % de participación femenina.

Esperemos que esto se vaya solucionando en los próximos años. Afortunadamente podemos decir que cada vez hay más gente que empuja por el buen camino.

Una de las personas que más lucha en este campo es la periodista Cristina Mitre, que lidera el proyecto «Mujeres que corren», «el primer movimiento de *running* femenino en España», como dice en su página web.

Cristina se apoyó en las redes sociales (de las que he hablado antes) para convocar en Madrid, el 1 de febrero de 2013, a todas las mujeres que quisieran para correr en el parque de El Retiro.

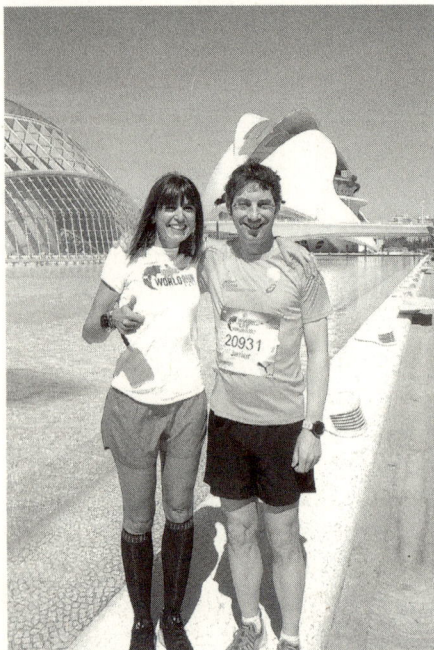

Ese día se unieron setenta y cinco mujeres, pero en la siguiente cita, un mes después, ya eran más de doscientas. A partir de ahí, Cristina ha convocado numerosas «quedadas» de «Mujeres que corren» en toda España, y son miles las personas que siguen este movimiento social a través de las redes.

El autor con Cristina Mitre antes de la Wings for life 2017.

Cristina Mitre ha escrito también varios libros, como *Mujeres que corren. Todo lo que necesitas saber sobre el running* (siete ediciones y traducción al chino y al portugués) y *Correr es vivir a tope de power,* e imparte charlas sobre la mujer y el deporte. Además, lidera campañas para recaudar fondos para la investigación de la leucemia infantil. También ha presentado en 2017 su documental *Mujeres que corren, la historia del deporte femenino español.*

Otra mujer que también ayuda a que cada vez haya más mujeres corriendo es otra periodista, Begoña Beristain, muy conocida en el País Vasco ya que es locutora en una emisora de radio y colabora en programas de la televisión pública vasca. Begoña es autora de un libro dirigido a las mujeres que quieren empezar a correr, *Tú también puedes ser runner. La experiencia vital de una corredora más allá de los 40,* en la misma editorial de este libro, Arcopress.

Y también puedo nombrar en estas líneas a Alma Obregón, una popular repostera de la televisión que es una gran corredora, con muchos maratones terminados y también *finisher* de la Leadville Trail 100, un ultra de cien millas (ciento sesenta y un kilómetros) en EE. UU. que Alma terminó en el año 2015. Alma es autora del libro *¡A correr!: Una historia de superación, una guía para conseguirlo* en el que cuenta su experiencia como corredora y que ha inspirado a mucha gente, en especial a muchas mujeres, a ponerse las zapatillas para superar sus problemas.

En el ámbito en el que yo me muevo, he de decir que cada vez son más las mujeres que se animan a correr, muchas acompañadas, pero también solas. En nuestro grupo de los *Beer Runners* Bilbao, a medida que ha ido creciendo en número, el porcentaje de mujeres está prácticamente igualado con el de hombres. Y en las carreras cortas de mi zona sigue en aumento el número de mujeres que participan.

En fin. Podemos decir que las cosas en este terreno van por buen camino, pero queda mucho trabajo aún. Hay iniciativas, como la Carrera de la mujer, que ayudan mucho, pero creo que al final lo que vale es el apoyo que cada persona pueda aportar. Como se suele decir, y con razón, para que el mundo cambie empecemos por ayudar cada uno en su entorno más cercano. Los pequeños cambios conducen a un gran cambio global.

¿Por qué mi GPS me marca más distancia en cada maratón que corro?

Esta es una pregunta típica entre los corredores al acabar una carrera, y más si la carrera es larga (como un maratón) porque entonces la diferencia de distancia es mucho más evidente.

Bien. Para empezar, vamos a ver cómo funciona un sistema de posicionamiento por satélite (de los que existen, el GPS es uno más).

Antes de nada, os aclaro que yo no soy Ingeniero de Telecomunicaciones, pero llevo varios años como profesor en la ETS de Náutica y Máquinas Navales de Bilbao y durante unos años impartí la asignatura «Sistemas Radioelectrónicos de ayuda a la navegación», donde entraban en el temario los sistemas de navegación por satélite, que es lo que la mayoría de los barcos usa hoy en día para navegar.

Un sistema de posicionamiento por satélites está formado por una red de satélites que orbitan alrededor de la Tierra siguiendo unas trayectorias preestablecidas de forma que el receptor que tiene el usuario (un barco, un avión, un corredor) recibe al menos la señal de cuatro satélites en cualquier momento. Con estas cuatro señales el receptor puede calcular la latitud, la longitud y la altitud a la que se encuentra respecto al sistema de referencia (en el caso del GPS es el WGS84, Sistema Geodésico Mundial de 1984) que sitúa la señal en la esfera terrestre.

El receptor (el reloj de pulsera, en nuestro caso) funciona midiendo la distancia a la que está de los satélites y usa esa información para calcular su posición. Esta distancia se mide calculando el tiempo que la señal tarda en llegar al receptor. Conocido ese tiempo y basándose en el hecho de que la señal viaja a la velocidad de la luz (salvo algunas correcciones que se aplican), se puede calcular la distancia entre receptor y satélite.

Cada satélite indica que el receptor se encuentra en un punto en la superficie de una esfera con centro en el propio satélite y de radio la distancia total hasta el receptor. Obteniendo información de dos satélites indica que el receptor se encuentra sobre la circunferencia que resulta cuando se intersecan las dos esferas. Si adquirimos la misma información de un tercer satélite notamos que la nueva esfera solo corta la circunferencia anterior en dos puntos. Uno de ellos se puede descartar porque ofrece una posición absurda. De esta manera ya tendríamos la posición en 3D (latitud, longitud y altitud). Sin embargo, dado que el reloj que incorporan los receptores no está sincronizado con los relojes atómicos de los satélites, los dos puntos determinados no son precisos.

Teniendo información de un cuarto satélite eliminamos el inconveniente de la falta de sincronización entre los relojes de los receptores y los de los satélites. Y es en este momento cuando el receptor puede determinar una posición 3D exacta (latitud, longitud y altitud).

Así, con cuatro satélites, tenemos un sistema con cuatro ecuaciones y cuatro incógnitas que se van a calcular conociendo las distancias a los mismos. Si hay más de cuatro satélites visibles se calculan las distancias respecto a todos los satélites visibles, obteniendo así un sistema con más ecuaciones que incógnitas, lo que simplifica el cálculo de la posición.

Bien. Como vemos un sistema de posicionamiento por medio de satélites nos ofrece en todo momento una situación muy precisa.

A día de hoy son varios los sistemas de este tipo en funcionamiento o en fase de lanzamiento. El GPS (*Global Positioning System*, también llamado NAVSTAR–GPS) es uno de ellos y fue creado por los EE. UU. para uso militar en principio, aunque luego se abrió a usos civiles. Luego está el GLONASS ruso, operativo y también creado para uso militar, el GALILEO europeo, aún no completamente establecido y creado para uso civil, el BEIDOU chino (que solo cubre la zona de China) y el IRNSS de la India, también para uso regional y aún sin completar.

El GPS tiene una constelación de 24 satélites (más alguno de repuesto) que trazan órbitas circulares a 20 200 kilómetros de altitud alrededor de la Tierra en seis planos orbitales inclinados cincuenta y cinco grados. La duración de cada órbita es de unas doce horas.

Y si es tan preciso, ¿por qué me dice que mi maratón ha sido de 42,650 kilómetros, por ejemplo, en lugar de 42,195?

Pues por dos motivos. Por un lado, porque el GPS (como los demás sistemas) tiene errores. En primer lugar, hay un error voluntario que los dueños del sistema (el ejército de los EE. UU.) pueden añadir o quitar según crean conveniente para su seguridad. Hoy en día es un error pequeño para usuarios civiles. También depende de qué tipo de usuario seamos para que nos dé más o menos precisión. Hay usos de pago con mucha más precisión que el uso gratuito de la mayoría de los usuarios.

Y en segundo lugar, hay unos errores que dependen de muchos factores, como de la meteorología o de que estemos en una zona despejada o en el fondo de un valle o entre muchos edificios altos. Todo ello provoca interferencias que restan precisión a la recepción de las señales de los satélites. También puede haber errores derivados de nuestro propio receptor.

Además, también influye, y mucho, en la distancia final que el aparato dirá que hemos corrido la manera en la que el receptor graba la señal recibida que va formando la línea roja que vemos luego en nuestro ordenador y que es la que hemos seguido en la carrera.

Supongamos que hemos corrido entre dos puntos A y B siguiendo una línea recta. Nuestro reloj va registrando el camino que hemos recorrido guardando cada segundo (o cada cierto tiempo) la posición que marca el GPS. Pero como esas posiciones que va registrando el GPS tienen pequeños errores, al final la línea recta que hemos seguido se convierte en una línea quebrada. Por ello, la distancia que mide el GPS casi siempre es algo mayor que la real que hemos hecho, como lo comprobamos los maratonianos al terminar un maratón (que normalmente están medidos con sistemas terrestres muy precisos y homologados).

También podéis hacer la siguiente prueba. Encended vuestro reloj con GPS y darle a grabar dejándolo quieto en un sitio. Al cabo de unos minutos la distancia recorrida señalada no será de cero, sino que será algo mayor a pesar de que nuestro reloj sigue exactamente en el mismo sitio. Esto es así porque el punto en el que dice el GPS que está nuestro receptor no es un punto, sino una esfera de un radio de varios metros, y así, cada vez que se registra nuestra posición, esta varía dentro de esa esfera.

Por todo lo expuesto, esos centenares de metros que nuestro reloj suma a nuestro maratón no son debidos a que durante la carrera hemos hecho eses o hemos tomado las curvas sin seguir la trazada buena, etc. Eso puede sumar algunos pocos metros, pero el grueso del error, como he dicho, es por la forma de grabar los datos del propio sistema GPS.

Por cierto, como explico en otro capítulo, desde septiembre de 2017 estoy corriendo con el potenciómetro de la marca americana Stryd. Es un sensor que se ajusta a la zapatilla y que, además de la potencia, mide otras muchas variables, entre ellas la distancia recorrida, longitud de zancada, etc. Todo esto lo mide a través de unos acelerómetros y otros medios, y no depende de la señal del GPS. Pues bien, con una mínima calibración es increíble la precisión que tiene. Como ejemplo os diré que en el Maratón de Barcelona'18 me midió una distancia final de 42,170 kilómetros. Casi exacto. Eso con un GPS es imposible.

La delgada línea azul

La delgada línea azul es un símbolo de apoyo a las policías de todo el mundo, una raya azul que separa dos zonas negras que representan por un lado a la gente normal y por otro a los delincuentes. La delgada línea azul son las fuerzas de la ley, que se interponen entre los buenos y los malos.

Pero para los que corremos maratones, la delgada línea azul es una larga línea pintada en el suelo de las ciudades donde se corren maratones importantes y que representa el camino entre nuestros sueños y nuestras metas, entre nuestros deseos y nuestras satisfacciones, entre nuestros esfuerzos y nuestros logros. Y es una línea larga, de 42 195 metros, normalmente.

¿Por qué digo que normalmente? ¿Acaso no es cierto que la línea azul que vemos pintada en el asfalto mientras corremos el maratón nos indica el camino más corto entre la salida y la meta?

Pues no siempre es así. Veamos.

Para que un maratón esté homologado por la Federación de Atletismo de su país, ha de medirse con total precisión. Eso está claro. No todos los maratones están homologados, ya que si la organización es modesta quizás no le interese asumir el coste de pagar a la federación por esa homologación (unos 1000 euros). Pero si un maratón quiere estar entre los grandes y que las marcas que los corredores consigan sean válidas, tiene que tener una medición exacta y homologada por un equipo de jueces.

Para ello, la federación correspondiente tiene establecido un protocolo de medición del circuito y los jueces lo llevan a cabo mediante el empleo de ruedas de bicicleta calibradas con un cuenta–vueltas oficial, conocido como Contador Jones. El día en el que se hace la medición, el equipo encargado, acompañado por la policía local para abrirles paso, va en dos o tres bicicletas equipadas cada una con su contador y sigue el recorrido más corto entre curva y curva del circuito. El aparato medidor pasa por las curvas a una distancia predeterminada de veinte a treinta centímetros, de forma que un atleta que corra entre la salida y la meta apurando la trazada más conveniente entre cada tramo recto del recorrido al terminar la carrera habrá corrido por lo menos esos 42,195 km.

El protocolo de medición comienza en la llamada «zona de calibrado», por ejemplo, una recta de 500 metros exactos, en la que se hacen varias pasadas con las bicicletas para calibrar con precisión los contadores Jones y evitar errores. Después, ya seguros de que los contadores de vueltas van a ofrecer datos exactos, se empieza a recorrer el circuito del maratón siguiendo siempre la trazada más corta apurando en las curvas. Cada kilómetro el equipo se detiene para registrar el número de vueltas del contador y marcar el punto kilométrico de la carrera. La medición, para ser válida, no puede exceder de un metro por cada kilómetro.

Curva en el Maratón de Nueva York en la que se aprecia la línea azul que señala el recorrido junto al público.

Con este procedimiento tenemos la certeza de que un maratón homologado por la federación mide exactamente la distancia correcta. Luego nuestro GPS podrá decir lo que quiera, como he explicado antes, pero la carrera mide 42,195 km.

Vale. Queda claro. ¿Y qué pasa con la línea azul? ¿No sigue la misma trazada que la empleada el día de la homologación?

Pues no siempre es así.

Hay maratones en los que sí, por ejemplo, el de Berlín, como explica en su página web. Pero en otros no ocurre esto, ya que el día en el que se pinta la línea puede ser que la furgoneta que lleva la máquina con la pintura no pueda trazar las curvas por el camino más corto debido al tráfico, o por haber coches aparcados, por ejemplo.

Según explica la web de Berlín, la línea azul del Maratón de Nueva York mide unos 43 km. Casualmente tengo una foto de mi participación en esta carrera en 2013 en la que se ve la línea azul en una amplia curva a la izquierda y que está pintada por la parte externa de la derecha en una calle de varios carriles, en vez de por la parte interna por la que corría todo el mundo (menos yo, que me fui al borde para saludar a la gente que nos animaba tanto, ya que me daba pena que estuvieran tan lejos de los corredores).

Maratón y ciclismo.
¿Qué es más duro?

El día que corrí mi décimo séptimo maratón, en Madrid, terminaba la temporada de clásicas del calendario ciclista profesional con la disputa de la Lieja–Bastoña–Lieja, la carrera más antigua del ciclismo mundial.

En 2013 terminé con la Milán–San Remo mi participación en las versiones cicloturistas de los llamados «monumentos ciclistas», que son las cinco clásicas más prestigiosas del calendario profesional: Milán–San Remo, Vuelta a Flandes, París–Roubaix, Lieja–Bastoña–Lieja y el Giro de Lombardía (esta no tiene hoy en día versión cicloturista). En 2009 completé la Vuelta a Flandes, en 2011 la Lieja, en 2012 la Roubaix y en 2013, como he dicho, hice la Milán–San Remo (la más larga, con 294 kilómetros, pero la más fácil de todas).

Además de estas clásicas, en mi larga vida como cicloturista he completado numerosas marchas durísimas en Pirineos (como la Quebrantahuesos en varias ocasiones —una de ellas de noche y en solitario—, o la Luchón–Bayona de un tirón dos veces, con sus 325 kilómetros en los que se suben Peyresourde, Aspin, Tourmalet, Soulos y Aubisque uno detrás de otro). También he subido puertos como Alpe d'Huez, Galibier, Izoard, Stelvio, Angliru…

He participado en vueltas por etapas en Canarias, Baleares, Alemania… He completado cuatro veces la Transpirenaica por carretera, dos de ellas con alforjas. Y, aunque era muy malo, de joven corrí algunas carreras como *amateur*.

Como maratoniano llevo veinticinco maratones completados (al terminar de escribir este libro), y tengo la experiencia de haber corrido, en 2015, cinco maratones en cinco meses[2]. Eso sí, mis marcas son discretas: 3 h 39 min 21 s en San Sebastián'97 y 3 h 42 min 24 s en Sevilla'15 son mis mejores resultados.

También como *runner* tengo otras experiencias en medios maratones, subida a Lagos de Covadonga, subida al Tourmalet, un par de ultras, etc.

Valga esta presentación de mi «currículum» deportivo como ciclista y como maratoniano para avisar al lector de que algo sé del tema del que quiero hablar en este capítulo, que es reflexionar sobre si es más duro correr maratones o ser ciclista.

Por supuesto, todo lo que comento aquí lo hago desde mi experiencia y no pretendo llegar a ninguna conclusión definitiva. Hay muchas personas que practican o han practicado ambos deportes con mucha más experiencia que yo, incluso a un nivel profesional (hay muchos exciclistas profesionales que corren maratones a un nivel alto, como Abraham Olano o Laurent Jalabert, que tras estar en la elite del ciclismo mundial han corrido maratones en torno a 2 h 40 min, que es una marca estupenda para un corredor popular).

Gasto físico

Uno de los parámetros que se suelen usar para definir la dureza de un deporte es el gasto físico al que se expone el cuerpo. Está claro que correr un maratón, sobre todo si lo hacemos al máximo de nuestro nivel, supone para el cuerpo un desgaste enorme. Durante la carrera no podemos bajar mucho el esfuerzo cardíaco, salvo que caminemos un rato, y nuestras articulaciones y nuestros músculos acaban muy agotados (por eso al día siguiente nos cuesta caminar con normalidad).

En ciclismo el desgaste a nivel muscular y articular no es tan grande, por eso normalmente podemos enlazar varios días seguidos más o menos duros, y el desgaste cardíaco siendo alto en muchos momentos (subidas de puertos a ritmo fuerte, aceleraciones y

---

2   Sevilla en febrero, Barcelona en marzo, Burdeos en abril, Vitoria en mayo y Laredo en junio. Entre el primero y el quinto transcurrieron tres meses y medio.

ataques…) presenta muchos momentos en cada carrera en los que el corazón recupera totalmente (descensos largos, zonas de llano en los que se rueda tranquilo, etc.).

Quizás el maratón a nivel de desgaste cardíaco se parezca más a una contrarreloj en ciclismo, donde el corredor debe ir todo el rato cerca del máximo esfuerzo para no perder tiempo. Aunque es raro encontrar hoy en día contrarrelojes que duren lo mismo que un maratón en tiempo.

Por otra parte, también es cierto que en el ciclismo hay carreras en las que, por cómo se estén desarrollando, los corredores no pueden relajarse apenas. Por ejemplo, en la París–Roubaix de 2017 se salió tan fuerte que se lanzó la carrera desde el principio, y luego, una vez metidos en los tramos de pavés, ya es imposible rodar tranquilo a rueda del grupo, como pasa en muchas carreras, así que toda la carrera se disputó a tope. Pues bien, viendo en Strava el pulso medio de la carrera de varios corredores encontramos que la mayoría terminó la Roubaix con unas pulsaciones medias en las seis horas de carrera de más de 160 ppm, cuando en una etapa de montaña del Tour el pulso medio de muchos corredores no pasa de 140 ppm.

El autor en pleno tramo de adoquín en la París–Roubaix'12.

Así que estamos hablando de un esfuerzo cardíaco casi máximo durante seis horas, a los que hay que añadir el sufrimiento muscular de una carrera con más de cincuenta kilómetros de tramos de pavés. No creo que esto sea más fácil que correr un maratón a tope. Y eso que en ese año tuvieron suerte y no llovió ni hizo frío, porque si no…

Gasto psicológico

Veamos ahora las diferencias entre competir en ciclismo y competir en maratón en cuanto al desgaste mental de ambos deportes.

En el maratón, como en la mayoría de las pruebas de atletismo, se compite por un lado por el puesto en la carrera (para ganarla) pero por otro lado se compite contra una marca. Por ejemplo, la mayoría de los maratonianos profesionales cuando salen en un maratón importante (Londres, Berlín, Nueva York, Juegos Olímpicos…) saben que no tienen opciones de ganar la carrera según qué maratonianos de elite participen. Sin embargo, pongamos por ejemplo el caso de un maratoniano de elite alemán. Sabe que, en condiciones normales, no tiene nada que hacer para ganar hoy en día a los maratonianos que son capaces de bajar de 2 h 5 min (un pequeño puñado de atletas). Pero sí que puede, si está muy en forma y el día es bueno en cuanto a temperatura, etc., intentar tal vez hacer su MMP, o el récord de su país (que es de 2 h 8 min 33 s desde 2015), o lograr la mínima para ir a los JJ. OO.

Así que, para la mayoría de los maratonianos, su desgaste psicológico en la carrera solo será grande si ve que no le están saliendo bien las cosas y no va a su ritmo objetivo del día. Solo unos pocos, tres o cuatro a lo sumo, tienen el desgaste mental añadido que supone luchar por la victoria de la carrera con un contrincante que les está sacando de punto.

En ciclismo, por el contrario, solo se compite por la victoria, o a lo sumo por el podio, pero nunca se compite por una marca. Si ganas la París–Roubaix, no importa si ha sido la edición más rápida o más lenta de la historia, pues eso depende de muchos factores. En ciclismo, en la mayoría de carreras solo importa quién la gana. Si quedas el cuarto no tienes como consuelo el haber hecho ninguna marca que te sirva para algo. Tal vez en las grandes carreras por etapas algunos pueden quedarse con el honor de haber hecho un *top*–5 o un *top*–10 en la general, pero, la verdad, eso no vale para mucho.

Por tanto, en el ciclismo, cuando un corredor ve que está perdiendo al grupo de favoritos que se van a jugar la victoria, sufre lo indecible para mantenerse cerca y tener una pequeña opción de llegar al último kilómetro en el grupo delantero. Y en una prueba por etapas como el Tour de Francia, cualquier corredor con mínimas opciones para la general, sufre desde el primer día un estrés angustioso por no perder mucho tiempo en las primeras etapas llanas, en las que hay caídas y cortes del pelotón que pueden echar por tierra todas sus posibilidades, por muy en forma que esté. Luego están las etapas en las que en el último tramo hay encerronas, como pasos estrechos por pueblos o un final en un repecho durísimo, todos los favoritos tienen que luchar continuamente por mantenerse en las posiciones delanteras del pelotón y no verse cortados por una caída, por ejemplo. Todo esto supone un desgaste muy grande que no lo tienen los maratonianos.

Dureza externa

Quiero comentar, por último, un aspecto que añade una gran dureza a un deporte ya duro de por sí como es el ciclismo, y que, normalmente, no lo padecen los maratonianos. Me refiero al sufrimiento que añade la meteorología y a la angustia que provoca el peligro intrínseco de competir sobre una bicicleta.

Como he comentado antes, una París–Roubaix con lluvia, viento y frío es muchísimo más dura que si hace buen tiempo. En el ciclismo, el frío, la lluvia y el viento en contra son elementos que pueden convertir una carrera dura en un verdadero martirio.

Salvo condiciones extremas de frío o de calor, correr es más llevadero con mal tiempo que montar en bici. Una etapa de montaña con frío y lluvia (incluso a veces nieve en los puertos más altos) supone una durísima prueba para los ciclistas. Incluso con la ropa tan magnífica que hay hoy en día, bajar un puerto mojado y con frío puede hacer que un corredor que va en cabeza acabe retirándose con hipotermia. Y hay muchos puertos en Alpes, Pirineos o Dolomitas, con bajadas muy largas, en las que llegas al valle helado tras haber subido el puerto a tope.

Y luego está el riesgo del ciclismo, donde existe siempre el peligro de las caídas que, por supuesto, no existe apenas en el maratón (o no con las mismas consecuencias). Las bajadas de los puertos se hacen a toda velocidad, y los corredores que son buenos bajadores suelen arriesgar mucho para descolgar a los menos habilidosos con la bici o a los que tienen más miedo. Porque bajar un puerto a tope, con lluvia, con una carretera bacheada y con muchas curvas puede dar mucho miedo, pero si estás compitiendo no te queda otra que superarlo porque si no pierdes todas las opciones.

En fin. Que tanto el maratón como el ciclismo son dos de los deportes más duros que existen (aunque para mí lo más duro me parece que es el alpinismo en alta montaña, el *himalayismo*).

Para muchos siempre será más duro el maratón que el ciclismo, y para otros será al revés. Yo, por lo que os he comentado, pienso que es más duro el ciclismo. De hecho, no creo que en ninguno de mis maratones haya sufrido tanto como algunos días lo hice en la bicicleta. Y eso sin competir.

Darles la vuelta a los problemas. Mi experiencia en NY'12

Imagina que llevas toda la vida queriendo correr el Maratón de Nueva York. Imagina que por fin un año lo ves posible, te encajan los días de vacaciones, has ahorrado y te apuntas a un viaje a Nueva York para hacer realidad, por fin, tu sueño.

Imagina que llevas un año pensando en ese viaje. Imagina que has entrenado y has preparado con cariño una camiseta especial con la que vas a participar, has pensado en cómo vas a vivir ese día, cómo vas a disfrutar de la entrada en la meta de Central Park.

Imagina que llegas cargado de ilusión. Imagina que el viernes por la mañana recoges emocionado tu dorsal junto a cincuenta mil corredores de todo el mundo. Imagina cómo te sientes. No cabes en ti de gozo. Solo quedan unas horas para salir del Puente Verrazano–Narrows mientras escuchas a Frank Sinatra cantando a su ciudad, a tu ciudad, porque ahora ya Nueva York es parte de ti.

Imagínalo.

Y ahora, imagina que ese mismo viernes por la tarde te dicen que se ha cancelado la carrera por las consecuencias de una tormenta tropical a pesar de que durante toda la semana han repetido una y mil veces que la carrera se va a hacer.[3] Imagina qué pensarías, qué sentirías, cómo reaccionarías.

---

3   Se trató de los restos debilitados del huracán Sandy, uno de los más grandes que se han registrado en el Caribe. Curiosamente, no fue la primera vez que un fenómeno natural me impide viajar, ya que en 2010 no pude ir a la clásica ciclista holandesa Amstel Gold Race debido a la cancelación de todos los vuelos en Europa por la erupción del volcán islandés Eyjafjallajökull unos días antes del viaje previsto.

Miles de corredores en Central Park el día en el que no se celebró la carrera.
En la página siguiente, junto a la meta.

No. No insistas. Es imposible imaginar eso. Yo no lo imaginé. Yo lo viví en 2012.

¿Y qué hice? Pues no rendirme y volver para correrlo.

Efectivamente, corrí otro maratón tres semanas después y sin dudarlo un instante me apunté al mismo viaje a Nueva York para 2013. Era algo que tenía que hacer.

Y regresé en 2013 y corrí, por fin, el Maratón de Nueva York, el maratón en el que más he disfrutado.

Y toda esta aventura de varios años me inspiró para algo más que para correr maratones. Me inspiró una novela en la que el protagonista vive la misma frustración que yo tras la cancelación de la carrera, pero decide asesinar al alcalde de la ciudad para vengar la afrenta que hizo a los participantes. La novela se titula *42,2 Muerte en Central Park* y hablo algo más sobre ella en el siguiente capítulo de este libro.

Sí. De un hecho tan triste como quitarle el caramelo a un niño cuando está ya a punto de tocarlo con su léngua, surgió algo de

lo que me siento orgulloso. Una novela negra, una *road movie*, una novela de redención, de venganza, de amor...

Como veis, tal vez nuestra preparación de cara a vencer todos los problemas que rodean a un maratón, nos ayuda también a vencer cualquier obstáculo que la vida nos presenta, como es el hecho de ir a Nueva York y asumir la cancelación de una carrera tan deseada.

Sí. Nueva York, su maratón, tiene una importancia grande en mi vida. Hace muchos años que soñé en correr por sus barrios, un sueño que estaba allí, latente en mi interior. Luego se reavivó y lo tuve que alargar un año más de lo deseado. Y más tarde, gracias a esta novela, lo he vuelto a soñar muchas veces. De ahí el nombre del blog en el que plasmo mis vivencias como maratoniano: *El sueño de Nueva York.*

Nunca hay que dejar de soñar. Los sueños se pueden hacer realidad.

En noviembre de 2012, con toda mi ilusión tras soñar con correr el maratón más famoso del mundo durante un año entero (incluso desde muchos años atrás), fui por fin a la ciudad de los rascacielos, a Nueva York, para participar en el Maratón de Nueva York.

Pero llegó el drama.

Puedo decir que en el fondo me alegré de que suspendieran la carrera en 2012, ya que así tenía la excusa perfecta para volver a mi ciudad favorita y además mantuve vivo un año más el sueño de correr esa fantástica carrera.

Si ya lo dice una de las frases clásicas de los corredores: nunca hay que rendirse. Siempre se pueden sacar cosas positivas de las peores situaciones.

Sobre la cancelación de la carrera en 2012, escribí un artículo de opinión para el diario bilbaino *El Correo* el mismo domingo en el que teníamos que estar corriendo. Aquí está el texto:

NY, un maratón especial

Nueva York es un sueño para miles de corredores populares de todo el mundo. Puedes correr muchos maratones, en todos los continentes, pero solo NY hace que te brillen los ojos de una manera especial cuando el sueño de correrlo (y terminarlo) empieza a tomar forma.

Por eso el viernes por la tarde, hora de NY, cuando nos llegó la noticia a las decenas de miles de corredores que paseábamos por la Gran Manzana ya con nuestro dorsal colocado en la camiseta con la que íbamos a correr el domingo de que finalmente el maratón se cancelaba, la sensación era primero de incredulidad, luego de tristeza, pasando por la ira y la difícil comprensión del motivo.

Porque desde el punto de vista de casi 50 000 personas que llevamos un año o más soñando con este domingo, que hemos ahorrado para el viaje, sacrificando vacaciones y fines de semana, es difícil de entender que tras asegurarnos toda la semana que el maratón se iba a correr pasara lo que pasara, a poco más de 24 horas nos digan que no se corre. Es un palo muy grande.

Por supuesto, esta decisión responde a una corriente contraria al maratón que se ha ido canalizando en algunos medios de comunicación americanos. Y no hay que olvidar que el martes es el día

*de las votaciones en EE. UU. y a estas alturas se la cogen con pa-
pel de fumar.*

*Estoy seguro de que muchos neoyorquinos querían vernos correr
el domingo. Hubiese sido una señal de normalidad, de que Nueva
York es una ciudad a la que nadie puede hundirle la moral. Ni tras
los salvajes ataques del 11–S se suspendió la carrera. Es cierto que
en algunos barrios hay gente todavía sin luz, y además ha habido
varias víctimas. Pero si hoy vienes a Manhattan, al centro, y no te
dicen que el lunes llegó una tormenta tropical llamada Sandy no te
enteras de que ha pasado algo grave. La normalidad es casi total.
Solo en Central Park se ven las ramas apiladas de los numerosos
árboles que los fuertes vientos derribaron.*

*Creo que es un error haber suspendido la carrera. Primero, por-
que se ha hecho tarde, con todos los corredores ya en la ciudad, con
el dorsal en la mano y tras haber gastado un buen fajo de dólares
en el merchandising del maratón. Segundo, porque el maratón de
NY es un negocio que deja unos 300 millones de dólares en la ciudad, y cara a su imagen exterior creo que el suspenderlo no la mejora, precisamente. Y tercero, porque hubiese sido muy bonito correr la
carrera aplaudiendo nosotros al pueblo de NY en lugar de al revés.*

*Nueva York es una de las ciudades que más me gustan de todo
el mundo. Nueva York se merece tener un maratón único en el mundo. Nueva York se merece que volvamos a intentarlo el año que
viene.*

*Pero las casi 50 000 personas que hemos venido para correr la
carrera nos merecemos también que Nueva York nos comprenda. No
sabemos aún qué pasará con el coste de la inscripción (hablamos de
varios cientos de dólares). Los gastos del viaje ya están gastados y
por lo menos estamos disfrutando de una ciudad impresionante que
merece ser visitada muchas veces. Parece que nos guardarán la inscripción para el año que viene (para el que no lo sepa, apuntarse
a este maratón es bastante difícil, ya que miles de personas se quedan sin conseguir plaza todos los años), pero no sabemos si también
nos guardarán el pago que hemos hecho o tendremos que pasar por
caja de nuevo.*

*Por ahora todos estamos buscando alternativas. La primera
será salir mañana a correr por Central Park y por otros lugares de
la ciudad. Hay quien está quedando para hacer el recorrido del maratón por su cuenta, lo cual será difícil. Y quien más y quien menos*

estamos mirando el calendario de carreras del próximo mes. San Sebastián puede ser una bonita alternativa.

Pero Nueva York sigue siendo mi sueño, como el de muchos. Cumplir un sueño es algo mágico y pasar la meta de Central Park tiene que ser impresionante. Hoy la he pasado entrenando un poco, pero no es lo mismo. Pero cumplir un sueño tiene una parte negativa, y es que dejas de soñar con él. Ahora por lo menos estaré otro año o más soñando con cruzar esta meta, porque, pese a todo, Nueva York es mi ciudad favorita y no dejaré de quererla.

42,2 Muerte en Central Park.
Mi novela del maratón

Como he comentado antes, tras mis dos viajes a Nueva York en 2012 y 2013 escribí una novela negra inspirada en mi experiencia con la cancelación del maratón. La novela se titula *42,2 Muerte en Central Park* y está disponible en Amazon en papel y en formato electrónico para *ebook*.

La sinopsis de la novela es la siguiente:

«David llega a Nueva York para correr el maratón, pero a causa del huracán Sandy el alcalde suspende la carrera. Al ver la frustración de la gente, David decide hacer justicia y mata al alcalde. Al cabo de un año regresa al maratón y mientras se prepara para lo que le espera en la meta recuerda su fuga seguido por Peter, el único policía que le descubrió.

En su huida por EE. UU., David se vio obligado a erigirse en justiciero, dejando atrás otros cadáveres. Además, por el camino encuentra el amor.

La justicia y la venganza son el tema de un relato que mezcla el mundo real con el onírico en el que el sueño de correr el Maratón de Nueva York se convierte en realidad.

Una carrera introspectiva por el mundo del maratón, la literatura y los paisajes de los EE. UU., así como una mirada al sentido del bien y del mal.»

Tras su publicación, en el periódico bilbaino *El Correo* salió una crítica de la novela que decía, entre otras cosas: «*42,2 Muerte en Central Park* habla de una aventura que transforma, por su nivel

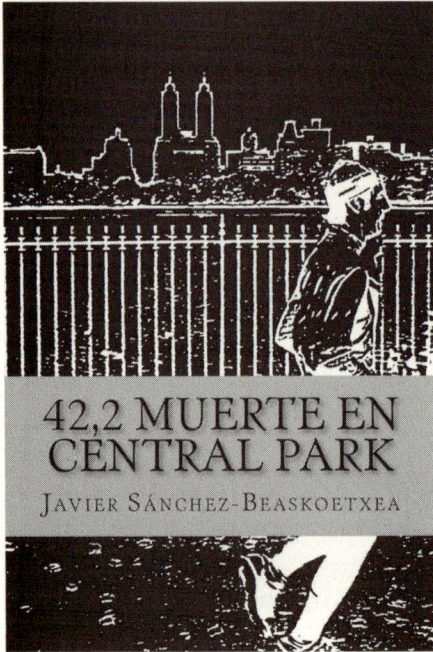

de exigencia, la vida de quienes la llevan a cabo. El autor consigue transmitirnos, a través de su protagonista, los gozos y las sombras de esa carrera de larga distancia e, incluso, convencernos de que el carácter forjado en el sacrificio que comporta puede conducir a la asunción de una misión justiciera. La novela, con maneras de *road movie* y acentos de realismo mágico, rompe el desarrollo lineal habitual del género policíaco y se vuelve mucho más compleja al alternar diferentes escenarios físicos y temporales, y establecer, en última instancia, una sutil correspondencia entre ese carácter moldeado en el esfuerzo físico y mental, y el viaje alucinado de un hombre que imparte una suerte de ley natural por la América profunda».

La novela tiene una estructura basada en la distancia del maratón. Comienza en el capítulo número 42,2, justo en la meta de Central Park, y va descendiendo hasta llegar a la salida de la carrera en el puente Verrazano–Narrows en el capítulo número 0. Luego hay un último capítulo, el número 43, que discurre tras la finalización de la carrera.

Cada capítulo tiene dos historias paralelas. Por un lado, David, el protagonista, nos va narrando en tiempo real y en primera persona lo que siente en cada kilómetro del maratón de Nueva York mientras lo está corriendo en 2013, tras regresar a la ciudad. Cada capítulo describe detalladamente el recorrido del maratón, kilómetro a kilómetro. Y, por otro lado, va recordando lo que hizo desde que asesinó al alcalde (lo que sucede en el párrafo inicial de la novela), hasta que logró huir de EE. UU. tras atravesar todo el país de costa a costa seguido por Peter, el policía neoyorquino que utiliza a David como arma para repartir justicia por los EE. UU. En esta historia, además, hacemos un viaje que nos describe los grandes paisajes de este inmenso país.

Es una novela fácil de leer, que en cada capítulo deja algo en el aire para que el lector mantenga el interés hasta el final.

En noviembre de 2017, *1000yunlibros.blogspot.com,* un blog de literatura publicó una reseña de la que extraigo un fragmento:

«El autor nos introduce en la mente del protagonista y asesino, explicándonos en primera persona el porqué del asesinato del alcalde de Nueva York y cómo lo ha llevado a cabo, manteniendo una narrativa y una ambientación excelente. Vamos a ir pasando por todos los barrios por los que pasa realmente el maratón, y va a ir alternando en cada capítulo dos tramas, en una nos explica la fortaleza mental de un corredor de maratón, todo lo que va sintiendo mientras corre y lo que va pensando, y en la otra trama vamos a ir viendo la huida del asesino para no ser descubierto o delatado por el único policía que ha dado con su paradero, Peter. Y es que hay que ser muy metódico, tanto para correr un maratón, como para ser un asesino».

En fin. Creo que cualquier amante de los maratones al que le guste leer puede disfrutar con mi novela, sintiendo en primera persona lo que significa correr el Maratón de Nueva York.

¿Querer es poder?
¿No hay que rendirse nunca?
Todo no suma

Hoy en día encontramos por todas partes frases de motivación para *runners*, tanto para los que empiezan ahora con esta bendita locura que es el deporte, como para los más experimentados maratonianos. «Nunca te rindas», «Querer es poder» o «Tú pones los límites» son algunas de las más habituales.

Pero, además de la buena intención de animarnos que tienen los que nos las dicen, ¿qué hay de verdad en ellas? Si yo quiero bajar de tres horas en un maratón, ¿seguro que voy a poder hacerlo?

Voy a comentar algunas de estas frases que circulan por Internet y que las leemos cada dos por tres en cualquier lado mientras medito un poco sobre qué hay detrás de esas frases para los mortales como nosotros, que no somos, ni nunca seremos, como Martín Fiz, ni como Emil Zatopek, ni como Kilian Jornet.

«Hazte amigo del dolor y nunca te encontrarás solo».
Ken Chlouber. Creador del Ultra Leadville Trail 100,
una de las carreras más duras del mundo.

Bien. Está claro que, si queremos progresar como deportistas, en muchos entrenamientos y en muchas carreras vamos a sufrir. Si siempre corremos cómodos el cuerpo no experimenta adaptaciones al entrenamiento y no vamos a mejorar como deportistas. Pero, ¿qué pasa con el dolor? ¿Es necesario? Creo que no, sobre todo cuando el dolor es un indicio claro de una lesión. No es lo mismo sufrir por el ritmo y por la distancia, que sufrir un dolor físico. Si alguna parte de nuestro cuerpo nos duele mucho al correr, escuchemos al cuerpo y bajemos el ritmo o paremos del todo. Si no, estamos comprando muchos boletos para tener una buena lesión que tardará bastante en curar si no paramos a tiempo.

Así que, con todos mis respetos hacia Ken Chlouber, no quiero hacerme amigo del dolor (y, además, disfruto mucho estando solo).

**«Es al borde del dolor y el sufrimiento
cuando los hombres son separados de los niños».**
Emil Zatopek.

Emil Zatopek era un portento de la naturaleza y un hombre consecuente con sus ideas. En esta frase, atribuida a él, habla también del dolor y del sufrimiento, pero con un detalle importante, habla de estar al borde de ambos. Y aquí sí que estoy de acuerdo con el atleta checo. Ponernos al borde de nuestros límites es lo que nos hará acercarnos a los mismos. Y como bien dice la frase de Zatopek, en esa fina línea se separan los mejores de los demás.

**«Si crees en ti,
puedes lograr cualquier cosa».**

No sé de quién es esta frase. Puede que tenga razón. Pero lo importante es tener el conocimiento suficiente de nuestras capacidades para saber hasta dónde podemos llegar y hasta dónde podemos creer en nuestras posibilidades. Ahora, si yo creo hasta el infinito en mí mismo, ¿de verdad que podré lograr cualquier cosa? Repito, ¿cualquier cosa?

**«Si realmente crees que puedes,
no hay nada imposible».**

La misma frase dicha de otra forma. Imposible es una palabra que significa que no se puede, repito, significa que no se puede. Por mucho que uno crea que puede batir el récord del mundo de maratón, no va a poder lograrlo, está claro. Simplemente, como se suele decir, hay cosas que no pueden ser y además son imposibles. No nos engañemos.

**«¿Cuál es mi secreto? Una dieta que se llama
«Levántate y entrena todos los días».**

No sé dónde leí esta frase. Puede que tenga razón. La gente que consigue sus metas es, generalmente, muy disciplinada y se esfuerza al máximo, y eso es de vital importancia para conseguir nuestras metas. Sin esfuerzo, en el deporte como en la vida, los logros son pequeños.

**«Si has llegado hasta aquí
podrás llegar a donde quieras».**

¿Seguro? ¿A dónde quiera? Permitidme que lo dude en muchos casos. Está bien animar a la gente, pero creernos falsas expectativas solo conduce a frustraciones. Muchas veces es cierto que podemos lograr un poco más, que podemos correr un kilómetro más, pero, sinceramente, todos tenemos un límite.

**«Los límites no están en tu cuerpo,
están en tu mente».**

Parecida a la anterior. Esta es de las frases más tontas que conozco. Está claro que si estoy motivado al 100 % rendiré al 100 %, o incluso un poco más, y hasta superaré un poco mis límites. Pero nuestro cuerpo nos pone un límite marcado, sobre todo (y hablando de deporte), por la genética. Un corredor lento por mucho que entrene correctamente nunca va a ganar a un corredor rápido que entrene también correctamente. En ciclismo siempre se ha dicho que de un burro no puedes sacar un caballo de carreras. Y, sintiéndolo mucho, en el deporte los mejores no son solo los que mejor y más entrenan, sino los que más capacidades físicas tienen y saben cómo desarrollarlas. Si no, las carreras las ganaría el que más y mejor entrena. Pero eso no es así. Los que están siempre cerca de las victorias y los récords entrenan igual de duro que los que se llevan las medallas. Sencillamente, los que ganan son mejores. Aceptémoslo.

Ahora, lo que sí que es cierto, sobre todo en pruebas de resistencia, es que en muchas ocasiones cuando creemos que ya no podemos más, luego resulta que sí podemos si la motivación es grande. Y eso lo vemos sobre todo en pruebas tipo ultras o así. Mucha gente a mitad de carrera se siente agotada, al límite, y sin embargo terminan la carrera.

«Eres de otra pasta. Eres maratoniano».

A los maratonianos nos gusta mucho esta frase. También los ciclistas dicen (decimos) que estamos hechos de otra pasta. Es cierto que hay deportes en los que llevamos más tiempo el cuerpo al límite y tonteamos a menudo con la épica del sufrimiento. Pero, siendo sinceros, no todos los maratonianos aguantan lo mismo, ni en el deporte ni en la vida. Eso sí, correr maratones nos ayuda mucho a saber soportar las adversidades que tiene la vida.

«Hasta el más tonto corre maratones».
(Mantra para no fliparme más de la cuenta).

Frase que no sé dónde la leí, pero que es un buen contrapunto a la frase anterior. A veces pensamos que por correr maratones somos la leche, pero si somos sinceros, habiendo tantos miles de personas que corremos maratones todos los años, lo lógico es que el porcentaje de gente idiota, miserable, impresentable, maleducada, maravillosa, ejemplar, inteligente, etc. sea más o menos el mismo que encontramos en la población en general. No somos especiales.

«El correr es mi fuente de juventud,
mi elixir de vida.
Me mantendré eternamente joven».

Está claro que el deporte ayuda a mantener nuestro cuerpo con salud durante muchos años. Hacer deporte habitualmente es fundamental para llegar a nuestra vejez en buen estado. Pero ahora que ya tengo cincuenta y pico años, por mucho que esté «estupendo para mi edad», como se suele decir cuando ya empiezas a tener una cierta edad, ya noto que el cuerpo no es el mismo que cuando tenía 30 años. Lo del *forever young* queda muy bonito en las canciones, pero, amigos, la vida pasa para todos, por mucho que nos fastidie.

«Todo suma».

Esta frase, dicha muy a menudo sobre los entrenamientos y las carreras que hacemos, es una de las mayores estupideces que oigo y una de las fuentes de lesiones y sobreentrenamiento más habitual.

Si un día estamos muy cansados, o tenemos una sobrecarga que puede dar lugar a una lesión, lo más inteligente es no correr ese día, o correr muy suave unos pocos minutos. Y si no estamos entrenados no es buena idea ir a una carrera, en la que seguramente vamos a ir más forzados de lo que debiéramos. Hay entrenamientos que en vez de entrenarnos nos generan una fatiga perniciosa. No todos los kilómetros suman. Si no los hacemos bien y no los combinamos con el descanso hay kilómetros que restan. No todo es correr y correr.

«Nunca te rindas».

¿Seguro? Yo más bien diría que no te rindas sin intentarlo y perseverar, pero a veces la realidad se nos impone y abandonar una carrera es la opción más inteligente para nuestra salud. Aquí me gusta mucho la actitud de los alpinistas, sobre todo de los *himalayistas*. ¿Cuántas veces se retiran de una montaña cuando parece que la tienen al alcance de la mano porque saben que si siguen subiendo ponen en riesgo su vida? A veces hay que tener una buena cabeza para saber que una retirada a tiempo es una victoria. Rendirse no es fracasar.

«¿Por qué debería practicar corriendo lento? Yo ya sé cómo correr lento. Quiero aprender a correr rápido».
Emil Zatopek.

Otra frase genial de Zatopek, pero que no la podemos aplicar para la mayoría de corredores. Cualquier entrenador nos hará ver la importancia de los entrenamientos «lentos». No todo es hacer series o correr carreras en busca de nuestra mejor marca. Gran parte de los kilómetros que hace un maratoniano de elite son a un ritmo moderado para sus capacidades.

> «Sin correr no hay impacto.
> Sin impacto no hay dolor.
> Sin dolor no hay placer».

Y dale con el dolor. Que no, que correr no debe doler. Y salvo que seas masoquista el dolor no genera placer.

> «Cada mañana, en África, una gacela se despierta;
> sabe que deberá correr más rápido que el león
> o este la matará. Cada mañana en África,
> un león se despierta; sabe que deberá correr más rápido
> que la gacela o morirá de hambre.
> Cada mañana, cuando sale el sol, no importa
> si eres un león o una gacela,
> mejor será que te pongas a correr».

Frase muy bonita que supuestamente es un dicho africano. La relaciono con lo de que «todo suma». Correr todos los días no es lo mejor para los corredores populares. Hay que dejar días para el descanso, sin correr.

Y ya puestos, si analizamos la frase, los que no solo nos echamos siestas con los documentales de *La 2,* sino que también los vemos, sabemos que los leones se pasan la mayor parte del día tumbados y durmiendo haciendo la digestión de las comilonas que se pegan, y solo corren para cazar de vez en cuando, no todos los días. Y las gacelas, como herbívoros que son, la mayor parte del tiempo lo pasan pastando y digiriendo la hierba que comen. Así que, podríamos cambiar la frase y decir que no importa si eres león o gacela, cuando salga el sol lo mejor es que estés descansando y haciendo la digestión.

Bueno. Espero que mis reflexiones os hayan hecho pensar que no tenemos que vivir siguiendo los eslóganes.

Personas que me inspiran

El deporte es uno de los aspectos de nuestra vida en el que más miramos a lo que hacen los demás. Los deportistas profesionales, o los deportistas no profesionales pero que se salen de la media por los retos que afrontan, son muchas veces nuestros referentes.

Al provenir del mundo del ciclismo, siempre he dicho que, si no hubiese habido carreras en el ciclismo profesional que se atrevieron a subir grandes puertos de montaña o a atravesar las viejas carreteras de adoquines en el norte de Europa, seguramente hoy no habría tantos miles de cicloturistas desafiando a los grandes puertos de los Pirineos o de los Alpes ni participando en las versiones cicloturistas de la París–Roubaix o de la Vuelta a Flandes, por ejemplo.

Y si a finales del siglo XIX y primeros del siglo XX no se hubieran comenzado a disputar carreras atléticas de más de cuarenta kilómetros, pues hoy no correríamos maratones con la ilusión con la que lo hacemos miles y miles de personas anónimas de todo el mundo.

Todo esto hace que los que practicamos deporte popular miremos con admiración a los grandes atletas que son capaces de correr las carreras más duras a velocidades que nosotros no podemos mantener ni en un kilómetro llano. Y eso nos hace valorar en su justa medida lo que consiguen estas personas gracias a su privilegiada constitución y al ingente trabajo que realizan en los entrenamientos.

Creo que todos necesitamos tener referentes en el deporte. Gente que nos inspira a salir a correr y a enfrentarnos a retos complicados que antes ni soñábamos en poder siquiera intentarlos.

«En el momento que superas a los que idolatrabas y tú te conviertes en tu propio ídolo, termina la magia del deporte. Los referentes sirven para marcar un camino, para saber que debes luchar y trabajar para poder conseguir lo que han conseguido ellos. Y cuando ya lo has logrado, cuando solo existe una persona a quien superar y en quien reflejarte, y esa persona eres tú, significa que no has entendido nada». Esta frase es de Kilian Jornet, de su libro *Correr o morir*. Vemos que hasta el increíble Kilian, alguien a quien muchos idolatramos, necesita a su vez tener referentes a los que seguir.

Pero, como bien dice él, no se trata de conseguir batir a tus ídolos, sino de tener siempre algún reto que superar. Para Kilian los retos a superar cada vez son más difíciles, ya que ha conseguido todo lo que se ha propuesto por ahora en su deporte. Pero para nosotros los mortales, siempre hay retos que nos motivan, por muy modestos que parezcan.

El autor con Martín Fiz y otros compañeros.

143

Como veis, Kilian Jornet es uno de los deportistas que más me inspiran. Es alguien que aun estando en la cima se muestra humilde. Leer sus libros *Correr o morir*, *La frontera invisible* o *Nada es imposible* constituye un placer, y leyéndolos nos damos cuenta de que él, incluso él, sufre y padece mientras lucha por conseguir sus retos imposibles.

Otro deportista que me inspiró en su día para correr mi primer maratón (y me sigue inspirando hoy) fue Martín Fiz. Sus proezas como maratoniano en los años noventa me atrajeron al mundo del maratón, como he explicado antes. En el caso de Martín, además, su inspiración no acabó con sus logros como atleta profesional, sino que hoy en día sigue transmitiendo su pasión por su deporte con el reto que se ha marcado de ganar todos los *majors* en su categoría de Veterano D (que por cierto es la mía, ya que Martín es del mismo año que yo).

He tenido la suerte de coincidir con Martín Fiz en algunos maratones y en otros eventos deportivos. Incluso he podido entrenar con él en alguna ocasión. Basta un momento de charla con él para darte cuenta de que mantiene intacta su pasión por correr, por entrenar y por darlo todo en cada carrera. Y no solo vive con pasión el deporte, el maratón, sino que logra transmitir esa pasión a los demás.

Otro atleta «retirado» del deporte profesional y que inspira a miles de personas es Chema Martínez. Desde que dejó la competición al más alto nivel no ha dejado de competir en otros retos apasionantes que hacen las delicias de todos los que le seguimos en las redes sociales. Chema lo mismo está ganando la Wings for Life Run en España haciendo una burrada de kilómetros, que disputa un ultra en los EE. UU. o lucha por la victoria en carreras por etapas en la selva o en el desierto.

Chema, al que también he tenido la suerte de conocer en persona, es alguien muy cercano a los demás y derrocha simpatía con todo el mundo. Como Fiz, es un apasionado del *running* y se le nota. Si te gusta correr es difícil no tenerles como referente.

Pero no solo de atletas y maratonianos se nutren mis fuentes de inspiración.

Por supuesto tengo a muchos ciclistas y exciclistas profesionales entre las personas que me inspiran a vivir el deporte a tope. Por ejemplo, Abraham Olano, Campeón del Mundo de ciclismo y ganador de la Vuelta a España, años después de dejar el deporte profesional sigue entrenando con la ilusión de un juvenil, y no solo sobre la bici. Abraham ha completado varios maratones y tiene una MMP de 2 h 43 min.

En fin. Hay mucha gente que me inspira. A mí me gusta mucho leer libros sobre las grandes gestas de la exploración del mundo, y cuando leo sobre las odiseas que pasaban los grandes exploradores de los polos o los alpinistas que conquistaron las montañas más altas del planeta, no dejo de soñar en imitarles, modestamente, realizando mis pequeños retos, como subir el Tourmalet corriendo.

En mi biblioteca tengo libros sobre las aventuras de Amundsen, Scott o Shackleton en los polos; libros de Reinhold Messner y Peter Habeler (los primeros en subir al Everest sin oxígeno artificial en 1978, cuando se consideraba imposible por casi toda la comunidad científica y montañera), de Bernard Moitessier (que dio una vuelta y media al mundo en un velero en solitario y sin escalas)… Todos ellos se enfrentaron a retos que parecían imposibles, cuyos relatos son una gran motivación para mí.

Con Chema Martínez en un evento en Bilbao.

Precisamente, en 2017 tuve la fortuna de escuchar a Peter Habeler en el Bilbao Mendi Film Festival (un certamen de cine de montaña) hablando sobre su vida como alpinista. Él a los 75 años ha vuelto a subir la pared norte del Eiger en invierno. Eso me motiva enormemente para seguir corriendo muchos años más. Al hablar sobre la gente que le inspiraba a él a subir a las montañas, Habeler citaba a Hillary y a otros grandes alpinistas del pasado, y nos dijo algo que me pareció muy cierto: todos tenemos nuestro Everest.

Es verdad. Cuando leo sobre estas gestas en los libros de gente como Messner, Habeler, Kilian Jornet y otros, me entran ganas de subir al Everest en solitario y sin oxígeno, o me entran ganas de atravesar los Pirineos corriendo. Pero yo, como la mayoría de la gente, no tengo ni las capacidades físicas ni técnicas para hacer esas cosas. Ni siquiera tengo el valor para intentarlo, por qué no decirlo.

Sin embargo, como dice Habeler, todos tenemos nuestro Everest. No hace falta que tengamos objetivos grandiosos para motivarnos. Para muchos nos vale con terminar un maratón, enlazar cinco maratones en cinco meses, hacer un ultra de ochenta kilómetros a ritmo de paseo, completar un medio maratón en menos de dos horas, bajar de cincuenta minutos en un 10k o correr diez kilómetros sin parar. Cada uno sabe cuál es su Everest.

¡Hay tanto para inspirarnos!

Literatura
para maratonianos

Al hilo de los libros que me inspiran para correr, transcribo a continuación un reportaje que escribí para el periódico *El Correo* el sábado previo a la celebración del Maratón de Nueva York de 2015 sobre la literatura para maratonianos.

El 24 de julio de 1908, poco después de las dos y media del mediodía, comienza la prueba de maratón de los Juegos Olímpicos de Londres, los cuartos de la era moderna. Casi tres horas después, llega al White Stadium londinense el italiano Dorando Pietri. Los 75 000 espectadores se levantan y jalean al pequeño atleta italiano al ver que apenas puede avanzar. Pietri entra al estadio y corre en sentido contrario. Los jueces le señalan el camino, pero tarda casi diez minutos en recorrer los últimos trescientos metros. Varias veces cae al suelo y es ayudado al ver su lastimoso estado. Finalmente cruza la línea de llegada en primer lugar a punto de ser alcanzado por el norteamericano Johny Hayes. La delegación estadounidense presenta allí mismo una reclamación por la asistencia otorgada al italiano, quien es descalificado.

Testigo de excepción de estos hechos fue el enviado especial por el Daily Mail *para esta carrera, que no era otro sino el escritor escocés Sir Arthur Conan Doyle, ya famoso por dar vida a través de su ágil pluma al detective por excelencia, Sherlock Holmes, entre otras muchas creaciones literarias. Conan Doyle aceptó el encargo porque era un gran aficionado al atletismo y al deporte en general y porque*

147

así podía ver la llegada de la carrera del maratón olímpico en una posición privilegiada en el White Stadium.

No fue lo único singular de aquel maratón de 1908. Desde que en 1896 se iniciara la era moderna de los Juegos Olímpicos, la carrera de larga distancia, el maratón, había tenido una distancia variable. En Atenas, en 1896, se corrió entre Maratón y el estadio Panathinaiko, cubriendo una distancia de unos cuarenta kilómetros en recuerdo de la gesta del soldado Filípides en el año 490 a.C., quien, tras la batalla contra los persas, murió por el esfuerzo de llevar a Atenas la noticia de la victoria. No es un dato contrastado, pero para los amantes de las Olimpiadas y de los maratones nos sirve. Después, en los Juegos de París, en 1900, y en San Luis, en 1904, la distancia también rondó los cuarenta kilómetros y algunos metros más.

Pero en 1908, la Princesa María pidió que el comienzo de la carrera se hiciera junto a donde estaban sus hijos en el Castillo de Windsor para que vieran la salida, lo que alargó unos dos kilómetros más la distancia. Luego, en el White Stadium, se puso la meta junto al palco real, con lo que resultaron esos ya famosos 42,195 kilómetros, que es la distancia estándar de la prueba a partir de los Juegos de 1924.

Así pues, ya en la Inglaterra de 1908 encontramos una relación entre el mito del maratón y la literatura, lo cual es algo lógico, ya que la épica, la leyenda y el sufrimiento agónico de los atletas, como el de los ciclistas, son ingredientes sin igual para mezclarlos en buenos textos.

Sin salir de Inglaterra, en 1959 un inglés, Alan Sillitoe, escribió uno de los relatos más hermosos relacionados con el simple acto de correr.

«Nada más llegar al reformatorio me hicieron corredor de fondo de campo a través. Supongo que los tíos pensaron que estaba hecho para ello porque era alto y delgado para mi edad (y todavía lo soy) y, de todos modos, no me importó demasiado, para decir la verdad, porque correr ha sido algo que en nuestra familia se ha hecho mucho, en especial correr para escapar de la policía». Con estas geniales líneas comienza La soledad del corredor de fondo.

El corredor de fondo protagonista es un joven de diecisiete años de origen humilde llamado Colin Smith, encerrado en un reformatorio por un robo en una panadería. Paradójicamente, al joven

Colin le permiten salir a correr en soledad varios días a la semana, ya que ha sido elegido para representar al reformatorio en una carrera campo a través entre internos de todo el país. Durante estos entrenamientos por el campo, Colin nos habla de sus inquietudes y de su rabia ante un sistema que le ha privado de la libertad, libertad que solo siente cuando corre durante esos kilómetros cada día y que le llevan a tomar la drástica decisión de... No, perdón. No se lo cuento. Lean el relato. Lo merece.

Saltando ya en el tiempo, y al otro lado del mundo, es imposible no hablar del japonés Haruki Murakami cuando mezclamos literatura y maratón.

Murakami, habitual candidato al Nobel de literatura, es un tenaz corredor de maratones. En su elegante ensayo sobre su afición a correr, De qué hablo cuando hablo de correr, nos confiesa que correr maratones le permite lograr la fuerza suficiente para escribir sus novelas, algunas de ellas de casi mil páginas. También cuenta su experiencia en un ultramaratón de cien kilómetros, que logró terminar sin caminar ni un momento, como dice con orgullo. A mitad de carrera sufrió una crisis, pero después logró que su cuerpo y su mente fluyeran solos hasta completar la carrera.

Curiosamente a muchos de los que nos han enganchado sus novelas nos suele pasar lo mismo. En la página 200 piensas que «todavía» quedan 800 páginas, pero curiosamente cuando llevas 800 te lamentas de que «solo» queden 200 páginas más. Como en un maratón. Como le pasa al mismo Murakami.

En 1952, Emil Zátopek entró en la leyenda del atletismo al ganar en una semana las medallas de oro de los Juegos Olímpicos de Helsinki en las distancias de 5000 metros, 10 000 metros y en maratón, estableciendo además el récord olímpico pese a su estilo de correr desgarbado y horrible. Es famosa su frase: «Si quieres correr, corre una milla. Si quieres experimentar una vida diferente, corre un maratón».

Zátopek vivió en Checoslovaquia en tiempos convulsos, entre la ocupación alemana y el férreo régimen socialista, y un escritor francés, Jean Echanoz, en 2008 publicó Correr, una bonita biografía novelada, escrita en tiempo presente, en la que apreciamos el tormento de Zátopek, que corría para vivir, para huir de la dictadura sin poder evitar ser un símbolo y un rehén del régimen y que acabó degradado a basurero por no plegarse al poder.

Quizás *podemos considerar* Correr *y* La soledad del corredor de fondo *como los mejores exponentes de la literatura relacionada con el acto de correr como una metáfora de la libertad. Ya lo dice el propio Colin Smith, para quien correr era una distracción que hacía que el tiempo pasara:* «*A veces pienso que nunca he sido tan libre como durante este par de horas en que troto por el sendero de más allá de la puerta*»*. La libertad se la da la soledad de correr.*

Libertad. Si preguntamos a la gente que corre qué es lo que más les empuja a correr durante horas, tal vez la respuesta que más veces oigamos es que correr les hace sentirse libres. ¿O tal vez no?

«*No podían creer que alguien pudiera correr tanto sin ningún motivo especial. Tenía ganas de correr*»*, Forrest Gump dixit. De igual manera se pronuncia Murakami en su ensayo ya citado. No se puede recomendar a nadie que se ponga a correr, como no se puede recomendar a nadie que se haga escritor. Simplemente ocurre. Un día tienes ganas de correr, o de escribir, y te pones a ello, como el sabio Forrest Gump. Él mismo nos dice, además, que sirve para afrontar el futuro:* «*Mamá siempre decía que tienes que dejar atrás el pasado antes de seguir adelante. Creo que fue por eso que corrí tanto*»*.*

Dos ejemplos: Edison Peña, uno de los mineros chilenos atrapados en una mina durante más de dos meses, corrió durante esos días por las galerías. «*Correr para mí es estar libre*»*, dijo. Nelson Mandela corría en sus tiempos de estudiante para olvidar la injusticia que veía en el mundo. Después, durante los largos años de cautiverio, madrugaba para correr sin salir de su celda durante una hora. Ambos eran libres mientras corrían en su encierro.*

Sí. Correr es un acto solitario que nos hace sentirnos libres. Pero correr es el acto solitario más social que hay hoy en día. Millones de personas en todo el mundo se lanzan a las calles a correr. Se crean nuevos grupos de corredores cada día. Se cuentan por miles los participantes en los mayores maratones del mundo. Para muchos es el acto más social en su agenda semanal. Quedan para correr y luego tomar algo con sus compañeros, como lo demuestra el movimiento Beer Runners en muchas partes del mundo.

Hay estudios, ya en la década de los 80, en los que se analizan las razones para el boom de los maratones y que concluyen que la posibilidad de socializar es la mayor motivación de la gente para correr maratones y carreras populares.

Y aquí entramos, gracias a este éxito social del correr, en otra dimensión de los libros sobre el tema. Ya hemos visto que no hay muchos libros realmente literarios que se hayan acercado a este mundo. Pero sí que hay muchísimos libros que responden al fenómeno social de correr, o del running, como se llama ahora.

Atletas de elite han pasado a papel sus vivencias y consejos. Chema Martínez es uno de los más conocidos con su libro No pienses, corre, un libro sencillo, pero de gran tirón entre los corredores que buscan motivación para correr. Otro atleta de élite, el catalán Kilian Jornet, uno de los mejores ultracorredores de montaña del mundo, también tiene un par de libros entre los más leídos. En La frontera invisible y Correr o morir, Kilian, atleta de vida sencilla, habla desde el interior de su ser y nos ofrece un texto intimista y de agradable lectura, alejado de los libros de autosuperación que se limitan a veces a contar una historia personal y a dar consejos para mejorar nuestras vidas corriendo.

Entre este tipo de libros podemos destacar por su popularidad y por estar bien escritos algunos, como el de la repostera televisiva Alma Obregón, A correr, que muestra cómo superó un grave problema gracias a correr; y el del periodista andaluz Rafa Vega, Efecto maratón, donde narra cómo afrontó la suspensión del Maratón de Nueva York en 2012 para lograr su objetivo de recaudar fondos para una causa benéfica. Por supuesto, hay muchos más. Algunos se dejan leer sin más. Otros son libros personales sin gran ambición literaria.

También hay algunos libros que mezclan un análisis técnico sobre el correr con una prosa que engancha y que los hacen amenos y fáciles de leer. Entre estos estarían el del americano Christopher McDougall, Nacidos para correr. La historia de una tribu oculta, un grupo de superatletas y la mayor carrera de la historia, que trata sobre los tarahumaras, una tribu india mejicana, que son capaces de correr durante días; o el de los argentinos Martín De Ambrosio y Alfredo Ves Losada, Por qué corremos. Las causas científicas del furor de los maratones, que mezcla la reflexión con el análisis de diferentes estudios sobre la carrera a pie. Una frase: «En el principio fue el verbo, y ese verbo era correr».

Por último, y gracias a la cada vez mayor difusión del libro digital y de la autoedición, podemos encontrar libros desconocidos que son pequeñas joyas literarias sobre el mundo de los maratones.

151

El mejor ejemplo que he encontrado es el de un libro de relatos, de pequeños cuentos, todos ellos con el maratón como nexo en común, algunos de ellos muy interesantes y bien escritos. El libro se titula Maratón. La vida en cuarenta y dos kilómetros y pico, *y su autor, Antonio J. Cuevas, lo tiene en Internet disponible gratuitamente para* ebook.

En fin. Correr maratones está de moda, dicen. Incluso alguno dice eso de «Tendrás un hijo, escribirás un libro, plantarás un árbol… y correrás un maratón». Mañana se celebra una nueva edición del Maratón de Nueva York, seguramente el más famoso del mundo. Haruki Murakami, como muchas personas, ha corrido esta carrera varias veces. La ciudad de Nueva York tiene el maratón más universal y es también una ciudad cosmopolita que ha enmarcado cientos de historias en la literatura y en el cine. A Murakami le gusta decir, con orgullo, que nunca ha caminado en una carrera, que siempre ha corrido. Él mismo ha dejado escrito su epitafio: «Haruki Murakami, escritor (y corredor), 1949–20**. Al menos aguantó sin caminar hasta el final».

Bueno. Pues sigamos corriendo y leyendo hasta el final.

Correr con frío, con calor, con viento, con cuestas, de noche...

Cualquier persona que empieza en esto de correr y que introduce el *running* en su actividad habitual sabe que, tarde o temprano, le tocará correr cuando la meteorología no sea la ideal para hacerlo. Es imposible preparar una carrera, y mucho menos si es una carrera de fondo, corriendo solo cuando hace buen tiempo. Así que, muchos días nos tocará entrenar o competir con calor, con frío, con viento, con lluvia, etc.

Es cierto que a todos, o a casi todos, nos desagrada correr cuando al mirar por la ventana solo vemos que está jarreando, por ejemplo. Se suele decir que entrenar cuando hace mal tiempo vale el doble, ya que por un lado nosotros hemos entrenado y, por otro lado, muchos de nuestros «competidores» se han quedado en casa. Es una broma, claro, pero en el fondo hay algo de razón en este dicho.

Por supuesto, siempre que podamos, intentaremos evitar las horas de más calor en el verano o esperaremos a que deje de llover a cántaros para salir a correr. Muchos corren en la cinta del gimnasio cuando las condiciones son extremas, pero correr con mal tiempo tiene, para mí, una serie de ventajas, sobre todo si estamos preparando un maratón.

En mis maratones, como es lógico, no siempre he corrido en las condiciones que más me gustan. A mí me va correr con sol y algo de calor (no mucho) antes que con tiempo frío. Pero es imposible correr veinte maratones siempre con buen tiempo, claro está.

Así, en San Sebastián he corrido con lluvia, viento y frío. En Bilbao, Laredo y Vitoria con mucho calor y humedad. En Burdeos he corrido de noche lloviendo. En Nueva York he corrido con frío y en Lanzarote con viento.

Por eso, creo que es importante en la preparación de un maratón correr los días en los que las condiciones no son buenas. Así, si el día de la carrera hace mal tiempo, ya tendremos la experiencia de cómo nos vamos a sentir. Además, la parte mental de un maratón es tanto o más importante que la parte física, y si solo entrenamos con buenas condiciones no estaremos entrenando nuestra capacidad de soportar el sufrimiento, y eso puede ser decisivo para superar los malos momentos de una carrera como el maratón.

Lo que tenemos que aprender es cómo correr bajo las diferentes condiciones meteorológicas que puedan presentarse.

Ante el calor, lo primero que tenemos que hacer es hidratarnos bien. Habrá que beber más agua que en otras ocasiones, tomar sales, protegernos del sol con una gorra y gafas y aplicarnos crema protectora media hora antes de salir. También será conveniente mojarnos con agua la cabeza y la nuca de vez en cuando y, por supuesto, llevar prendas ligeras que sequen rápido.

Si vamos a correr con mucho frío lo más importante será elegir bien la ropa. Aunque correr haga que nuestra temperatura corporal suba, a veces ni corriendo rápido vamos a mantenernos calientes. Un gorro, una camiseta térmica como primera capa, guantes, una chaqueta… Hoy en día tenemos prendas técnicas estupendas para combatir el frío a precios asumibles.

Si el problema al que nos vamos a enfrentar es el viento, lo que tendremos que hacer será simplemente adaptarnos a él ajustando el ritmo. Habrá que olvidarse del ritmo al que habíamos planeado correr y lo que tendremos que hacer será mantener el nivel de esfuerzo, ya que con fuerte viento en contra es imposible correr rápido.

Ante una lluvia intensa lo importante es ver si esta va a ir acompañada de temperaturas bajas o no. Si solo llueve pero hace calor no tendremos muchos problemas, salvo la pérdida de adherencia de las zapatillas en los giros bruscos. Pero si llueve y hace frío, el riesgo de hipotermia se multiplica. Además de un buen chubasquero habrá que vestir alguna capa interna térmica. También será buena idea el darnos antes de salir un masaje en las piernas con alguna crema calentadora.

Si la lluvia se transforma en nieve o granizo tendremos el problema añadido de la peligrosidad porque podremos resbalar y caer. Por tanto, habrá que extremar las precauciones, sobre todo en las curvas y cuesta abajo.

Por último, tendremos que entrenar varios días adaptándonos al terreno y al horario de la carrera que estemos preparando. Si vamos a correr un maratón nocturno habrá que hacer tiradas largas a la misma hora de la carrera. Además, así podremos probar también la alimentación de ese día. Y si vamos a correr una carrera con cuestas, tipo Behobia–San Sebastián, pues habrá que entrenar algunos días en un terreno parecido.

En fin. Una de las ventajas que tiene correr es que lo podemos hacer casi en cualquier lugar, a cualquier hora y en cualquier circunstancia. ¿Por qué limitarnos a correr con buen tiempo?

Correr despacio para correr más rápido

En junio de 2015, tras terminar el reto de los cinco maratones en cinco meses, me hice una prueba de esfuerzo para ver cómo estaba tras esas carreras y el médico me recomendó estar unas semanas entrenando muy suave ya que me encontró una cierta fatiga a nivel cardíaco, con algunas extrasístoles en el electrocardiograma.

Fueron casi dos meses en los que estuve entrenando con el freno de mano echado todo el rato. Tres días a la semana podía entrenar sin pasar de 120 ppm, hasta una hora corriendo o dos horas si era en bici. El resto de los días no podía pasar de 100 ppm, 30 minutos si era corriendo o hasta una hora si era en bici.

Como os podéis imaginar, es muy difícil correr sin pasar de 100 ppm. Iba a unos ocho minutos el kilómetro, casi casi a ritmo de caminar rápido.

Un mes y algo más tarde, me volví a hacer la prueba y el médico ya me dio luz verde para empezar a preparar los siguientes retos del año, que eran el Maratón de los Cuerpos de Marines, en Washington DC, (EE. UU.) el 25 de octubre, y la Behobia–San Sebastián el 8 de noviembre, prueba que hacía muchos años que no la corría y que me hacía ilusión correrla bien.

Como el Maratón de Washington era solo dos semanas antes de la Behobia–San Sebastián y no tenía ningún objetivo de tiempo, me lo tomé tranquilo, como cuando participé en el Maratón de Nueva York, corriendo despacio, sacando fotos y disfrutando de correr por una ciudad muy bonita de ver.

De los datos de la prueba de esfuerzo realizada tras el parón de casi dos meses son de destacar unos cuantos:

— Por un lado, mi Consumo Máximo de Oxígeno (VO_2) que era 58,09 después de correr cinco maratones, resulta que, tras un descanso activo de casi dos meses, se quedó en un excelente 59,07. ¡No había perdido nada de fondo!

— El Punto de Conconi, el umbral anaeróbico, subió a 142 ppm, de los 140 ppm de junio, y la potencia que muevo en ese punto solo bajó de 3,96 w/kg en junio a 3,86 w/kg.

— La Potencia Máxima Mantenible también subió de 4,68 w/kg de febrero a 4,92 w/kg.

— También mejoró la Potencia pico, que ahora era 808 w, 12 w/kg, y que en junio era 780 w, o sea, 11,81 w/kg.

— Y la recuperación en 1 minuto mejoró de un valor de 23 pulsaciones en junio a 27 pulsaciones.

Conclusiones

Tras unos meses de «castigar» al cuerpo enlazando cinco maratones, el estar casi dos meses al ralentí no solo me permitió recuperar el cuerpo de la paliza, sino que mejoró mis datos fisiológicos para el deporte. Una manera inmejorable para comenzar un nuevo ciclo de entrenamientos para el resto del año.

Una vez más queda clara la importancia del descanso en cualquier plan de entrenamiento. Descansar es entrenar, es más, es una de las partes más importantes del entrenamiento, ya que sin descanso no damos tiempo al cuerpo a asimilar el trabajo y no tendremos mejora. Si estamos cansados lo normal es descansar. Si seguimos entrenando con malas sensaciones al final nos vamos a encontrar con una fatiga importante, con posibles arritmias y tal vez problemas más serios si no descansamos. Y luego, necesitaremos mucho tiempo de recuperación, y para cualquiera que le guste hacer deporte estar mucho tiempo parado es siempre una mala noticia.

Si el cuerpo y el sentido común nos piden descansar hay que hacerlo. Como suelo decir siempre, todo no suma, hay entrenamientos que restan.

Al hilo esto, me viene a la cabeza este dicho del mundillo ciclista de que no mata la bala, sino que mata la velocidad. Si alguien me tira con la mano una bala me puede hacer daño si me da fuerte en un ojo, pero si me la dispara con una pistola me puede matar.

Y es una frase que tiene todo el sentido si hablamos de deportes de resistencia, como el ciclismo o el atletismo de fondo. En un Tour de Francia o en una Vuelta a España, por ejemplo, por muy dura que sea una etapa sobre el papel, con multitud de puertos encadenados y con un desnivel positivo acumulado considerable, si los ciclistas deciden tomársela con calma nunca va a ser una carrera exigente. Sin embargo, una etapa corta y llana disputada a mil por hora y con continuos ataques resultará extenuante.

En el *running* pasa lo mismo. Podemos hacer un rodaje de diez kilómetros tranquilos, de charla con los amigos, y nos resultará un paseo suave. Sin embargo, si corremos un 10k intentando batir nuestra MMP llegaremos a la meta al límite de nuestras fuerzas.

En italiano se dice, y con mucha razón, que «chi va piano va sano e va lontano». Esto es, si vamos despacio llegaremos lejos.

Viene esto a cuento porque las carreras de fondo, sobre todo ya de medio maratón en adelante, normalmente nos dan mucho respeto (o miedo directamente, para qué engañarnos). Por supuesto, hacemos bien en no perderles el respeto. No podemos enfrentarnos a una carrera de este tipo sin habernos preparado. Pero, cualquiera se dará cuenta de que no es lo mismo correr un maratón a ritmo moderado, simplemente buscando llegar a la meta enteros, que correrlo buscando nuestra MMP en la distancia.

Si estamos preparados bien, con mucho fondo, con nuestras reservas de glucógeno altas y comiendo y bebiendo de manera inteligente durante la prueba, corriendo a un ritmo moderado para nosotros, es casi seguro que vamos a tener éxito en el maratón, entendiendo por éxito el terminarlo enteros y con buenas sensaciones.

Sin embargo, con la misma preparación, si hasta la mitad de carrera vamos a un ritmo muy por encima de nuestras posibilidades, seguro que en algún momento antes de la meta vamos a reventar y tendremos que bajar mucho el ritmo o incluso caminar a ratos.

Es bueno no olvidar la frase de Manfred Steffny, maratoniano olímpico alemán, ya citada antes: «El maratón es el arte de saber esperar». Es cierto que un maratón es una carrera y como en cualquier carrera, normalmente de lo que se trata es de correr lo más rápido posible. Pero también es muy cierto en este caso ese sabio refrán que dice que las prisas nunca son buenas consejeras.

¿Solo dos maratones al año? ¿Por qué?

Hay un dicho muy extendido entre los corredores que afirma que no se deben correr más de dos maratones al año espaciados convenientemente en el tiempo.

Bueno. Es cierto que los maratonianos de elite solo disputan dos maratones al año. ¿Pero cuántos corren realmente? ¿Vale lo mismo esta máxima de dos maratones por año si solo quieres terminarlos? ¿Qué pasa con los corredores de ultras, o con los triatletas de distancias largas, que a veces completan un maratón como un entrenamiento más? ¿O qué pasa con corredores como el japonés Yuki Kawauchi, quien desde 2009 hasta 2018 lleva disputados 86 maratones todos ellos en menos de 2 h 24 min, doce de ellos sub 2 h 10 min, venciendo en treinta y cinco ocasiones, incluyendo Boston?

Los corredores profesionales normalmente disputan dos maratones al año porque toda su preparación está encaminada a rendir al 100 % en esas carreras. Y hoy en día, con el volumen de entrenamientos que se meten entre pecho y espalda los maratonianos de élite, y la intensidad de muchos de esos entrenamientos, parece claro según los entrenadores que correr al 100 % más de dos maratones les mermaría en la consecución de la mejor marca posible, que normalmente es el objetivo de estos corredores (y no solo el ganar la carrera).

Y digo hoy en día, porque si vamos a la prehistoria del maratón nos encontramos que muchos atletas de principios del s. xx hacían giras por EE. UU. y Europa corriendo varios maratones al mes durante varios meses seguidos casi como exhibición, con carreras en recintos cerrados llenos de espectadores que inundaban las salas con el humo de sus cigarros (y no haciendo malas marcas, por cierto).

Pero si vemos el volumen de kilómetros por semana que se meten los atletas de élite, muy por encima de 250 kilómetros en muchos casos, nos damos cuenta de que muchos días enlazan varios entrenamientos que, en total, superan la distancia de un maratón. E incluso hacen tiradas largas de cuarenta o más kilómetros en poco menos de dos horas y media, a un ritmo algo «lento» para ellos.

Si buscamos en Internet y ponemos en Google «Cuántos maratones correr al año», llegamos a muchos enlaces de páginas web dedicadas al atletismo. Un rápido vistazo por estos artículos (algunos escritos por entrenadores y corredores de renombre) nos muestra que la conclusión de casi todos ellos es la misma: solo se deben «disputar» dos maratones al año y dejando un buen margen de tiempo entre ellos.

Vale. No lo voy a discutir. Si un maratoniano popular quiere rondar o mejorar su MMP en cada maratón en el que participa, parece claro que debe hacer como máximo uno cada seis meses. Así puede preparar cada uno con un plan específico de entrenamiento de varios meses y tras la carrera tiene tiempo a recuperarse bien para empezar de nuevo el plan para el siguiente maratón.

Ahora. ¿Qué pasa con los corredores muy experimentados y con muy buena adaptación a los esfuerzos del maratón y su entrenamiento? Quizás para ellos se puede acortar el tiempo de espera entre maratón y maratón, incluso aunque los disputen a tope. Conozco a más de uno que ha corrido dos maratones con dos meses, o menos, de diferencia y en ambas carreras mejoró su MMP o la rozó.

¿Y qué ocurre con los miles de maratonianos populares que en la mayoría de los maratones en los que participamos solo queremos llegar a la meta habiendo disfrutado del placer de correr larga distancia?

Hay quien afirma que si no sales a darlo todo en un maratón no estás «corriendo» un maratón. No puedo estar más en desacuerdo. En España es cierto que muchos maratonianos tienen como objetivo en cada maratón que corren hacerlo lo más rápido posible. De hecho España, como he dicho antes, es el país del mundo en el que el tiempo medio de los maratones es más rápido. Pero si corres en otras partes del mundo, como en EE. UU., verás que allí la gente se toma los maratones con otra filosofía y llegar a la meta es por sí mismo un objetivo.

Creo que en estos casos la máxima de dos maratones al año no tiene tanto sentido. Si eres una persona con un largo historial deportivo, que lleva corriendo con asiduidad varios años, que se hace chequeos anuales sin que tenga ninguna patología no compatible con el deporte y que conoce bien cuál es su ritmo para terminar un maratón sin desgastarse mucho, pienso que de vez en cuando no hay ningún problema por enlazar varios maratones en un tiempo relativamente breve entre ellos.

Y no me meto en el tiempo empleado en acabar la carrera (siempre dentro del máximo que dé el reglamento), porque hay personas que pueden correr un maratón en 3 h 30 min dándolo todo (para quienes acabar en 4 horas es ir tranquilo) y otros para los que acabar en 4 h 30 min es forzar su ritmo demasiado.

En mi experiencia como maratoniano, he enlazado dos o más maratones en pocas semanas en varias ocasiones.

En 2013, tras el Maratón de Nueva York corrí el de San Sebastián tres semanas después. En Nueva York corrí muy tranquilo en 4 h 33 min, sacando fotos y sin apretar. A pesar de todo sufrí algunos calambres en las piernas. Luego, tras tres semanas de medio descanso, en San Sebastián bajé de 4 horas (3 h 59 min) y corrí con unas sensaciones mucho mejores que en Nueva York.

En 2015 entre febrero y junio enlacé cinco maratones, como he comentado antes. El tiempo entre ellos varió de tres a cinco semanas y las sensaciones también cambiaron mucho de unos maratones a otros. En esta ocasión lo que determinó cómo me sentí en estas carreras fue que, en el primero, en Sevilla, corrí a por mi MMP (me quedé a tres minutos con 3 h 42 min). Mientras en 2013 los dos maratones seguidos los corrí sin apretar, en 2015 llegué al de Barcelona en marzo tres semanas después de correr a tope en Sevilla, en lo que fueron mis dos primeros maratones del reto «5x5 Maratones». Esto, claro está, me provocó que en Barcelona, ya desde el kilómetro 20, me notara cansado y me costó terminarlo en 4 h 14 min.

También, dentro del reto «5x5 Maratones» enlacé en tres semanas Burdeos y Vitoria, con un tiempo final en Burdeos de 4 h 17 min y en Vitoria–Gasteiz de 4 h 6 min.

Entre Barcelona y Burdeos y entre Vitoria y Laredo tuve entre cuatro y cinco semanas de separación y, aunque aún me quedaba algo de fatiga por la acumulación de maratones, las sensaciones fueron mucho mejores, ya que solo los corrí para terminarlos.

En 2016 corrí Berlín y San Sebastián con dos meses entre ellos. En Berlín también salí a intentar MMP, aunque no lo logré, y luego en San Sebastián corrí muy cómodo en 3 h 54 min. Dos meses me bastaron para recuperar perfectamente.

En abril de 2017 corrí el Maratón de Madrid en 4 h 5 min con comodidad y mes y medio después también corrí muy cómodo el Beer Lovers' Marathon en Lieja en 4 h 20 min. A finales de ese año enlacé en tres semanas el Maratón de Valencia (3 h 50 min) y el de Lanzarote (4 h 3 min). En esta ocasión, en Lanzarote, se me hizo algo duro, pero hay que tener en cuenta que en la segunda parte de la carrera hizo viento en contra y además hay cuestas.

Ya en 2018 corrí con muy poca diferencia de tiempo entre ellos el Marathon des châteaux du Médoc, a primeros de septiembre, y el de Nueva York el 4 de noviembre. Y seguido de Nueva York, corrí tres semanas después en San Sebastián, como hice en 2013.

Como veis, según las características de cada uno y los objetivos que tengamos en cada maratón, no es algo complicado el correr varios maratones al año. Eso sí, no es algo recomendable para todo el mundo. Hay que conocerse bien para hacerlo con salud.

Añado a continuación el entrenamiento que hice entre maratones las cinco veces que he corrido dos en un intervalo de tres semanas:

Nueva York (4 h 33 min 40 s) – San Sebastián 2013 (3 h 58 min 56 s):
— **Primera semana:** Descanso total hasta el viernes incluyendo un masaje. Viernes 30 min carrera suave. Domingo 1 h 6 min, a ritmo medio.
— **Segunda semana:** Miércoles 45 min, suaves. Jueves 1 h a ritmo medio. Viernes 26 min, suaves. Domingo 1 h 15 min, con 10 km algo fuertes en el entrenamiento.
— **Tercera semana:** Martes masaje, miércoles 34 min, suaves, viernes 27 min, suaves. Domingo maratón a ritmo conservador con buenas sensaciones.

Sevilla (3 h 42 min 24 s) – Barcelona 2015 (4 h 14 min 14 s):
— **Primera semana:** Descanso total hasta el sábado, incluyendo un masaje. Sábado 22 min en cinta, suaves. Domingo 1 h 11 min, algo más fuerte.

— **Segunda semana:** Martes 53 min, suaves. Miércoles 1 h 20 min, con 3x15 min. Viernes 35 min, suaves. Sábado 1 h 45 min de bicicleta suave. Domingo 47 min, suaves.
— **Tercera semana:** Martes masaje. Miércoles 33 min, suaves. Viernes 41 min, suaves. Domingo, maratón con sensación de cansancio.

Burdeos (4 h 17 min 9 s) – Vitoria 2015 (4 h 6 min 15 s):

— **Primera semana:** Descanso total hasta sábado incluyendo un masaje. Sábado, 34 min suaves, domingo 1 h 7 min, algo más fuerte.
— **Segunda semana:** Martes 33 min suaves, jueves 1 h 2 min suaves, viernes 1 h 2 min con series cortas suaves, domingo 1 h 23 min suaves.
— **Tercera semana:** Lunes 40 min suaves, miércoles masaje, viernes 33 min suaves y el domingo maratón.

Valencia (3 h 49 min 58 s) – Lanzarote 2017 (4 h 3 min 29 s):

— **Primera semana:** Descanso hasta viernes, incluyendo masaje. Viernes 24 min suaves, sábado 1 h 6 min a ritmo medio, domingo 38 min, suaves.
— **Segunda semana:** Miércoles 53 min, con 3x500 m, viernes 33 min fuerte (para no congelarme, por una fuerte granizada que me pilló), domingo 1 h 20 min a ritmo tranquilo en la carrera con cuestas «Balmaseda–Zalla–Balmaseda».
— **Tercera semana:** Masaje el lunes, martes 20 min suaves, jueves 20 min suaves, viernes 30 min suaves y el sábado, maratón a ritmo no exigente terminando algo justo al final.

Nueva York (4 h 34 min 24 s) – San Sebastián 2018 (4 h 33 s):

— **Primera semana:** Descanso total hasta el viernes, incluyendo un masaje. Viernes 30 min, carrera suave. Sábado, un fondo aeróbico de 1 h 12 min, con alguna cuesta. Domingo 56 min a ritmo medio. Sensación de cansancio en toda la semana.
— **Segunda semana:** Martes 1 h 10 min a ritmo medio, con buenas sensaciones, miércoles 60 min con tres cuestas de 1 km, jueves 1 h 8 min a ritmo progresivo terminando fuerte, viernes una hora y media de senderismo suave, sábado 1 h 23 min a ritmo progresivo terminando fuerte. Buenas sensaciones toda la semana.
— **Tercera semana:** Lunes masaje, miércoles 34 min suaves, jueves 34 min suaves con tres aceleraciones fuertes, sábado 17 min muy suaves y domingo maratón con cansancio al final.

Correr no está de moda
(ni el *running* tampoco)

Desde hace un tiempo no hago más que leer aquí y allí que correr es una moda. Lo leo en revistas y en periódicos generalistas, que hablan de la moda de correr como si hablaran de algún tipo de prenda o calzado o de un local de copas en el centro, pero también lo leo en foros especializados donde muchos de nuestros compañeros del asfalto comentan, a veces incluso en tono despectivo, que correr se ha puesto de moda y que debido a ello hay gente que corre pero que en realidad no son verdaderos corredores.

Estoy muy en desacuerdo con este punto de vista. En primer lugar, porque sinceramente creo que correr no es una moda.

¿Qué es una moda? Esta debería ser la pregunta para saber de qué estamos hablando.

Según el Diccionario de la Real Academia de la Lengua, moda es, en su primera acepción, «uso, modo o costumbre que está en boga durante algún tiempo, o en determinado país». Y también define «estar de moda» como algo que en un momento determinado goza de destacada aceptación.

Está claro, entonces, que correr sería una moda si fuese algo que hubiera estado en boga durante algún tiempo. Y si hablamos de estar en boga «algún tiempo» no creo que estemos hablando de muchos años, sino de unos meses o unos pocos años, a partir de los cuales ese uso, modo o costumbre desaparece o pasa a ser una actividad minoritaria de la que apenas se habla.

Pero, como todos lo hemos podido comprobar, correr es una actividad deportiva (diría que en la mayoría de los casos lúdico–deportiva) que desde hace muchos años tiene muchos practicantes y sigue subiendo. Por lo tanto, podemos concluir que correr no está de moda, sino que es algo que ya está incluido en nuestra vida habitual, como lo está el salir a tomar unas cañas con los amigos o ir a la playa en verano.

Algunos datos que corroboran esto los podemos encontrar si vemos las estadísticas de participación en las carreras.

En el blog *La república del running* («running», luego hablaré de este término), encontré un gráfico muy ilustrativo en el que se ven los datos de participación de los maratones españoles entre 2008 y 2013. En esos años en España hubo un crecimiento de participantes en los maratones de un 101 %, más del doble de participación en solo seis años, mientras que en EE. UU. el crecimiento en ese periodo fue de un 27 %. Ojo, el crecimiento en EE. UU. es menor en porcentaje, pero es que hablamos de cifras muy altas, por lo que el porcentaje no es tan alto. Además, en EE. UU. el *boom* de los maratones se dio en los años 80–90, y en España se ha dado en los últimos quince años. Y si algo crece sin parar durante quince años no podemos hablar ya de una moda.

Como ejemplo, si vemos los datos de participación del Maratón de Barcelona, también se da un crecimiento casi continuo desde el año 2005, que no se celebró, hasta el récord en 2016. En los años anteriores el número de participantes fue más estable, salvo los primeros años en los que creció rápidamente y el año 1992, donde el efecto de los Juegos Olímpicos sí que provocó un ascenso muy grande ese año.

Así que no nos engañemos. Correr no está de moda, es algo que ya nuestra sociedad ha interiorizado como parte de nuestra vida. Un deporte de moda puede ser el *aquazumba* o el *aquabiking*, que ya veremos quién los practica dentro de diez años. Pero correr... No, definitivamente no es una moda.

Y, además, si una moda hace que la gente tenga una vida más sana y saludable, que haga deporte y que haga más vida social, pues bienvenida sea esa moda.

A veces oigo o leo comentarios de corredores con años de experiencia que parece que menosprecian a los que se han sumado últimamente a correr, ya que, dicen, los nuevos salen a correr porque es guay ir vestido de fosforito, con GPS en la muñeca, auriculares de última generación, ropa técnica cara, etc. Como si esto fuera un pecado y como si los nuevos compañeros cometieran una profanación contra el noble ejercicio de correr.

Paparruchas (como diría un amigo mío). Los que corríamos hace varias décadas no somos mejores corredores o más puristas que los que han empezado a correr hace poco. No. Simplemente somos más viejos. Y si no usábamos ropa técnica, relojes con pulsómetro y GPS, etc., símplemente era porque no los había entonces. Ojalá tuviera los datos de mi pulso y de mis tiempos de paso de mi Maratón de Barcelona'96, donde tuve una de mis mayores pájaras, o de mi Maratón San Sebastián'97, donde hice mi MMP, para compararlos con los datos que tengo ahora de mis últimos maratones. Sería muy interesante para mí. Y ojalá pudiera saber cuántos kilómetros corría ya en los 70 dando vueltas a mi colegio en los recreos.

Otro de los males que achacan algunos a que, según ellos, correr sea una moda es lo relativo a las carreras y a su precio, diciendo que se han vuelto un negocio.

Yo no estoy de acuerdo. A todos nos gusta que haya gente que organice carreras. Y sí, las antiguas carreras de barrio o de pueblo eran baratas y eran relativamente sencillas de organizar. Pero hoy en día, además de las carreras de barrio y de pueblo, hay carreras cuya organización solo puede ser asumida si se hace de un modo profesional por el volumen de trabajo que requiere su organización.

Y si son un negocio, ¿a quién le importa? Más carreras, más oferta, más donde elegir. Nos apuntaremos a las que nos gusten y a las que veamos que su precio está acorde a lo que ofrecen. Y si alguien está seguro de que organizar una carrera es un buen negocio, pues que organice una.

Y como os he dicho que os iba a hablar del *running*, aquí va mi opinión respecto al uso de este término inglés para llamar al deporte que practicamos.

Efectivamente en castellano existe el verbo correr. Y podemos decir perfectamente que somos corredores sin tener que decir que somos *runners*.

Pero, para mí, decir que soy corredor no matiza lo suficiente el deporte que practico. También salgo en bici, y si estoy con mis amigos ciclistas o cicloturistas y estamos hablando de corredores todos pensamos sin ninguna duda de que hablamos de ciclistas, ya que en las carreras ciclistas a los participantes se les llama también corredores.

Luego está el nombre en sí del deporte, el sustantivo que lo define.

Yo soy ciclista. Yo hago ciclismo.

Yo soy montañero. Yo hago montañismo.

Yo soy corredor (a pie). Yo hago... Vaya. No sé cómo llamar a lo que hago. No puedo decir «Yo hago correr», porque gramaticalmente es una frase mal hecha. Y no me vale con decir «yo corro» como si a hacer ciclismo le llamáramos «yo pedaleo».

En castellano podría decir «Yo hago pedestrismo», término que designa al conjunto de deportes pedestres (DRAE). Pero si en una carrera digo que hago pedestrismo pensarán que nací hace un siglo o así. También podría decir que hago atletismo, que es como el DRAE llama al conjunto de actividades y normas deportivas que comprenden las pruebas de velocidad, saltos y lanzamiento (curiosamente no incluye las pruebas de fondo). Pero, aunque técnicamente podría llamarme atleta y decir que hago atletismo, no creo que ese sea el término más preciso para los que corremos pruebas populares, ya que el atletismo implica en cierta manera la competición, como el ciclismo frente al cicloturismo, que no es hacer turismo en bicicleta, sino practicar el deporte del ciclismo, pero sin competir en carreras.

Por todo esto, a mí no me parece mal el llamar *running* a lo que hacemos y a definirnos como *runners*. Curiosamente los más fervientes detractores de estos términos ingleses no tienen ningún reparo en llamar fútbol al balompié. Ya casi nadie dice balompié, pero curiosamente se dice mucho más baloncesto que *basketball*. Esto es debido a la forma que tiene el lenguaje de asentarse entre los hablantes. Hay términos que tienen éxito y otros no. Y otra cosa. Curiosamente muchos comentarios que leo contra el término *running* por ser un barbarismo innecesario están acompañados de muchas faltas de ortografía, como no distinguir un «cómo» de un «como», o de poner «hechar» en vez de «echar». Coherencia, por favor.

En fin. Que ni correr ni el *running* están de moda. Así que dejemos de hablar del sexo de los ángeles y salgamos a correr, que ya va siendo hora.

Maratón sub 2 horas

A todos los amantes del deporte, sobre todo del maratón, nos interesó mucho el proyecto *Breaking2* para intentar bajar de las dos horas en un maratón que llevó a cabo un gran equipo de personas bajo el patrocinio de la empresa americana Nike. Este proyecto se inició tiempo atrás y tuvo su punto culminante en mayo de 2017 en el circuito de velocidad de Monza, Italia, cuando Eliud Kipchoge paró el cronómetro en un increíble registro de 2 h 25s, bajando en más de dos minutos y medio el récord mundial vigente en ese momento en poder de Dennis Kimetto de 2 h 2 min 57 s, establecido en Berlín el 28 de septiembre de 2014.

Ya sé que este proyecto *Breaking2* no pretendía establecer un nuevo récord mundial, puesto que para que se homologue una marca en maratón se debe conseguir en unas condiciones determinadas, en una carrera oficial, en un circuito urbano, etc. Lo que se busca con este proyecto es saber si el cuerpo humano, en condiciones ideales, puede correr un maratón en menos de dos horas. Las condiciones ideales con las que se corrió en Monza fueron, entre otras: un circuito llano y sin curvas cerradas, liebres relevándose marcando un ritmo predeterminado en cada tramo y protegiendo del viento a los corredores que iban a intentar bajar de las dos horas, un coche abriendo la carrera al ritmo buscado y que proyectaba una línea por detrás que era la guía para mantener la misma velocidad todo el rato sin que las liebres tuvieran que concentrarse en el ritmo, avituallamientos a la carta, etc. Además de todo esto, se eligió un día con la temperatura adecuada y sin viento.

Pero, aunque no se busque el récord oficial, es una empresa muy complicada en la que trabajan conjuntamente médicos deportivos, entrenadores, fabricantes de material, nutricionistas, y muchos más profesionales de todos los sectores involucrados. Da lo mismo si al final se consigue o no superar la marca mítica de las dos horas. Con todo este trabajo se están logrando mejoras en todos los ámbitos que son extraordinariamente interesantes para todos los amantes del entrenamiento, de la medicina deportiva, de la fisiología del deporte, del material, etc.

En 2016 se publicó un interesante libro sobre este tema titulado precisamente *Dos horas: En busca del maratón imposible*, escrito por un periodista británico, Ed Caesar. En este libro se ofrece mucha información sobre la historia de lo que es hoy el maratón y se dan muchos datos sobre los grandes maratonianos del momento. El objeto del libro es, por supuesto, analizar si a corto o medio plazo veremos algún día a alguien terminar un maratón por debajo de las dos horas.

Es cierto que bajar 2 minutos y 57 segundos al récord mundial es un mundo. Pero claro, cuando el récord estaba rondando 2 h 7 min en los años 80, parecía imposible bajarlo hasta 2 h 5 min, cosa que ahora lo hacen muchos maratonianos de elite desde que Paul Tergat lo dejara en 2 h 4 min 55 s en 2003, también en Berlín.

Por ello, desde que varios equipos formados por entrenadores, médicos, corredores y otros soñadores empezaron a trabajar para que en un futuro (quién sabe si cercano o lejano) un corredor llegue a la cifra mágica de 1 h 59 min 59 s, es un tema recurrente en el atletismo y un motivo de debate entre los que dicen que es imposible para el cuerpo humano correr tan rápido y los que no se cierran a que la mejora en los entrenamientos y en el material (zapatillas y asfalto) lleve a conseguirlo.

El libro *Dos horas* comienza, como he dicho, explicando cómo se fue forjando en las primeras décadas del s. xx lo que hoy entendemos por un maratón: una carrera de 42 195 metros, que se corre sobre calles asfaltadas en ciudades y en las que participan simultáneamente los mejores corredores del mundo y miles de corredores populares.

Nos lleva, también, a entender cómo vive un maratoniano de elite de los que hoy en día dominan estas carreras, siguiendo el día a día de Gooffrey Mutai, quien corrió el 18 de abril de 2011 en Boston, el maratón más antiguo del mundo, en un tiempo de 2 h 3 min 2 s, que no se consideró récord mundial porque el recorrido del Maratón de Boston tiene un desnivel negativo superior a lo permitido para ser homologado para los récords.

En el libro se trata igualmente de las posibles causas por las cuales los atletas kenianos sean hoy en día los grandes dominadores del panorama del maratón profesional, aunque sin llegar a una conclusión definitiva (puede que porque no la haya).

También aprendemos con la lectura del libro cómo funciona el circuito de los *majors* (los seis mejores maratones del mundo) de cara a los profesionales, su programación de carreras anual y su retribución económica por correrlos y ganarlos.

Ed Caesar no pasa por alto tampoco el asunto del dopaje en el deporte, y en el libro expresa su opinión y la de otros (entrenadores, médicos, etc.) sobre si se podría bajar de las dos horas sin hacer trampas.

Finalmente leemos sobre qué circunstancias se deberían dar para que una persona lograra bajar de las dos horas: cómo debería ser el recorrido, cómo deberían correr las liebres, qué estrategia habrían de seguir los corredores en ese hipotético intento, qué época sería mejor, etc. Todos estos factores, y muchos más, son los que se tuvieron en cuenta a la hora de llevar a cabo el intento de Monza en abril de 2017.

Quizás este último capítulo es el que menos a fondo se mete. Hasta aquí el libro es interesante y con su lectura aprendí muchas cosas que no sabía. Pero cuando llega a la parte más importante de explicar qué se necesita hacer para batir esa marca desde el punto de vista del entrenamiento y de la fisiología del deporte del maratón, el libro se queda cojo, a mi parecer.

Lo que nos cuenta ya lo había leído en algunos artículos en revistas de atletismo, y creo que en un libro que se centra en bajar de las dos horas en el maratón se debería haber profundizado mucho más exponiendo los avances en la medicina deportiva y en los métodos de entrenamiento que pueden servir para creer que algún día un corredor bajará por fin de las dos horas.

También hay un tema del que no trata el libro y que tiene mucho interés desde el punto de vista fisiológico del récord del mundo. Es el tema de uso de los potenciómetros en el atletismo, que ya he tratado en estas páginas.

En el libro *The Secret of Running*, de Hans van Dijk y Ron van Megen, corredores populares holandeses y expertos en fisiología del atletismo, analizan todos los aspectos de la potencia aplicada al atletismo. Entre los múltiples datos que ofrecen, hay una interesante tabla en la que se comparan los diferentes récords mundiales en todas las distancias de fondo respecto al ratio potencia/peso de los atletas que ostentan esos récords y a su equivalencia en el FTP (*Functional Threshold Power* o Umbral de Potencia Funcional, en castellano).

La tabla (actualizada en el blog de la página web de Training Peaks en enero de 2018) es esta[4]:

Distancia	Récord	Atleta	P w/kg	FTP w/kg
1500 m	3 min 26 s	Hicham El Guerrouj	7,93	6,50
3000 m	7 min 20,67 s	Daniel Komen	7,32	6,32
5000 m	12 min 37,35 s	Kenenisa Bekele	7,06	6,33
10 000 m	26 min 17,53 s	Kenenisa Bekele	6,74	6,36
15 km	41 min 13 s	Leonard Komon	6,41	6,24
20 km	55 min 21 s	Zersenay Tadese	6,35	6,32
21,1 km	58 min 23 s	Zersenay Tadese	6,36	6,34
25 km	1h 11 min 18 s	Dennis Kimetto	6,14	6,22
30 km	1 h 27 min 38 s	Emmanuel Mutai	5,98	6,14
42,2 km	2 h 2 min 57 s	Dennis Kimetto	5,99	6,30

Fuente: Hans van Dijk & Ron van Megen

Como se ve, casi todos los récords (salvo el de 1500 m) están logrados desarrollando una potencia equivalente a un FTP de poco más de 6,30 w/kg. Los récords que quedan por debajo de esta cifra son los de distancias que no se diputan mucho (15 km, 25 km y 30 km), por lo que tal vez sean récords que aún no han llegado a sus límites. Sin embargo, en los demás récords, incluyendo el de maratón, las cifras rondan lo que para estos autores es el límite humano, que sería un hipotético FTP de 6,41 w/kg.

Según esto, parecía muy difícil que en un maratón oficial se bajara mucho del récord de Dennis Kimetto. Respecto a llegar a las

---

4 En esta tabla no está incluido aún el análisis del nuevo récord de Kipchoge de septiembre de 2018. Sin embargo, según la calculadora que sus autores tienen en su web *The secret of running*, el FTP w/kg equivalente al nuevo récord mundial sería de 6,41 w/kg, en el límite de lo humanamente posible según ellos. Para otros autores, como Steve Palladino, la eficiencia de carrera de Kipchoge hace que este valor sea menor a los 6,41 w/kg.

dos horas, tal vez se pueda rebajar el récord, pero es poco probable que alguien en circunstancias normales se acerque a las dos horas en un maratón oficial, al menos a medio plazo.

Sin embargo, el 16 de septiembre de 2018 asistimos a la consecución de un nuevo récord mundial en maratón por parte del que seguramente es el mejor maratoniano de la historia, Eliud Kipchoge, que lo dejó en una estratosférica marca de 2 h 1 min 39 s. Bien. Es cierto que el mordisco al récord de Kimetto es considerable, y muy inesperado, pero queda todavía mucho camino para bajar de dos horas, si es que se consigue algún día.

De todas formas, si os interesa saber más sobre estos temas, os recomiendo la lectura del libro de Ed Caesar, así como la del libro de Hans van Dijk y Ron van Megen (no está traducido aún al castellano). No os van a ayudar a bajar vuestra marca en maratón (y mucho menos a acercaros a las dos horas) pero os resultarán unas lecturas muy interesantes y veréis con otros ojos a los corredores profesionales.

Africanos y maratón: ¿Solo genética?

En el Maratón de Londres de 2016, un keniano, Eliud Kipchoge, rozó el récord del mundo con 2 h 3 min 5 s. Hay que ir al octavo puesto para encontrar al primer corredor no africano, el escocés Callum Hawkins (2 h 10 min 52 s). La primera mujer fue la keniana Jemima Sumgong. La primera europea, la bielorrusa Volha Mazuronak, quedó cuarta.

En el Maratón de Madrid, por su parte, otro keniano, Peter Kiptoo Kiplagat, ganó ese mismo día con un tiempo de 2 h 11 min 44 s. En mujeres la etíope Askale Alemayehu se impuso con 2 h 33 min 8 s.

Si miramos los veinte mejores tiempos en la historia del maratón, son trece atletas africanos los hombres poseedores de esas veinte marcas. En mujeres domina la británica Paula Radcliffe[5], pero entre las trece atletas que ostentan las mejores veinte marcas de todos los tiempos, solo hay tres mujeres no africanas.

Si vemos quiénes ganan los mejores maratones a nivel mundial, prácticamente la mayoría son atletas africanos, de Kenia y Etiopía, sobre todo.

Curiosamente, si miramos la nacionalidad de los ganadores, tanto en hombres como en mujeres, en el maratón de los Juegos Olímpicos en la historia, no hay un dominio tan aplastante de atletas de África.

---

5   La Federación Internacional de Atletismo reconoce dos récords femeninos: el de Paula Radcliffe, de 2 h 15 min 25 s en el Maratón de Londres de 2003, en una carrera conjunta con atletas masculinos; y el de Mary Kaitani, de 2 h 17 min 1 s en el mismo maratón en 2017, pero en una carrera solo para mujeres.

A la vista de todos estos datos, podríamos pensar que los atletas africanos, sobre todo los que vienen de los países de la zona de África del Este, como Kenia, Etiopía o Somalia, cuentan con alguna ventaja genética que les permite dominar las carreras de fondo en todo el mundo. Siempre se ha hablado de que son corredores de zonas de gran altitud, de composición más delgada que otros atletas, con piernas finas, etc. En fin, que cuentan «de serie» con una batería de ventajas fisiológicas a la hora de correr muchos kilómetros a gran velocidad de manera eficiente.

¿Pero realmente esto es así? ¿Se puede achacar el éxito de estos atletas solo a que están más dotados físicamente para este deporte que las demás personas de todo el mundo? Veamos.

Un estudio a gran escala en el que se analizaron datos de más de 1500 atletas de países como Australia, Kenia, Etiopía, Japón, Polonia, Rusia y España, incluyendo a muchos plusmarquistas del mundo y, en general, a los mejores de cada país, concluyó que no hay diferencias entre ellos y el resto de la población mundial.

«No hemos encontrado ninguna secuencia de ADN que diferencie a un atleta de un individuo sedentario de control», explicó Claude Bouchard, autor principal del trabajo.

Para disponer de una muestra lo suficientemente grande como para ser representativa, Bouchard y científicos de once países crearon GAMES, un gran consorcio internacional para investigar el genoma de atletas de elite especialistas en pruebas de resistencia como el maratón. En el estudio está también Alejandro Lucía, investigador de la Universidad Europea de Madrid. El genoma de todos esos atletas se comparó con 2700 personas no deportistas, en cada uno de los países analizados, en busca de marcadores genéticos de superioridad física sin que se hallara nada significativo que diferenciara a atletas de las personas normales del control.

«No hay duda —dice Bouchard— de que tiene que haber variantes genéticas claves para alcanzar los podios mundiales. El cambio de paradigma que muestra este estudio es que se trata de muchas variantes poco comunes, cada una con un efecto muy pequeño en el rendimiento, por lo que ha sido imposible encontrarlas incluso con el mayor estudio de este tipo hecho hasta la fecha». «Es un hallazgo muy importante que nos está diciendo que tenemos que dar un giro de 180 grados a nuestra forma de pensar», resume Bouchard.

Entonces, ¿por qué ganan siempre ellos?

Yo, hasta hace poco, también estaba convencido de que estos atletas africanos tenían una ventaja física respecto a atletas blancos o de otras razas. Pero hace unos meses, en un debate de sobremesa acerca de este tema, un amigo mío (que no hace nada de deporte) comentó algo que me hizo pensar: ¿Qué pasaría si en China, por ejemplo, donde viven tantos millones de personas, desde pequeños todos practicaran atletismo? Quizás en pocos años veríamos a atletas de China ganando todos los maratones.

Está bien. Pensemos por un momento qué es lo que más nos diferencia a los europeos, por ejemplo, de los africanos y que pueda influir en la cantidad de corredores de fondo de elite de cada continente. Pensemos en qué tipo de deporte hacen nuestros niños (y aquí incluyo a niños y niñas, aunque nuestros niños hacen generalmente más deporte que nuestras niñas).

Cojamos a mil niños europeos de hasta 15 años. De esos mil, la mayoría no hace más deporte que las pocas horas de gimnasia en el colegio. El resto del tiempo su mayor actividad física es jugar con una máquina y ver la tele. Luego hay algunos que hacen deporte escolar, y unos pocos, además de eso, practican otros deportes con su familia y amigos, como ir en bici, ir al monte o a esquiar, o jugar a fútbol, sobre todo, en la plaza de su pueblo y en el patio de su colegio.

Pongamos que, finalmente, de los mil niños hay unos doscientos que hacen deporte habitualmente a lo largo de la semana. De estos doscientos, pongamos que la mitad, o poco más, seguirán haciendo deporte más allá de los 15 años, federándose en cadetes. Luego, solo unas decenas de ellos seguirán en juveniles y pasarán a categorías superiores. Y de todos estos, ¿cuántos hacen atletismo? Mejor ni respondo.

Y esto ha ido a peor con los años, ya que, según un estudio de 2013 presentado por la Asociación Americana del Corazón y en el que se analizaban datos de niños desde 1964 a 2010, los niños actuales corren más despacio que los de antes y tienen una capacidad aeróbica un 15 % inferior a los niños de hace unas décadas, debido, al parecer, a que hoy en día juegan menos en la calle, son más sedentario y pesan más, entre otras razones.

Pensemos ahora en mil niños de Kenia, por ejemplo. De los mil, casi todos hacen ejercicio físico habitualmente sin saberlo, ya que la mayoría tiene que andar (o correr) una distancia apreciable todos los días para ir al colegio y para ir al campo a ayudar a sus familias en las tareas agrícolas y ganaderas. Luego muchos se apuntan a Escuelas de Atletismo, ya que allí el atletismo es el deporte rey (y no el fútbol, como en Europa).

Bien tenemos a muchos centenares de niños que llegan a los 15 años con un cuerpo adaptado a hacer un volumen de deporte importante, sobre todo a correr. De todos ellos, muchos siguen federados en atletismo, ya que es el deporte que más practican en sus pueblos, hay grandes campeones que son referencia para ellos y además, muy importante, es un deporte que, si se les da bien, les puede ayudar a ganarse bien la vida y salir de pobres, cosa que en Europa no se da, ya que pocos niños habrá en Europa que vean en el deporte una vía para salir de la pobreza.

Así que ya en categorías inferiores tenemos varios cientos de jóvenes atletas kenianos que como llevan toda la vida corriendo (muchas veces descalzos) tienen una técnica de carrera eficiente y son capaces de soportar ya volúmenes de carga de entrenamientos de mucho nivel. Y así nos encontramos que los pocos atletas europeos que llegan a competir a nivel internacional se tienen que enfrentar a muchísimos atletas africanos que se han ido seleccionando de forma natural de entre cientos de atletas de gran nivel.

De la cantidad sale la calidad, y eso es lo que vemos en las grandes carreras de fondo de todo el mundo. Los mejores maratonianos salen de los países donde más se corre, de la misma forma que los mejores esquiadores son de los países donde más se practica el esquí o los mejores jugadores de críquet son de países donde se juega a este deporte.

Cuando se empezó a correr maratones, a principios del s. xx, los dominadores eran los atletas de EE. UU. y de algunos países de Europa, simplemente porque era donde se corrían maratones. Luego en Japón, y otros lugares, arraigó la afición con fuerza y también han tenido grandes campeones. Ahora donde más se corre es en estos países de África. Quién sabe. Quizás si los chinos o los indios empezaran a pensar solo en correr, en pocas décadas veríamos muchos ganadores de maratón de China o de la India.

Por cierto, mientras escribía este libro, un noruego blanco, Sondre Moen, batió en el Maratón de Fukuoka (Japón) el 3 de diciembre de 2017 el récord de Europa de maratón con un estupendo registro de 2 h 5 min 47 s. Vemos, por tanto, que es posible que atletas que no proceden de África corran un maratón a una velocidad que hasta hace unos años se hubiera considerado imposible.

¿Genética? Sí, algo puede que haya, pero no creo que esté ahí la mayor diferencia.

Nacidos para correr...
maratones

Seguro que muchos de vosotros habréis leído el libro, ya mencionado antes, de Christopher McDougall *Nacidos para correr: La historia de una tribu oculta, un grupo de superatletas y la mayor carrera de la historia*. La verdad es que es un libro estupendo, se deja leer con mucho interés, se aprenden muchas cosas sobre correr y, además, mantiene la intriga de saber qué pasó con la carrera de la que habla el libro, un ultra *trail* semiclandestino en las Barrancas del Cobre, en unas perdidas montañas de México, entre algunos de los mejores corredores de ultras de los EE. UU. y unos indios rarámuris, como se llaman a sí mismos los tarahumaras, considerados los mejores corredores de resistencia del mundo.

Quiero traer a estas páginas uno de los temas que se comentan en este libro (y que da título al mismo), que no es otro sino el del hecho científico de que el cuerpo del ser humano (del *Homo sapiens*) está diseñado para correr largas distancias, tanto si eres un rarámuri como si eres un urbanita occidental.

La verdad es que, al leer el libro, y el también citado *Por qué corremos: Las causas científicas del furor de las maratones*, de Ambrosio, D. y V. Losada, me llamó mucho la atención esta teoría de que todos nosotros somos descendientes de humanos que sobrevivieron y se reprodujeron con éxito durante cientos de miles de años gracias a la capacidad de correr largas distancias.

Siempre hemos pensado que nuestros antepasados abandonaron los árboles y se expandieron por la sabana africana cazando con sus rudimentarias armas y desarrollando una inteligencia superior que nos convirtió en la especie de más éxito de la Tierra.

Pero, como bien nos explica en el libro el profesor de Ciencias Biológicas en Harvard (y corredor), Daniel E. Lieberman: «El arco y la flecha tienen veinte mil años de antigüedad. La punta de lanza tiene doscientos mil años. Pero el *Homo erectus* tiene unos dos millones de años. Lo que significa que durante la mayor parte de nuestra existencia —casi dos millones de años— los homínidos conseguimos carne con nuestras propias manos». Y como explica Lieberman, hace dos millones de años, el *Australopithecus* con aspecto de mono evolucionó en el *Homo erectus*, nuestro antepasado delgado, de piernas largas, con cabeza grande y dientes pequeños y desgarradores (ideales para comer carne cruda), gracias a que podía conseguir un suministro de carne constante. Y puesto que no tenían las armas y las herramientas que *sapiens* ideó mucho más tarde, *Homo erectus* tenía que conseguirla con sus manos y con su cuerpo de corredor, usando la técnica de la «caza por persistencia» para abatir grandes piezas de animales herbívoros de su entorno.

La caza por persistencia, es, por consiguiente, lo que hizo que nuestros antepasados pudieran disponer de la carne necesaria para que sus cerebros evolucionaran dando lugar, más tarde, a nuestra especie, el *Homo Sapiens.*

¿Y en qué se basa la caza por persistencia? Pues en correr un maratón. Bueno, no exactamente un maratón, pero más o menos es eso.

La lectura del libro nos muestra cómo nuestro cuerpo, desde el *Homo erectus* en adelante, se fue adaptando para correr largas distancias. La mayoría de los mamíferos que corren son capaces de hacerlo más rápido que nosotros. Nosotros corremos más lento, sí, pero nosotros somos capaces de correr más lento durante mucho más tiempo. Y eso consiguió que los grupos de homínidos pudieran perseguir a un grupo de ciervos hasta que uno de los ciervos caía muerto por agotamiento. Luego solo tenían que recoger la carne y alejarse de allí antes de que un león viniera a robarles la comida (o a comerles a ellos).

Leemos también que un grupo de investigadores de las universidades de Utah y Harvard liderados por el doctor Dennis Bramble encontró hasta veintiséis adaptaciones de nuestro cuerpo para correr largas distancias. Este estudio (Bramble, D.M, &

179

Lieberman, D.E. 2004. «Endurance running and the evolution of Homo». *Nature*, 432, 345–352) fue portada en la revista *Nature* (que es como ser campeón del mundo de maratón para un científico, como bien insinúan Ambrosio y Losada).

Por ejemplo, somos los únicos mamíferos que disipan el calor corporal principalmente mediante el sudor, lo que nos permite correr sin que el cuerpo se recaliente. En cambio, los demás mamíferos cuando alcanzan una temperatura corporal determinada o se detienen o mueren colapsados. Otra adaptación es que nosotros podemos elegir el ritmo de la respiración al correr, mientras que los cuadrúpedos solo pueden respirar una vez por cada zancada que dan.

También los científicos han encontrado tendones como el de Aquiles o el ligamento de la nuca que solo sirven para poder correr con eficacia y mantener la cabeza estable. Igual pasa con nuestros glúteos grandes y fuertes, que solo sirven para correr. Los chimpancés, nuestros parientes vivos más cercanos, no tienen estas equipaciones de serie como nosotros.

Con todas estas adaptaciones, nuestros antepasados (y nosotros si entrenáramos) podían perseguir a sus presas hasta que estas se derrumbaban agotadas. Por supuesto un ciervo y una gacela corren más rápido, pero al cabo de un tiempo deben parar. Y ahí estaban los «homo corredores», siguiéndoles más despacio, pero sin pausa, sin dejarles descansar, hasta que el animal no podía más y se desplomaba. En el libro se explica cómo hoy en día algunos bosquimanos que aún viven a la manera tradicional practican de vez en cuando la caza por persistencia. Y no solo los bosquimanos. Hay otras tribus en muchas partes del mundo que lo hacen, o lo han hecho hasta hace poco, según testimonios de las tribus goshutes y papago en el oeste de los Estados Unidos, de los indígenas de Australia, de los guerreros masai en Kenia, de los indios seri y tarahumara en México, entre otros.

¿Y cuánto tiempo se necesita para cazar así a un animal? Pues entre tres y cinco horas, nos explica el libro. Y, ¡oh casualidad!, ese es el tiempo que la mayoría de las personas empleamos para terminar un maratón.

Otra curiosidad que se menciona en el libro es que los *neanderthales*, nuestros parientes más cercanos (pero ya extintos) no pudieron competir con nosotros cuando en Europa se dulcificó el clima y los bosques dejaron paso a las praderas. Entonces correr fue una ventaja que ellos, muy corpulentos, no tenían, pero nosotros, los *sapiens*, sí.

Otro dato que me ha llamado la atención del libro de McDougall (y que también se menciona en el de Ambrosio y Losada), es que el ser humano no solo es bueno corriendo largas distancias, sino que lo es durante gran parte de su vida.

El doctor Bramble, biólogo que colabora con Lieberman, comenta que en 2004 compararon los tiempos de llegada de los participantes del Maratón de Nueva York por grupos de edad y encontraron que «a partir de los diecinueve años, los corredores van ganando velocidad año a año, hasta que alcanzan su pico a los veintisiete. Después de los veintisiete, empiezan a decaer. Así que la cuestión es, ¿a qué edad alcanza uno la velocidad que tenía a los diecinueve nuevamente?». La sorprendente respuesta es que eso ocurre a los ¡64 años!

También hay otro estudio que analizó las marcas de todos los corredores del Maratón de Nueva York entre 1980 y 2010 y que concluyó que los de mayor edad fueron los que más mejoría tuvieron: «Los tiempos de los corredores se redujeron significativamente en los varones mayores de 64 años y en las mujeres mayores de 44».

Bueno. Leyendo estos libros, además de terminar con ganas de salir a correr un ultra, comprendemos mejor por qué nos gusta tanto correr. Está en nuestro ADN, y no es una frase hecha, es algo literal.

Pero hay algo más en correr larga distancia que lo hace tan atractivo y es la sensación de libertad que nos ofrece. Esto nos lo explica mejor que cualquier estudio científico Colin Smith, el joven delincuente protagonista de *La soledad del corredor de fondo* (magnífica narración de Alan Sillitoe): «Es estupendo ser corredor de fondo, encontrarse solo en el mundo sin un alma que te ponga de mala leche o te diga lo que tienes que hacer».

El estado de flujo al correr

En los años noventa, el psicólogo húngaro Mihaly Csikszentmihalyi introdujo en su libro *Flujo. Una psicología de la felicidad* el concepto del flujo como el estado mental en el que nada nos cuesta. Según sus palabras, es «el estado en el cual las personas se hallan tan involucradas en la actividad que nada más parece importarles; la experiencia, por sí misma, es tan placentera que las personas la realizarán incluso aunque tenga un gran coste, por el puro motivo de hacerla».

Csikszentmihalyi señaló diferentes elementos que facilitan el que una persona llegue a dicho estado mientras realiza una actividad, como son: tener claros los pasos a dar hacia el objetivo, recibir una respuesta inmediata a cada acción, mantener un equilibrio entre nuestras capacidades y nuestros retos, evitar las distracciones, no preocuparnos del fracaso, que el tiempo parezca distorsionado y que la actividad sea un objetivo en sí misma.

En el libro de Csikszentmihalyi podemos leer lo siguiente en relación a correr (que es a lo que vamos):

«Cuando una función física normal, como correr, se desempeña según un diseño social, un escenario con metas y con reglas que ofrece desafíos y requiere de habilidades, se convierte en una actividad de flujo. Correr solo, contrarreloj, correr en competición o —como los indios tarahumara de México, que recorren centenares de millas en las montañas durante ciertos festivales— agregando una dimensión ritual a la actividad, convierte el simple acto de mover el cuerpo a través del espacio en una fuente de la retroalimentación compleja que provee la experiencia óptima y agrega fortaleza a la personalidad. Cada órgano sensitivo, cada función motora, puede involucrarse en la producción de flujo.»

No sé vosotros, pero yo he experimentado muchas veces este estado de flujo. La mayor parte de las veces haciendo deporte, en la bicicleta o corriendo, y casi siempre que lo he vivido ha sido en actividades de largo recorrido, como en rutas largas de ciclismo, en las tiradas de fondo mientras preparo un maratón o durante un maratón.

No me he drogado nunca, pero pudiera ser que cuando entras en estado de flujo las sensaciones corporales sean similares a las de estar bajo la influencia de ciertas sustancias, tanto por la sensación placentera que experimentas, como por la facilidad con la que todo discurre durante esos minutos.

Las cosas más o menos suelen ocurrir como os explico a continuación.

Estás inmerso en una larga tirada de dos o más horas preparándote para tu siguiente maratón. Es un día de los que te sientes en forma, con sensaciones buenas desde el principio. El tiempo es agradable. No hace mucho frío ni mucho calor; no hace viento ni llueve. Llevas ya una buena parte del recorrido completado sin ningún problema ni estímulo que te distraiga de tus pensamientos. Solo estás tú con tus pensamientos, corriendo a tu ritmo, sin preocupaciones, sin que el mundo te moleste. Vas fácil.

De repente, sin saber bien cómo, te das cuenta de que algo te ha ocurrido. Ya no sientes los kilómetros, ni te pesan las piernas, ni tienes que concentrarte en respirar, o en mantener el ritmo. Tu cuerpo está corriendo solo, como si no fuera tuyo, y piensas que podrías seguir así por siempre, sin llegar nunca a tener que detenerte.

Yo suelo decir en esos momentos que estoy corriendo con el «piloto automático» encendido. Ya no corro yo. Corre mi cuerpo por mí. Y noto que no me costaría nada hacerlo durante el resto de mi vida.

Si este estado de flujo me aparece en medio de un maratón, eso es lo mejor que me puede pasar, pues es como si ya no estuviera en esa carrera, como si a los kilómetros de mi maratón le hubiesen eliminado esa parte en la que no estoy allí corpóreamente. La pena es que este estado no me suele durar demasiado tiempo, ya que alguna distracción, como otro corredor, un avituallamiento, un coche que pasa, etc., me saca del ensueño de correr en automático y vuelvo a tener consciencia de mí mismo. Por desgracia.

Pero, ¡ay! ¡Qué dicha es sentir el cuerpo fluir mientras pasan los kilómetros y los minutos con tanta facilidad! ¡Quién pudiera controlar la mente de forma que fuera capaz de entrar en este trance a voluntad tantas veces como quisiera!

Qué hay más allá
del kilómetro 30

La primera vez que corres un maratón es un día muy especial. Tanto que, una vez logrado, sientes envidia de los que lo van a hacer por primera vez, ya que, por muy emocionante que sea siempre cruzar la meta tras correr 42,195 kilómetros, nunca vas a volver a sentir la misma emoción ni la misma alegría que cuando lo hiciste por primera vez.

Todos los que están culminando sus semanas de preparación para el gran día de su primer maratón tienen muchas cosas en común. Da lo mismo que su objetivo sea solo terminar la carrera o bajar de tres horas. Entre estas cosas que les unen están los miedos, los temores, las dudas y las ansiedades que les provocan (que nos provocan) los 42,2 kilómetros. Bueno, no exactamente los 42,2 kilómetros sino los últimos diez o doce kilómetros de la carrera.

Durante estas semanas de entrenamiento enfocado a la culminación de la aventura (porque un maratón es siempre una aventura), casi todos habrán alcanzado en sus tiradas largas el kilómetro 30, o incluso habrán atravesado un poco esa barrera psicológica.

Pero cuando no has corrido nunca un maratón, siempre queda la duda de saber qué hay más allá del kilómetro 30, cómo reaccionará nuestro cuerpo a partir de ese punto, qué sensaciones tendremos, si sabremos vencer el cansancio y la fatiga, si seremos capaces de seguir. Y como correr un maratón es tan duro, hasta el día de la carrera no lograremos tener las respuestas a tantas preguntas que la distancia nos plantea.

Las preguntas que nos suelen hacer los que preparan por primera vez la distancia a los que tenemos ya cierta experiencia normalmente giran en torno a esa última parte de la carrera, que es *terra ignota* para ellos, pero tierra explorada para nosotros.

Sin embargo, por mucho que yo explique a alguien lo que pasa a partir del kilómetro 30 (o del 32, o del 35) hasta que esa persona no llegue a vivirlo por sí misma no podrá saberlo. Es como otras muchas facetas de la vida. Hasta que no vives con alguien no vas a saber lo que es la convivencia; hasta que no te enamoras no vas a saber lo que es el amor; hasta que no tienes sexo con otra persona no vas a saber lo que se siente...

El aprendizaje a través de las propias experiencias es parte de la vida, y el maratón, como se ha dicho muchas veces, es en cierta forma como la vida misma, con sus buenos y malos momentos, con la preparación para afrontarlo, con la alegría de conseguirlo o con la decepción de tener que rendirnos.

Pero, ¿puedo explicar lo que siento yo más allá del kilómetro 30? Lo intentaré.

En el último capítulo de la película *2001. Una odisea del espacio,* David Bowman traspasa la Puerta de las estrellas y entra en una nueva dimensión bajo el título de «Más allá del infinito». ¿Y qué hay más allá? Pues algo tan inexplicable que ni siquiera David Bowman lo entiende hasta que se transforma en un nuevo ser al final de la película (y ni aún en ese instante le queda claro, como deduces al leer el libro de Arthur C. Clarke, que, por cierto, es uno de mis libros favoritos).

Algo parecido nos pasa en un maratón. A medida que vamos avanzando hacia la meta descubrimos lo que hay más allá de esa barrera que separa nuestro mundo conocido y confortable de ese nuevo mundo de sufrimiento, gozo, dolor y euforia que no llegamos a comprender en su totalidad hasta después de pasar la ansiada línea de meta. Incluso esta nueva dimensión nos muestra aún su nueva cara varios días o semanas después en forma de dolores y de fatiga nunca antes experimentado por nosotros.

De entrada, quiero transmitir tranquilidad a los nuevos. Entrenando nunca vamos a saber qué hay más allá, ni falta que nos hace. Salvo para gente muy experimentada y preparada, el «dolor» del maratón solo hay que «sufrirlo» el día del maratón, no en el camino que nos conduce a él.

Los entrenamientos son los ladrillos que vamos colocando en su sitio para construir el edificio que nos dará cobijo el día de la carrera, y no hay que intentar meterse en el edificio hasta que no esté concluido con un buen tejado. Efectivamente, muchos experimentamos días en los que las tiradas largas las estamos haciendo tan bien que nos entran ganas de seguir para ver qué hay más allá, incluso corriendo los 42 kilómetros en algunos casos.

Pero no merece la pena hacerlo, ya que aún no estamos preparados para ello y es un poco absurdo correr un maratón para preparar nuestro primer maratón. Tenemos que hacerlo bien el día D y no sufrir las consecuencias de querer saltarnos pasos en la edificación de nuestro cuerpo para ese día.

Además, el día del maratón tendremos muchos aspectos a nuestro favor para hacerlo mucho mejor que en los entrenamientos. Primero, porque si hemos hecho bien los deberes, vamos a llegar a la carrera en plena forma y descansados, mucho mejor que en el mejor de los entrenos que hayamos hecho. Y segundo, porque todo lo que rodea la carrera, el ambiente, el público, los compañeros, los avituallamientos, etc., nos va a ayudar a tener una motivación como nunca la hayamos sentido antes. Y eso será el empujón definitivo para concluir con éxito la aventura del maratón y disfrutar de todo lo nuevo que vamos a experimentar en esos últimos kilómetros de la carrera.

Allí, en esa última cuarta parte del recorrido nos encontraremos con una fatiga que nunca antes hemos tenido, con dolores y molestias nuevas para nosotros, con sensaciones de hambre o de vacío felizmente ignoradas hasta entonces. Los malos pensamientos querrán adueñarse de nuestra moral y empezaremos a tener dudas de si podremos aguantar 30, 40 o 50 minutos más la agonía.

Todo eso, y mucho más, nos acecha en cualquier recodo de la parte final del maratón. Además, no es algo que veas venir. No. Será algo repentino. Estás corriendo bien y de pronto no puedes más, o te surge un dolor insoportable, o te quedas vacío como si alguien hubiera apretado el interruptor de apagado.

Sí. Esto pasa de esta manera y conviene saberlo para tener previsto cómo lo vas a afrontar, cómo lo vas a superar. Porque lo vas a superar, casi con toda seguridad. Bueno, no con toda seguridad, pero lo normal es que lo superes, como la mayoría de los que llegan hasta ese punto.

Pero no todo será malo. Más allá del kilómetro 30 también nos vamos a encontrar con cosas muy buenas.

En primer lugar, nos vamos a encontrar con nosotros mismos. Mientras todo va bien es fácil seguir adelante. Pero en la parte final del maratón las cosas ya no marchan tan bien. Estamos cansados, aún nos queda mucho para terminar y el cuerpo nos suplica piedad. Y ahí, justo ahí, nos conoceremos de verdad. Sabremos si somos personas fuertes capaces de seguir luchando en los peores momentos, si nos merecemos acabar un maratón, si nos merecemos ser maratonianos.

Y no solo nos vamos a encontrar con nosotros, sino que también nos vamos a encontrar con la cara amable de la gente. Ahora corremos junto a desconocidos con los que solo nos une el hecho de estar allí, compartiendo el dolor y el sufrimiento. Y en esos momentos las personas nos ayudamos los unos a los otros. Da lo mismo lo diferentes que seamos o que hablemos o no el mismo idioma. En esos kilómetros finales una mirada basta para decirnos todo lo que pensamos, porque todos pensamos lo mismo.

Y, por último, en los metros finales, cuando ya vemos la meta, nos encontraremos con la felicidad absoluta, con la satisfacción de haberlo conseguido, con la euforia del mágico instante de cruzar esa meta y de recibir una medalla. Ese efímero instante merece todo lo que hayamos vivido hasta entonces, los entrenamientos, el sufrimiento, el sacrificio…

Pero ya termino. Todo esto lo vais a vivir vosotros, todos los que preparáis vuestro primer maratón. Y espero que me lo contéis con una sonrisa tonta en la cara.

Momentos mágicos
del *running*

✓ Atarte las zapatillas a la primera con la presión correcta de los cordones.
✓ Estrenar una camiseta nueva.
✓ Aprender a usar una nueva función del reloj.
✓ Inscribirte a tu primera carrera.
✓ Esperar a que den la salida en tu primera carrera.
✓ Terminar tu primera carrera (y no ser el último).
✓ Salir a correr con lluvia (y disfrutarlo).
✓ Salir a correr con calor (y disfrutarlo).
✓ Hacer una buena tirada larga en solitario.
✓ Hacer una buena tirada larga con amigos.
✓ Recoger tu dorsal en la feria de un maratón internacional.
✓ Correr en el extranjero.
✓ Correr en Central Park.
✓ Correr en el pueblo de Maratón (Grecia).
✓ Beber una cerveza al terminar una carrera.
✓ Que el semáforo se ponga en verde justo cuando llegas.
✓ Coger un avión para una carrera y ver en la cola de embarque a gente con pintas de ir a la misma carrera que tú.
✓ Cantar el *New York, New York* justo antes de empezar a correr el Maratón de Nueva York.
✓ Que te llegue un *email* para decirte que te ha tocado el dorsal en la lotería de la carrera.
✓ Terminar un entrenamiento con la sensación de que estás en plena forma a falta de dos semanas para tu maratón.

✓ Correr los últimos kilómetros del maratón pasando a gente sin parar.

✓ Levantar los brazos en la meta y sonreír.

✓ Martín Fiz y Abel Antón luchando por el mundial.

✓ Poder correr con uno de tus ídolos (a tu ritmo).

✓ Ver a los mejores corriendo a ritmo de récord mundial.

✓ Correr a tope y ver lo lejos que estás de los ritmos de récord mundial.

✓ Cruzarte con otro corredor y que te responda al saludo.

✓ Una coleta al viento bajo una gorra.

✓ Cruzarte con una mirada mientras corres.

✓ Que tu reloj te diga que has conseguido un nuevo récord.

✓ Batir tu MMP en una distancia.

✓ Quedarte cerca de tu MMP con veinte años más.

✓ Que pasen los años y sigas teniendo ilusión por correr.

✓ Que justo cuando ya te empiezas a aburrir de correr en la cinta se ponga a correr delante alguien atractivo.

✓ Pringarte los dedos al abrir un gel y chupártelos.

✓ Tener un día de mierda y arreglarlo corriendo.

✓ Que alguien te diga que te ve «fino filipino».

✓ Tomarte el pulso a la mañana y comprobar que está muy bajo.

✓ Meter unas zapatillas en la maleta cuando te vas de viaje por trabajo.

✓ Correr en una ciudad nueva.

✓ Ver las fotos de tu carrera y que parezcas un atleta de los buenos.

✓ Ganarle un esprint a un amigo.

✓ Terminar las series y haberlas hecho todas perfectas.

✓ Terminar la tirada larga y tener ganas de correr más.

✓ Escuchar el viento mientras corres por un camino solitario.

✓ Correr por un bosque tranquilo.

✓ Correr junto a un río.

✓ Salir a correr un día cubierto y que empiece a llover justo cuando terminas.

✓ Empezar a entrenar tras una lesión y no notar ningún dolor.

✓ Que te toque un dorsal para una carrera.

✓ Correr viendo amanecer.

✓ Que el público te anime cuando estás flojeando.

✓ Eliud Kipchoge casi bajando de las dos horas.

✓ Eliud Kipchoge haciendo un récord estratosférico en Berlín'18.

✓ Correr viendo anochecer.

✓ Que se te acabe la batería del reloj justo al terminar la tirada larga.

✓ Correr en una isla.

✓ Terminar bien un maratón al que no has llegado muy bien.

✓ Apuntarte a la lotería de Londres y creer que te puede tocar un dorsal.

✓ Kawauchi ganando Boston.

✓ Verte en una foto en la revista de un maratón.

✓ Planificar las carreras del próximo año.

✓ Volver a una gran carrera muchos años después.

✓ Que tu hijo te diga que quiere empezar a correr.

✓ Martín Fiz ganando su sexto *Major*.

✓ Retirar, con pena, unas zapatillas para estrenar otras.

✓ Grabar tu nombre en una camiseta para que te animen por tu nombre en el extranjero.

✓ Que te animen por tu nombre en el extranjero.

✓ Que pronuncien bien tu nombre al animarte en el extranjero.

✓ Tener un día libre inesperado y poder salir a entrenar.

✓ Descubrir una ruta nueva para correr.

✓ Terminar de entrenar y tener todo el día por delante.

✓ Entrenar para terminar bien el día.

✓ Batir tu récord semanal de kilómetros (y sentirte el rey del mundo).

✓ Llegar al cartel del Km 40 y seguir con fuerzas.

✓ Tomar un café antes de un maratón.

✓ Comer un bocadillo con una cerveza después de un maratón.

✓ Correr los primeros doscientos metros de un maratón y escuchar a alguien decir que ya solo quedan 42 km.

✓ Correr los primeros 42 km de un maratón y sufrir para correr doscientos metros más.

✓ Pasear por la ciudad donde vas a correr un maratón y ver en las calles la línea azul pintada.

✓ Que pare de llover justo antes de la salida de una carrera.

Correr un maratón con garantías. El punto de vista del médico deportivo

Por el Dr. Joseba Barron

Cuando Javier me propuso hacer una colaboración en su libro se me ocurrió contar su historia desde el punto de vista de la medicina deportiva. Es decir, qué ha tenido Javi que superar para llegar hasta aquí.

En primer lugar, diré que nuestra relación médico–deportista data de los años noventa, aunque, por desgracia, no guardo los resultados de las pruebas de esfuerzo anteriores al año 2009. Años antes ya habíamos compartido grandes marchas cicloturistas en Francia y las que nosotros mismos habíamos diseñado, como la mítica Marcha Cicloturista «Jesús Loroño», que organizaba nuestra Sociedad Ciclista Bilbaina.

Desde el año 2012 sus tendencias empezaron a decantarse más hacia la carrera a pie y las mías hacia la competición de ciclismo en categoría Máster. Los dos abandonábamos las largas marchas cicloturistas por actividades de menor número de horas. Sabia decisión. Él como mucho se enfrentaría a cuatro horas y yo a carreras de dos horas y media.

Para empezar, hay que hablar de las lesiones superadas en todos estos años de trabajo juntos. Este dato no lo conoce ni él, pero mi ordenador me dice que he tenido que tratar y diagnosticar a Javi en setenta y una ocasiones, la mayoría de las veces por temas sin mucha importancia, por suerte. Muchas de estas visitas son producto de una grave lesión que tuvo en la rodilla izquierda a los 18 años por un accidente con un coche mientras entrenaba en bicicleta. Con 20 años le operaron de esa rodilla, desplazándole el tendón rotuliano de sitio para que la rodilla trabajara con normalidad y fijándoselo con un tornillo. Por suerte, pudo continuar con su actividad deportiva, más o menos con normalidad.

En la prueba de esfuerzo de mayo de 2009 Javi da un consumo máximo de oxígeno (VO2 Máx) de 54,3 ml/kg/min. Nivel excelente para sus 46 años. Es un fondista. Se aprecian extrasístoles ventriculares no patológicas tras el esfuerzo. Su umbral anaeróbico está en 140 ppm y 239 w con 69 kg de peso. Potencia Máxima Mantenible en 153 ppm y 324 w. Recupera 60 pulsaciones en un minuto. Excelente comportamiento de la tensión arterial en reposo, esfuerzo y recuperación.

Hay que decir que en junio y julio de 2009 Javi empieza a experimentar una fatiga no habitual, que está provocada por el intenso año deportivo que llevaba hasta entonces sobre la bicicleta, con la Vuelta a Flandes, la Quebrantahuesos y la Transpirenaica por etapas, entre otras pruebas de fondo. Pero, como se verá meses más tarde, esta fatiga proviene principalmente de una anemia provocada por unas hemorroides internas sangrantes y persistentes.

Tras un descanso en el verano, casi sin practicar deporte, en el mes de octubre de 2009 realizamos una nueva prueba con un VO2 Máx de 39,1 ml/kg/min. La bajada es importante y esto tiene una lectura que no debemos perder de vista. La genética está muy bien, pero hay que trabajarla. El organismo es fundamentalmente económico, es decir, tiende a realizar un gasto mínimo. Si te entrenas, te dará mucho. Si descansas te lo quitará todo. Así y todo, Javi tiene un nivel de salud normal para su edad y eso es muy importante.

De todas formas, su cifra de umbral ha subido a 144/min. Aquí viene otro mito. Se oye decir que cuanto más alto tengas el umbral es mejor. Error. Cuanto más rápido vayas en el umbral es mejor. Javi pasa de mover una potencia de 239 w con 69 kg a mover 187 w con 71,8 kg, es una pérdida de un 25 %. Se instaura un programa de fondo.

Al año siguiente empieza de nuevo a entrenar, pero sin conseguir llegar a las sensaciones de primeros de 2009. Por fin, le diagnostican correctamente el tema hemorroidal y pasa por el quirófano en mayo de 2010. A partir de ahí le toca recuperar con

193

calma, sin prisa. Una fatiga de largo recorrido requiere una recuperación larga.

En septiembre de 2010 consigue un pico de fondo de 46,87 ml/kg/min. Ha mejorado las cifras de 39,1 de un año antes, pero no llega al 54,3 de mayo de 2009. Su umbral subió tanto en pulso como en vatios. Ahora está en 148 ppm. Aquí se puede extraer otra lección: no siempre se alcanzan los mismos valores haciendo el mismo entrenamiento. Lo importante es conocerlo.

Y cuando ya parece que los datos de los análisis de sangre y el estado de forma se están normalizando, le diagnostican un neurinoma del acústico, un tumor benigno intracraneal.

A finales de enero de 2011 se somete a una delicada operación en la que le abren el cráneo para extirparle el tumor, pero una complicación inesperada hace que la operación no sirva para nada, ya que no se lo pueden extirpar. De todas formas, al no haber completado la operación, el postoperatorio es rápido y dos semanas después de la intervención ya está entrenando con la bici. En junio termina con muy buenas sensaciones la Lieja–Bastoña–Lieja cicloturista (250 km con 5000 metros de desnivel acumulados).

Ya parece que todo está bien.

En abril de 2011 se observa un nuevo salto de calidad, la cifra de VO2 Máx es de 60,83 ml/kg/min. Las cosas se estaban haciendo bien. Su umbral estaba en 127 ppm moviendo 238 w. Increíble, ¿verdad? Ya sabemos que a medida que se cumplen los años, las pulsaciones máximas son menores. Lo podemos intuir por la fórmula «220 – edad» para el cálculo teórico de nuestro pulso máximo. Si el pulso máximo baja, es lógico pensar que también baje el pulso en el que se produzca el umbral anaeróbico, ¿no? Ya hemos visto que no siempre ocurre eso. Pero la bajada actual es de impacto. De tenerlo en 148 ppm pasa a 127 ppm de esta prueba. Van veintiuna pulsaciones. Ni una ni dos, ¡veintiuna!

Si no se hubiese realizado estas pruebas de esfuerzo periódicas, y hubiese seguido entrenando en 140–148 ppm, ¿qué habría ocurrido? El temido sobreentrenamiento.

En febrero de 2012, Javi vuelve a superarse y da una cifra de VO2 Máx de 68,86 ml/kg/min. Vuelve a presentar su umbral en 142 ppm y marca la mejor potencia hasta la fecha 274 w para 69 kg. En junio de ese año corre la París–Roubaix cicloturista y la

Luchón–Bayona de un tirón. Además, a finales de año termina el Maratón de San Sebastián. Empieza su nueva vida de maratoniano. La cifra de VO2 Máx en enero de 2013 es de 62,58 ml/kg/min. Excelente. Su punto de umbral es de 141 ppm, pero vuelve a marcar un record: 286 w con 69 kg. Aquí tenemos la oportunidad de hacer una nueva reflexión. No siempre es lo mejor el aumentar el Consumo Máximo de Oxígeno. Es mucho más eficaz, a un buen nivel de fondo ya dado, como es nuestro caso, el que vaya más rápido en el umbral anaeróbico.

Pues aquí no terminan las mejoras. En la prueba de esfuerzo realizada en julio de ese mismo año vuelve a aumentar su cifra a 69,97 ml/kg/min. ¡Excelente! En junio había corrido la Milán–Sanremo cicloturista (300 km), su última gran prueba sobre la bicicleta.

Al mismo tiempo vigilamos en su electrocardiograma de reposo las cifras de su segmento QT, ahora en 440 milisegundos cuando no es recomendable superar los 470 milisegundos. ¿Qué importancia tiene esto? Hoy en día conocemos hasta ocho causas de muerte súbita que se pueden diagnosticar con el electrocardiograma de reposo. Una de ellas es el QT largo. Si se observa es conveniente descansar de la competición. En mi trayectoria profesional de más de 30 años he visto variaciones en este segmento a lo largo de la vida de los atletas, por lo que no está de más su control.

En el año 2014 se le diagnosticó una artritis psoriásica con lumbalgia. Esto explica muchos dolores de la espalda que viene padeciendo desde años atrás. Parecía el final del deportista, pero solo deja aparcada la bicicleta en cuanto a grandes retos. A pesar de todo, en octubre de este año obtenemos una buena cifra de VO2 Máx con 61,73 ml/kg/min. Su umbral era de 140 ppm, y seguía moviendo unos impresionantes 280 w. Segmento QT de 366 ms. Excelente.

En febrero de 2015, poco antes del Maratón de Sevilla, obtiene un VO2 Máx de 61,8 ml/kg/min con el umbral en 139/min y 221 w, pero ahora con 66 kg. La actividad maratoniana estaba haciendo el efecto deseado en la grasa sobrante.

En junio de ese año, y tras la realización de sus cinco maratones en cuatro meses, baja su VO2 Máx a 58,09 ml/kg/min. Se inicia el descanso. En el umbral de 140/min pierde 20 vatios de fuerza. Todo está claro. Hay que descansar. En un minuto baja 23 pulsaciones. Muy lejos de las 60 ppm que bajaba estando sano.

Tras dos meses de descanso mejora su fondo en 1,6 %, sube a 59,07 ml/kg/min. Seguimos con la misma recuperación de 27 pulsaciones. Poca mejoría. Se valora la analítica y se pauta tratamiento.

En plena prueba de esfuerzo en la consulta del Dr. Barron.

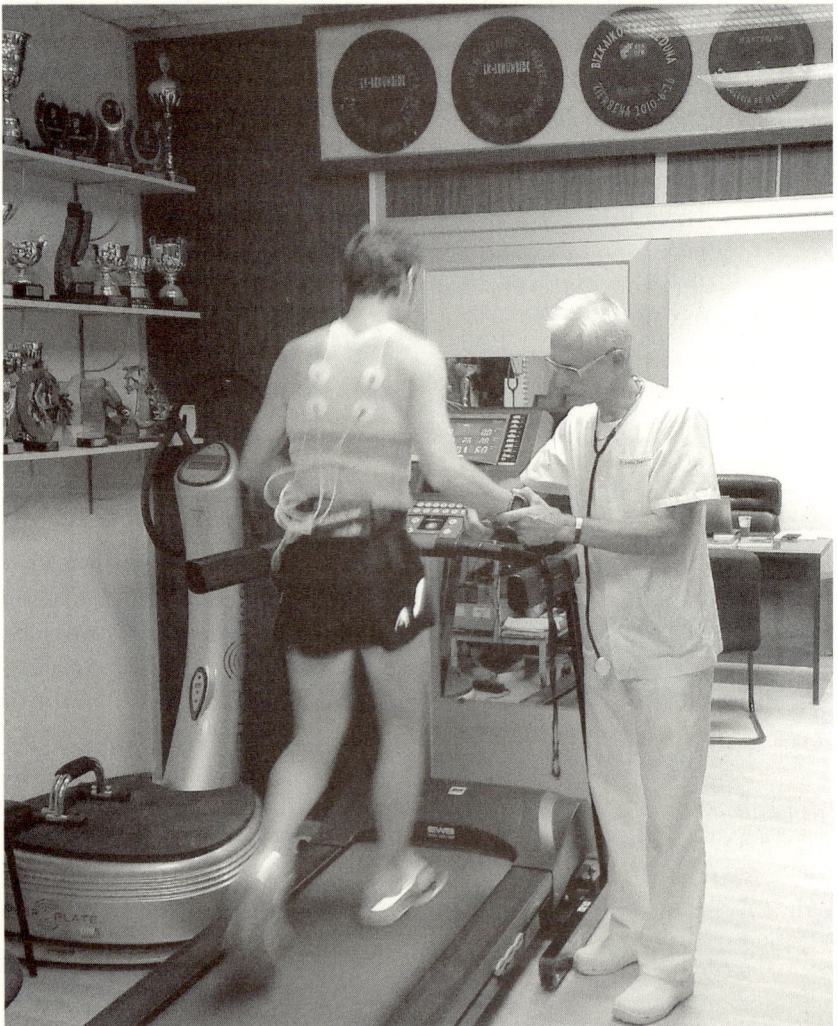

A finales de 2015 ya estamos en 65,21 ml/kg/min. ¡Buen comienzo! La recuperación en el primer minuto es de 44 pulsaciones. Corrió el Maratón de Washington y la Behobia–San Sebastián sin ningún problema.

En abril de 2016 la prueba nos arroja una excelente cifra de 66,79 ml/kg/min. Mueve 242 w con 65 kg. Está muy fuerte. Para septiembre, de cara al Maratón de Berlín, repetimos la prueba con la estratosférica cifra de 71,32 ml/kg/min. Su VO2 Máx más alto hasta la fecha.

Un año después, en abril de 2017, la cifra obtenida de Consumo Máximo de Oxígeno fue de 63,96 ml/kg/min con 139/min de umbral y 243 w para 65 kg. Recupera 44 pulsaciones en un minuto. Tras el verano con un buen descanso baja su cifra de VO2 Máx a 56,21 ml/kg/min. Reiniciamos el entreno.

Si os fijáis, la cifra que daba en 2009 cuando tenía 46 años era de 54 ml/kg/min, y estábamos contentos, lo tildábamos de nivel excelente de salud para su edad, y era cierto. Hoy en día, cuando obtenemos una cifra de 56,21, estamos pensando en lo bajo que está después del descanso. Y todo esto para una persona de 54 años. ¿Qué ha pasado aquí?

Pues que este es el resultado de muchos años de entrenamientos correctamente dirigidos, de lesiones bien superadas y miles de kilómetros de entrenamiento, sufrimiento y disfrute a lo largo del mundo.

Hemos tenido el privilegio de ver cómo una persona que se podía calificar deportivamente como «excelente» para 46 años se ha convertido en un «fondista extremo» con 55 años. Su salud ha mejorado la que presentaba años atrás. Esto es lo que se consigue con el deporte. Ahora presenta un nivel de VO2 Máx normal para un joven de 20 años según las tablas que presento en mi libro *El entrenamiento invisible (Volumen 2)*.

Enhorabuena, Javi.

SEGUNDA PARTE

Mis primeros veinticinco maratones

La segunda parte de este libro la voy a dedicar a las crónicas de mis primeros veinticinco maratones. Son los que llevo hasta la fecha, desde aquel lejano 17 de marzo de 1996, cuando me estrené en la distancia en Barcelona (con llegada al Estadio Olímpico incluida), hasta el último maratón que he completado por ahora.

Muchas de estos textos se basan en las crónicas que escribí en su momento en mis blogs, pero he añadido más descripciones en ellos, sobre todo de las sensaciones y de los recuerdos que me han surgido al recordar estas carreras.

De algunos de estos maratones (como el de San Sebastián'97 o el de Bilbao'00) no había escrito nada hasta ahora, por lo que he tenido que realizar el agradable ejercicio de rememorar cómo los preparé y cómo me fue en ellos. Es curioso cómo se nos olvidan los malos momentos y cómo nuestra memoria retiene las sensaciones agradables de llegar a meta, por ejemplo.

Maratón de Barcelona'96
(17/03/1996)
4 h 11 min 21 s
Mendigando pan para terminar

El 17 de marzo del año 1996 corrí por primera vez un maratón. Entonces yo tenía 32 años. Cada vez que veía por la tele el maratón de Nueva York pensaba que ojalá pudiera ir alguna vez. Además, vivíamos en los años dorados de Martín Fiz, que había ganado el Campeonato de Europa de Maratón en 1994 y el Campeonato del Mundo en 1995, por lo que todo me llamaba a correr un maratón.

Y me decidí a hacerlo en 1996. Quería uno que fuera a primeros de año, para poder luego hacer una temporada normal de ciclismo, y como me habían recomendado que debutara en un maratón en el que hubiese mucho ambiente y mucho público, pues me decanté por Barcelona.

Desde noviembre del año anterior, más o menos, empecé a entrenar siguiendo los consejos del Dr. Joseba Barron, mi amigo médico deportivo. Por los ritmos a los que entrenaba y por los tiempos de algunas carreras de 10 kilómetros, me puse como objetivo el terminar el maratón más o menos en 3 h 30 min, tal y como he explicado en el prólogo de este libro.

Por supuesto en esa época no tenía ni pulsómetro ni un GPS que me diera datos fiables, pero más o menos iba cumpliendo el plan de entrenamiento y haciendo las tiradas largas que me tocaban.

Y llegó el gran día.

Aquel año 1996 fue el último con el recorrido desde Mataró hasta el Estadio Olímpico de Montjuïc, el mismo recorrido en el que se disputó el Maratón de los Juegos Olímpicos de Barcelona en 1992, por lo que me hacía mucha ilusión llegar a la meta, y eso era bueno para la motivación, ya que la subida a Montjuïc suponía correr por una carretera de rampas más que considerables en los últimos kilómetros de la carrera. Todo un reto.

La salida, creo recordar, se daba a las 9:00 de la mañana, pero como tenía que ir en tren hasta Mataró desde Barcelona tuve que madrugar mucho y desayunar muy pronto. Así que, para el kilómetro 20, hasta donde había llegado bastante bien y al ritmo previsto, empecé a sentir mucha hambre.

Recuerdo las sensaciones que tuve en la salida. Estábamos inscritos a la carrera 2727 participantes, bastantes para la época, de los que 2419 llegamos a la meta. Llegué a Mataró temprano, tras el viaje en tren mezclado con muchos compañeros. Me gusta mucho cuando en las carreras ya empiezas a vivir el ambiente incluso mucho antes de la salida. Miraba a los demás en el tren y me sentía nervioso ante lo que era para mí un gran reto deportivo: terminar un maratón subiendo a Montjuïc al final. Pero estaba feliz.

Ya en la zona de salida me dediqué a estirar y a realizar los ejercicios típicos que hacemos la mayoría de maratonianos antes de empezar a correr. Luego me coloqué dentro del pelotón y esperé a que dieran la salida.

Si mal no recuerdo, los primeros kilómetros los hice sin especial problema. El perfil en esa zona era ligeramente descendente y pude poner un ritmo cómodo mientras observaba con envidia a los demás participantes, la mayoría de ellos con mucha más experiencia que yo en maratones.

Hacia el kilómetro 20, más o menos, empecé a sentir algo de hambre. La inexperiencia hizo que solo llevara dos o tres pastillas de glucosa. Pensaba, porque en las marchas cicloturistas era así, que en los avituallamientos habría algo de comida, además de agua, pero me encontré con que solo había bebidas y alguna naranja. «Comida tienes en la meta», me decían. «Ya, pero primero tengo que llegar allí», les contestaba yo.

Para el kilómetro 30 el «pajarón» que llevaba era ya de los buenos. El hombre del mazo, del que tanto habla Pedro Delgado en sus retransmisiones de ciclismo, me había dado de lleno. Si hubiese llevado dinero me habría metido en una pastelería o en un bar para comer algo, pero no llevaba nada y ya tenía que ir alternando el caminar con el correr, porque estaba literalmente sin fuerzas.

Ya en las calles de Barcelona, hacia el kilómetro 35, entre el público vi a una señora que me animaba con pasión. Pero no fueron sus gritos de ánimo lo que me interesó más de ella. No. Vi que llevaba una bolsa con sus compras en la que sobresalía una barra de pan y allí vi mi salvación. «Deme un poco de pan» fueron las únicas palabras que pude articular, y ella con rapidez partió un buen trozo de la barra y me lo ofreció mientras me animaba. No tardé ni un minuto en comerme todo el pedazo, y así, más muerto que vivo, comencé a subir hacia Montjuïc.

Por supuesto, casi toda la subida la tuve que hacer caminando, pero cuando ya vi el Estadio Olímpico volví a correr ilusionado. Es curioso el efecto que tiene la motivación para sacarnos fuerzas de donde creemos que no hay. Siempre tenemos algo más de lo que pensamos.

Corriendo los últimos metros en el Estadio Olímpico de Montjuïc en 1996.

Por fin llegué al Estadio y entré por el túnel a la pista. Pese a estar más muerto que vivo, di toda la vuelta corriendo y saludando al público como si hubiese ganado el Maratón Olímpico antes de cruzar, ya exhausto, la meta con un tiempo de 4 h 11 min 21 s. Viendo este tiempo ahora con la perspectiva que me dan los años y los maratones que he corrido, me parece un tiempo estupendo viendo las circunstancias y lo que había hecho caminando desde casi la mitad de la carrera. Me gustaría tener los datos de los tiempos de paso intermedios, pero estoy seguro de que si llego a tener más glucosa o los geles que tenemos hoy en día hubiese hecho una de mis mejores marcas incluso con la cuesta final de Montjuïc. Creo que mi objetivo de 3 h 30 min era realista para un maratón llano.

En fin. Estaba tan contento que, si no llego a estar completamente agotado, hubiese dado un par de vueltas a la pista. Me sentía en la gloria y experimenté por primera vez el subidón que da terminar un maratón, una sensación que sigo sintiendo cada vez que termino uno, pese a los años y la experiencia acumulada.

Al pasar la meta me ofrecieron algo muy valioso para mí: una bolsa con unos pastelitos y algo de fruta. Me tiré a la hierba del Estadio y hasta que no vacié la bolsa no pude ni levantar la cabeza del suelo.

Sí. Fue durísimo, pero recuerdo con nitidez que, mientras daba esa vuelta al Estadio no dejaba de pensar que al año siguiente correría otro maratón, tenía que vivir eso de nuevo. Fue una sensación única, y casi la he vuelto a sentir cada vez que he llegado a la meta en todos mis maratones.

Maratón de Donostia/San Sebastián'97
(24/11/1997)
3 h 39 min 21 s

Tras la vivencia en Barcelona'96, elegí San Sebastián'97 para volver a correr un maratón. San Sebastián se corre en noviembre, por lo que durante el año podía hacer una temporada normal de ciclismo hasta el verano antes de empezar con el entrenamiento específico para el maratón.

Recuerdo que, en agosto, en Lekeitio (el pueblo donde veraneo desde chaval y en donde me siento como uno más), ya empecé a correr acumulando kilómetros por las duras carreteras de la zona, donde apenas hay kilómetros llanos. Lo que no llego a recordar, porque en aquellos tiempos no apuntaba los entrenamientos que hacía corriendo, era el plan que seguí para llegar lo mejor posible a la salida en noviembre. Pero creo que pude hacer sin muchos problemas las tiradas largas de los domingos alargándolas cada vez más y los entrenos de cambios de ritmo habituales en la preparación de un maratón. Sí recuerdo que hice un par de tiradas largas de unos 30 kilómetros corriendo desde Bilbao hasta el puerto viejo de Algorta y vuelta. Una tirada que aun a día de hoy hago de vez en cuando, incluso aunque no esté preparando un maratón concreto.

Mi objetivo volvía a ser bajar de 3 h 30 min. Y así, entrenando todo lo que podía, llegué a San Sebastián listo para intentar la marca. Dos semanas antes había corrido la Behobia–San Sebastián y la terminé en 1 h 34 min, lo que para mí era una muy buena marca (sigue siendo mi mejor tiempo en esa carrera) y eso me hacía ser optimista para el sub 3 h 30 min. Recuerdo que pocos días antes de la Behobia–San

204

Sebastián, le confirmaron a Raquel, mi mujer, que estaba embarazada de nuestro hijo Alex, así que fue una carrera feliz.

El día del maratón no llovió, y eso que en noviembre en San Sebastián es normal que llueva. Dormí en el Hotel Amara, el de la organización, por comodidad, y tras el desayuno y los preparativos me coloqué en la salida con miedo y a la vez con confianza.

En la primera vuelta corta tuve que parar a vaciar la vejiga una vez, pero esa fue la única parada de toda la carrera. Esta vez me llevé más glucosa y algo más de comer para que no me ocurriera lo mismo que en Barcelona el año anterior.

Fueron pasando los kilómetros y cada poco mi mujer me animaba, ya que el recorrido de San Sebastián permite a los espectadores ver la carrera varias veces. Cada cinco kilómetros miraba el reloj para comprobar el ritmo y veía que iba cumpliendo la media de cinco minutos por kilómetro. La cosa iba bien.

Pasé el medio maratón en 1 h 45 min más o menos, o sea que todo marchaba según lo previsto. No me estaba costando mantener el ritmo y cada vez iba con más confianza. En el kilómetro 30 seguía en tiempos, pero poco después, hacia el kilómetro 33 o 35, no recuerdo exactamente, me dio un calambre en un muslo. Pude seguir corriendo, pero poco después el calambre se me reprodujo. Ya me costaba mantener la velocidad. Iba bien de sensaciones, pero tuve que bajar un poco el ritmo para gestionar el dolor muscular.

Y eso me costó el sub 3 h 30 min. De estar corriendo a 5 min/km pasé a casi 6 min/km en el último tramo. Al final llegué al Estadio de Anoeta y paré el crono en 3 h 39 min 21 s. Estuve cerca de lograr el objetivo. Tal vez me faltó algo más de entrenamiento (y algún gel de los que tenemos hoy pero que entonces no existían), pero acabé satisfecho.

Por cierto, esa sigue siendo mi mejor marca personal en maratón, por ahora. En 2014 en Rotterdam (3 h 45 min), en 2015 en Sevilla (3 h 42 min) y en 2016 en Berlín (3 h 49 min) estuve en condiciones de bajarla, pero no lo logré. Tal vez en el futuro...

Tras pasar la meta me reuní con mi mujer. Cogí la mochila y me dirigí a las duchas mientras ella me esperaba fuera. La ducha fue rápida. Por cierto, en el vestuario escuché a un chico comentar que tres semanas antes había corrido el Maratón de Nueva York y que había terminado muy entero en San Sebastián. Lo miré con admiración y envidia, y en 2013 me acordé de él. Luego os explico por qué.

En la meta de Anoeta, feliz.

Como decía, la ducha fue rápida. Luego vi que la gente esperaba para darse un masaje en las piernas y me pareció una buena idea, sobre todo pensando en los calambres que había tenido. Así que me senté en la pared para esperar mi turno. Y en esas estaba hablando con el de al lado cuando escuché a alguien que decía, refiriéndose a mí, «se está poniendo blanco», y con las mismas me dio un bajón de tensión que me dejó tumbado y casi grogui.

Alguien me ayudó a levantar las piernas para recuperarme y justo en ese momento entró mi mujer que se había impacientado por mi tardanza. Vaya susto que se llevó al verme así. Por suerte en seguida me recuperé y pude salir caminando para ir a comer algo antes de regresar a casa.

Maratón de Bilbao'2000
(28/05/2000)
4 h 21 min 00 s

Después de 1997, mi actividad deportiva se centró en la bicicleta. Pero durante el año 2000, por diversas circunstancias personales, no pude andar en bicicleta todo lo que me hubiera gustado, y decidí correr otro maratón, ya que la preparación para el maratón lleva menos tiempo (en cuanto a la duración de los entrenamientos) que el ciclismo, que requiere más horas.

Así que, como siempre me ha gustado tener un reto que me motive, me decanté por correr el antiguo Maratón de Bilbao (el «Bilboko Herri Maratoia», no el actual «Bilbao Night Marathon», que entonces no existía). No era un maratón con mucha participación, pero como ya tenía la experiencia de Barcelona y San Sebastián, y además no tenía que desplazarme para correrlo, me pareció la opción más cómoda para regresar a la distancia de los 42 kilómetros.

Pese a que entrenar para un maratón no te resta tantas horas de tu vida diaria como preparar marchas cicloturistas de gran fondo, que era lo que me gustaba, tampoco pude dedicarle las horas que me hubiera gustado para terminar con garantías este tercer maratón. No recuerdo exactamente los kilómetros que entrené, ya que entonces no apuntaba esas cosas, pero creo recordar que hice muy pocas tiradas largas, aunque sí recuerdo una o dos de unos treinta kilómetros.

El caso es que llegó el día de la carrera, que era en mayo, y tomé la salida con calma, sin prisa, con la única intención de terminar.

Me acompañaba en bici un amigo mío, Jabi. Menos mal, porque la segunda parte de la carrera era por la carretera que une Bilbao con Algorta y a esas alturas de carrera prácticamente iba corriendo solo con algún otro corredor entre coches que nos pasaban.

Recuerdo que la semana antes del maratón empecé a tener un fuerte dolor de cabeza y me encontraron que tenía una fuerte sinusitis, con lo que me recetaron una semana de antibióticos. Siempre se dice que los antibióticos te dejan machacado. Le comenté al médico que estaba a unos días de correr un maratón y le pregunté si iba a notarme débil por la medicación. Lo que me dijo tenía mucho sentido: si iba a encontrarme mal no sería por los antibióticos, sino por la sinusitis que tenía. Así que me pasé la semana tomando antibióticos, salvo el día de la carrera, que no tomé los que me tocaban por si acaso.

El caso es que corrí toda la carrera con un fuerte dolor de cabeza. Fue un día soleado y caluroso, lo cual no era lo mejor para el dolor de cabeza. Recuerdo que llevé una gorra ciclista y todo el rato iba mojándola con el agua que me pasaba Jabi desde la bici para mantener la cabeza fresca y aliviarme un poco del dolor.

Fueron pasando los kilómetros sin novedad, primero callejeando por Bilbao, sin apenas público, y luego ida y vuelta por la carretera de la ría, entre Bilbao y Algorta. Como he comentado antes, en ese tramo largo de la carrera apenas íbamos en pequeños grupos de corredores y nos pasaban los coches como si estuviéramos entrenando en vez de en mitad de un maratón. A la ida formamos un pequeño grupo en el que nos íbamos dando ánimos entre todos. Luego, tras el avituallamiento de Algorta, el grupo se disgregó y la vuelta por la ría la hice con la única compañía de mi amigo Jabi, que fue muy valiosa.

Por fin entramos de nuevo en las calles de Bilbao y llegué a la meta con un tiempo discreto de 4 h 21 min (no recuerdo los segundos). Como había entrenado poco y me dolía la cabeza, me fui reservando todo el rato y al final terminé mucho mejor de lo esperado en cuanto a sensaciones. Con eso confirmé una vez más lo que se suele decir en el ciclismo: no mata la bala, mata la velocidad. Si tienes fondo y vas suave no hay problema para terminar un maratón.

Al cruzar la meta arrojé con alegría la gorra al público (escaso) y disfruté de la sensación de terminar mi tercer maratón. Luego pasé por donde los masajistas que aún esperaban a los últimos y recuerdo que el chico que me dio el masaje en las piernas me comentó que se notaba que estaba muy en forma porque tenía las piernas en muy buen estado. Me reí para mis adentros pensando en que no tenía ni idea, ya que si tenía las piernas bien no era por haber entrenado mucho, sino por haberlas exigido poco.

En fin. Que ese fue el último maratón de aquella primera fase de mi vida como maratoniano. Tras aquel año regresé a mi actividad normal de ciclista y pasaron once años hasta que me entró de nuevo el gusanillo de los maratones. Eso sí, esta vez con mucha más fuerza que entonces.

Maratón de Donostia/San Sebastián'12
(18/11/2012)
4 h 17 min 20 s

A finales de año 2011, no sé muy bien por qué, de nuevo se adueñó de mí el deseo de correr un nuevo maratón. Y, tampoco sé cómo, mi cabeza decidió que iba a ir al Maratón de Nueva York, algo con lo que siempre había soñado y que ese año, como os digo, mi mente decidió por sí misma.

En 2012 tenía también algunos retos importantes sobre la bici. Desde el año 2009 había empezado a participar en las versiones cicloturistas de las «Clásicas» del ciclismo: la Vuelta a Flandes, que la había corrido en 2009; la Lieja–Bastoña–Lieja, que la había completado en junio de 2011; la París–Roubaix, que estaba en mi calendario de 2012; y la Milán–San Remo, que la pude hacer en 2013.

Así que dividí el año 2012 en dos partes. Hasta julio iba a ser ciclista, con los grandes objetivos entre junio y julio de hacer la París–Roubaix cicloturista el 10 de junio (210 kilómetros con 53 kilómetros de pavés); la Luchón–Bayona de un tirón (325 kilómetros con Peyresourde, Aspin, Tourmalet, Soulor y Aubisque por el medio), el 30 de junio; y la Etapa del Tour cicloturista Pau–Luchón (200 kilómetros con Aubisque, Tourmalet, Aspin y Peyresourde), el 14 de julio. Tres grandes retos en poco más de un mes. Y a partir de julio, sin dejar del todo la bici, iba a empezar a correr para preparar el Maratón de Nueva York del 4 de noviembre. Como veis, un año muy completo.

Todo iba transcurriendo según lo planeado. Logré terminar con éxito mis retos cicloturistas, a pesar de una lesión que me hizo llegar muy justo de kilómetros a la París–Roubaix por lo que fue un día especialmente duro, y continué con los entrenamientos para Nueva York a buen ritmo siguiendo el plan marcado.

Y llegó noviembre de 2012. Y llegó el momento de recoger mi dorsal. Y llegaron la ilusión y los nervios de estar allí, en esa ciudad que tanto me gusta a punto de cruzar el puente Verrazano–Narrows corriendo por encima. En 1989, llegando a Nueva York en barco, había pasado por debajo de ese puente un frío amanecer. Me hacía ilusión cruzarlo por encima corriendo.

Pero llegó el Sandy, como he explicado en otro capítulo, y se canceló la carrera dejándome con la miel en los labios. Y junto a la suspensión también llegó la inmediata decisión de que eso solo atrasaba un año mi ilusión y mi determinación, pero que no era el final del sueño. Si corres maratones sabes sobreponerte a los momentos difíciles, y ese solo era uno más, como una lesión inoportuna.

Así que, según me comunicaron que se había suspendido la carrera decidí regresar en 2013 y correr en San Sebastián en 2012 para aprovechar los entrenamientos.

El día en que se tenía que haber hecho la carrera di la vuelta corriendo por la mitad de Manhattan terminando en la meta del maratón en Central Park. El ambiente era increíble, con miles de personas corriendo por allí, muchos con el dorsal puesto. Un gran día que nos daba una idea de lo grande que hubiese sido correr el maratón.

Los dos días siguientes que nos quedaban en Nueva York los pasé en casa de mis amigos Juan y Linda en un pueblo de Pennsylvania, a una hora y pico de Manhattan. Tuve la suerte de que pude hacer un vuelo de tres horas en la avioneta de Juan sobrevolando la costa y comprobando de primera mano los daños que el Sandy había causado en muchos puntos. Después entramos por el río Hudson sobrevolando el puente Verrazano–Narrows y pasando junto a los rascacielos de Manhattan antes de regresar. Un día inolvidable.

Pocas semanas después, el 25 de noviembre de 2012, estaba de nuevo en la salida de un nuevo maratón, mi cuarto maratón. Como llevaba mucho tiempo sin correr tanto, tenía mis dudas de cómo iba a ir en la carrera. Además, tenía unos dolores en la zona de la cadera por una descompensación de la longitud de mis piernas que justo me la midieron pocos días antes de San Sebastián (me lo corrigieron más tarde con un alza en las plantillas).

Empecé la carrera a un ritmo conservador bajo la lluvia. No llovía todo el rato, pero cuando llovía lo hacía bien, así que fue un maratón incómodo en ese aspecto. Salí con la camiseta de manga larga que me habían dado junto al dorsal del Maratón de Nueva York, camiseta que lucí con orgullo durante la carrera, salvo cuando me ponía el chubasquero por la lluvia.

Fui corriendo con cautela y guardando fuerzas para el final, y así fueron pasando los kilómetros. Primero dábamos una vuelta corta a un circuito de diez kilómetros y luego ya dábamos dos vueltas largas. Gracias a esto, mi mujer me animaba en varios puntos de la carrera, lo que siempre me da más fuerzas. Al paso por el centro de la ciudad el ambiente era muy bueno, pero en el extremo del circuito largo corríamos por una zona con poco público. De todas formas, la vuelta más dura de esas dos fue la primera, sobre todo al pensar que teníamos que volver a pasar por allí más tarde. Luego, ya en la segunda y definitiva vuelta, al ver que ya estás llegando a la parte final del maratón, te animas.

Los dolores de la cadera no me dieron demasiada guerra. Solo en algunas ocasiones me molestaba lo suficiente como para preocuparme, pero pude mantener el ritmo todo el rato más o menos uniforme, tomando geles y bebiendo.

Los últimos kilómetros, los que van desde la playa de La Concha hasta la meta, ya con bastante público, los corrí bastante entero y con gran felicidad al ver que, una vez más, iba a poder terminar un maratón. Fueron unos últimos kilómetros emocionantes. A mitad de la segunda vuelta habíamos hecho un pequeño grupito de corredores en los que todos eran novatos menos yo, y les iba animando todo el rato. Así, juntos, llegamos al final.

Poco antes de llegar al último kilómetro alcanzamos a Alfredo Olabegoia, veterano triatleta vasco (primer español en terminar el *Ironman* de Hawái junto a Javier Berasategui —padre de la triatleta Virginia Berasategui— y Alfonso Pérez en 1988). Con Alfredo crucé EE. UU. de costa a costa en junio de 2010, puesto que ambos éramos parte del equipo de apoyo del ciclista de ultrafondo Julián Sanz en la *Race Across America*, carrera de 5000 kilómetros en la modalidad *non–stop* que Julián terminó en once días ese año.

Así, dentro del grupito, crucé la meta del estadio de Anoeta en un tiempo no muy bueno de 4 h 17 min 20 s, pero acabé muy feliz, porque me sobrepuse a todos los problemas (cancelación de Nueva York, dolor en la cadera y la lluvia que nos acompañó a ratos con intensidad) y fui capaz de terminar un nuevo maratón.

Por cierto, recuerdo que al recoger mi bolsa después de la meta me encontré a unas chicas que también llevaban la camiseta de Nueva York'12. Ellas, al igual que yo, estaban decididas a regresar en 2013.

A partir de ese día, y como ya estaba decidida mi participación en Nueva York al año siguiente, nació en mí el deseo de seguir corriendo maratones. Y en ello ando.

Aguantando la lluvia con la camiseta de NY'12.

New York City Marathon'13
(3/11/2013)
4 h 33 min 40 s

El año 2013 fue un año grande para mí. Como he comentado antes, en mi calendario deportivo, además del Maratón de Nueva York, tenía programado correr el 9 de junio la versión cicloturista de la clásica Milán–San Remo, 295 kilómetros atravesando Italia.

Pero nada más comenzar el año, el 5 de enero, tuve una caída en la bici que me provocó una pequeña fisura en la rótula, lo que me tuvo parado unas semanas para que curara bien. Por suerte para mediados de febrero ya estaba entrenando casi con normalidad. De todas formas, los entrenamientos en la bici hasta junio los hice con altibajos, pero pese a todo terminé la prueba italiana.

En julio, como todos los años, fui con unos amigos a ver el Tour de Francia, aunque esta vez, ,en lugar de ir a Pirineos nos trasladamos hasta los Alpes, con lo que pude sumar algunos puertos míticos del ciclismo a mi lista de puertos ascendidos, como el Alpe d'Huez, el Mont Ventoux, el Galibier o el Izoard. Un viaje estupendo.

Otro viaje fantástico fue el que hice en agosto con mi familia a Nueva York, por lo que ese año iba a viajar dos veces a mi ciudad favorita. Además, aproveché para hacer allí algunos entrenamientos por Central Park, con lo que las ganas de correr este maratón me aumentaron aún más si cabe. No veía el momento de tomar la salida en el puente Verrazano–Narrows.

Las semanas de entrenamiento pasaron sin novedad y llegó el momento de volver a coger el avión para volar a la Gran Manzana. Esta vez era la buena.

Llegué a Nueva York el jueves, de nuevo con el viaje que organiza la agencia de viajes deportivos Sportravel. El año anterior se portaron muy bien con nosotros. Al cancelarse la carrera por decisión del alcalde y por causa mayor, la organización decidió que no iba a devolver el importe de la inscripción de la carrera, una cantidad importante, en torno a los 400 dólares. Además, no nos comunicaron la decisión final hasta pasados unos meses. La opción que nos daban era la de que, como compensación a la anulación, los afectados teníamos la inscripción garantizada en una de las ediciones de los tres años siguientes, pero pagando de nuevo el dorsal.

Sin embargo, Sportravel nos comunicó, aún sin saber qué iba a decidir la organización de los New York Road Runners con las plazas reservadas a las agencias (supongo que tampoco les devolverían el dinero), que, si volvíamos a contratar el viaje a Nueva York con ellos al año siguiente, ellos se harían cargo del precio del dorsal, independientemente de lo que la organización acordara con ellos. A mí me pareció una decisión muy buena para los clientes que habíamos viajado con ellos, ya que no había sido culpa de la agencia la suspensión de la carrera. Y como, desde el instante mismo de la cancelación de la carrera, ya había decidido volver en 2013, pues para diciembre de 2012 ya había reservado mi plaza con Sportravel de nuevo.

Así que allí estaba una vez más en la Gran Manzana. El viernes la agencia nos llevó a la Feria del corredor y de nuevo recogí mi dorsal. La organización tuvo como detalle para los que regresábamos tras la suspensión del año anterior, el darnos la medalla y la camiseta del año 2012, junto con un brazalete naranja de silicona con la inscripción «ING NYC Marathon 2012–2013» como recuerdo y reconocimiento a nuestra perseverancia.

Bueno. Hasta allí ya había llegado el año anterior. A partir de ahí ya todo era nuevo para mí en lo que respecta al maratón. El viernes y el sábado pasaron sin novedad, haciendo turismo y corriendo un poquito por Central Park. Y por fin llegó el domingo, día de la carrera.

La salida se da en Staten Island, lejos del centro, donde teníamos el hotel. Mucha gente prefiere trasladarse por su cuenta, cogiendo el Metro, luego el ferry (gratuito) a Staten Island y después los autobuses que pone la organización para llevar a los corredores a la zona de la salida. A nosotros nos llevaba Sportravel en autobuses desde los hoteles hasta la salida. De todas formas, vayas con el autobús de la agencia o por tu cuenta hay que madrugar mucho, ya que para las cinco de la mañana hay que salir ya del hotel.

Una vez en la zona de la salida había que pasar el control de seguridad que la policía de Nueva York había establecido tras el atentado en el Maratón de Boston en abril de ese año.

Y luego a esperar varias horas. En Nueva York, la salida se da en varias oleadas según el número de dorsal que te hayan asignado. Aunque los primeros salen hacia las 9 de la mañana, mi corral, como le llaman, no salía hasta las 10:30.

Así que no te queda más remedio que esperar allí, a la intemperie, con otros miles de corredores de todo el mundo, a que te toque salir. En la mochila llevábamos algo para desayunar, aunque allí te dan agua, café y dónuts, y ropa de abrigo, mucha ropa, para no quedarte congelado mientras esperas sin hacer nada más que hablar con la gente que te rodea. A pesar de que en la zona de espera ponen cientos de baños, las colas eran constantes.

Por fin llegó la hora de la salida de mi corral. Te llevan por un camino hasta la autopista de acceso al puente, donde está la salida, y a lo largo de ese camino íbamos apilando montones de ropa de abrigo que ya nos íbamos quitando. Todas estas toneladas de ropa la reparten luego entre organizaciones benéficas.

A pesar de que los corredores de elite y varias oleadas habían salido mucho antes, en cada una de las salidas se sigue el protocolo de escuchar a una cantante mientras entona el himno de EE. UU., y luego escuchas la canción «New York, New York» de Frank Sinatra mientras todos la cantamos según nos dirigimos a la línea de salida con gran emoción por estar allí. Luego disparan un cañonazo y empiezas a correr. Por fin.

Los primeros kilómetros son los que atraviesan el puente Verrazano–Narrows, primero cuesta arriba y luego ya bajando hacia Brooklyn. Hacía bastante viento, aunque por suerte no llovió. El paso del puente, como en todos los demás, es sin público, pero el ambiente que generábamos los miles de corredores contagiados los unos de los otros por la alegría desbordante que sentíamos era suficiente. Fueron unos primeros kilómetros emocionantes.

Pero cuando ya entramos en las calles de Brooklyn, la magia del Maratón de Nueva York se nos presentó en su estado más puro.

Empieza aquí la labor increíble del público que no nos iba a dejar de animar hasta la misma meta de Central Park (salvo un tramo corto por el barrio judío de Queens). Los grupos de música nos ponían la banda sonora ideal en cada tramo de la carrera, y miles de manos nos pedían que chocáramos las nuestras con ellas. Aquí empezaba también a funcionar el efecto de haber escrito mi nombre bien grande en la camiseta que había preparado para ese día. Ni sé cuántas veces escuché a la gente gritar «Go, Javier, go» a lo largo de todo el recorrido por voces de todos los acentos.

Es en esos momentos cuando entiendes que todo lo que has leído y oído hablar sobre el Maratón de Nueva York se queda corto y descubres por qué deseabas tanto estar allí, corriendo junto a decenas de miles de personas de todo el mundo por las calles de una ciudad tan internacional como esa. Y también es en ese momento cuando decides, si no lo habías hecho ya, que hay que olvidarse del reloj, de correr rápido (o al menos de intentarlo), y que lo que deseas es correr lo más despacio posible para que toda esa catarata de emociones que estás aún empezando a sentir no llegue nunca a un final.

La foto que me sacó Juan en Central Park, poco antes de la soñada meta.

Los kilómetros que te hacen atravesar Brooklyn te van acercando a Queens, el barrio más grande de Nueva York a donde accedes en el kilómetro 21 por el puente Pulaski. Corría feliz y contento, pese a tener ya algunas molestias en las piernas que me hacían parar a estirar de vez en cuando. Toda mi vida anterior no importaba nada. Este estaba siendo el momento más intenso de mi vida, casi la razón de toda ella. Ya no me acordaba de la cancelación del año anterior, ni de las lesiones, ni de los malos momentos que en mi vida había tenido por múltiples causas. Correr el Maratón de Nueva York fue sin duda una de las experiencias más brutales que había sentido jamás, y era feliz porque aún me quedaban unas horas para seguir viviendo esos momentos.

En el kilómetro 25 dejábamos Queens y atravesábamos el puente de Queensboro, un puente metálico muy bonito sobre el East River. De nuevo corríamos sin público, pero eso solo iba a multiplicar la explosión de adrenalina que nos iba a suponer entrar en Manhattan al final del puente. Ya antes de salir del puente empezábamos a oír el rugido que la multitud que se agolpaba en la salida del puente emitía. Y cuando ya das la curva que te hace entrar a la Primera Avenida, vives otro de los hitos importantes de esta carrera, ya que Manhattan nos recibía con miles de personas que habían elegido ese punto para animarnos. Es un buen lugar para que el público espere a sus familiares y amigos, ya que desde allí luego es fácil trasladarse a Central Park y verles de nuevo antes de cruzar la meta.

La Primera Avenida es una recta larguísima que además es un sube y baja constante, como en realidad es todo el maratón entero, y por eso es muy duro. La ancha avenida nos iba llevando hacia el norte para pasar al Bronx por el puente Willis Avenue.

Son pocos los kilómetros que corríamos por el Bronx, solo un par, pero son muy intensos, ya que la gente de este popular barrio se vuelca ese día con la carrera. Después, entrábamos ya definitivamente en Manhattan de nuevo, por el puente de Madison Avenue, para ir bajando por la Quinta Avenida a la busca de la entrada a Central Park.

Ahora, aunque mis piernas me iban dando guerra, los ánimos del público eran ya tan fuertes que es imposible no correr saludando a todo el mundo. Estábamos llegando al clímax de la carrera con más ambiente del mundo, y fueron unos kilómetros inolvidables.

Al llegar a la altura de la calle 110, ya estamos en la esquina no-roeste de Central Park, aunque seguimos corriendo un rato por la Quinta Avenida hacia el sur bordeando el parque hasta la altura de la calle 90, donde ya el recorrido se interna definitivamente en Central Park para completar los últimos cuatro kilómetros.

Este último tramo es probablemente el más brutal en cuanto a la presencia de un público volcado con los corredores. Casi no hay un metro donde no haya una multitud gritando y coreando nues-tros nombres continuamente.

En la calle 59, en la esquina suroeste del parque, se gira para co-rrer por el borde sur hasta las cercanías de Columbus Circle. Allí se hace el último giro y ya nos dirigimos hacia la deseada meta. Es una sensación extraña, porque a la vez sientes que por un lado quieres cruzar la meta y completar el sueño de correr el Maratón de Nueva York y por otro lado no quieres llegar nunca para seguir viviendo esas sensaciones que tal vez nunca más vayas a sentir.

Por fin, con un año de retraso, conseguí mi medalla favorita.

Un momento feliz para mí, fue cuando poco antes de llegar a Columbus Circle oí mi nombre de una voz conocida. Era mi amigo Juan, que me esperaba allí para luego llevarme un par de días a su casa en Pennsylvania, como el año anterior. Me detuve para saludarle y sacarnos una foto los dos juntos, y luego ya seguí corriendo hasta la meta.

Por fin, con un año de retraso, sentí lo que significa atravesar la meta del mejor maratón del mundo. Una felicidad total me invadía mientras una voluntaria me colgaba mi medalla en el cuello. Luego caminé un rato entre la multitud para encontrarme con Juan y volver al hotel a ducharme antes de ir con él a comer.

Sin duda, el Maratón de Nueva York'13 fue uno de mis mejores maratones, no por el tiempo que tardé en correrlo (de hecho, fue uno de los más lentos de todos, 4 h 33 min 40 s, sobre todo porque fui todo el rato sacando vídeos y saludando al público), sino porque fue el maratón en el que más he disfrutado del ambiente, de los días previos y de todo lo que rodea a un maratón internacional.

¡Qué ganas de volver a correr en Nueva York!

6

Maratón de Donostia/San Sebastián'13
(24/11/2013)
3 h 58 min 56 s

Al terminar mi segundo maratón en San Sebastián'97, recuerdo perfectamente cómo, mientras me cambiaba en las duchas de Anoeta tras la carrera, hablé con un chico que llevaba una camiseta del maratón de Nueva York de ese mismo año. Resulta que tres semanas antes había corrido allí y me dijo que había terminado en San Sebastián sin problemas, que no era imposible correr dos maratones en tres semanas. Yo le miraba admirado. Admirado porque había corrido en Nueva York, lo cual ya para mí era un sueño, y admirado por haber corrido dos maratones tan seguidos, algo que para mí era ir contra las leyes de la naturaleza de tanto oír ese mito de que no se pueden correr más de dos maratones al año.

Pensé entonces que si me animaba alguna vez a correr otro maratón, este tendría que ser el de Nueva York o algún otro de los internacionales, donde hubiese mucho público, muchos corredores y mucho ambiente. No fue así, ya que, como habéis leído, en el año 2000 corrí el Maratón de Bilbao. Sin embargo, tanto el sueño de ir a Nueva York como la conversación con el chico en las duchas de Anoeta se mantenían en mi cabeza bien presentes.

Pasaron once años hasta que me decidí a preparar otro maratón, y, esta vez sí, Nueva York pasó a ser un objetivo claro, posible y muy, muy excitante y motivador. Una vez que decides correr Nueva York y te apuntas al viaje toda tu vida gira en torno a la fecha de la carrera y es imposible no estar motivado para terminar la carrera.

221

Pero ya antes de viajar allí por segunda vez, según pasaban las semanas de entrenamientos y acumulaba kilómetros, al ver que había tres semanas entre Nueva York y San Sebastián, otra luz se encendió en mi cabeza. ¿Por qué no intentar correr también San Sebastián si después de la carrera americana me sentía bien? Pensé que era factible. En Nueva York no pensaba correr a tope. La idea era disfrutar del ambiente y de la carrera y olvidarme del reloj. Si todo iba bien, y no tenía más molestias en las piernas que las normales del cansancio, podía recuperarme en tres semanas y correr en San Sebastián.

Llegó el 3 de noviembre de 2013 y disfruté del Maratón de Nueva York en uno de los días más felices que recuerdo de mi vida. Y volví a España. Descansé, entrené, y tres semanas después tomé la salida en San Sebastián. No estaba seguro de poder correr toda la carrera, porque los últimos días notaba el sóleo más cargado y me notaba cansado. Pero tomé la salida aún con la lejana conversación con aquel chico retumbando en mi cabeza.

Una vez en carrera sentí que podía correr a gusto. Puse un ritmo de crucero desde el principio, dejando pasar los kilómetros sin preocuparme de nada más. El día no era bueno. Llovía, como el año anterior, y esta vez llevaba mi camiseta del Maratón de Nueva York de este mismo año, para que se viera bien. Y no fui el único que la llevaba, por cierto.

Pasé el medio maratón en 1 h 57 min bajo la lluvia sin muchos problemas, y pensé que incluso podría bajar de cuatro horas por segunda vez en mi vida. Con este pensamiento corrí la segunda parte.

En los últimos kilómetros tuve algunos dolores en las piernas, pero veía que sí, que lo podía hacer. Y seguí corriendo, incluso más rápido. Llegué a la meta en 3 h 58 min 56 s. Lo logré. Me dolían las piernas, pero lo logré. Media hora más rápido que en Nueva York a las mismas pulsaciones medias. Y solo cinco minutos más en el segundo medio maratón que en el primero. Regularidad para mí en aquellas circunstancias. Buena carrera. Satisfecho.

Al llegar a casa mi hijo se fijó en el tiempo que había tardado en terminar y en el imán de la nevera con el número de dorsal que tenía para Nueva York'12. Y enseguida se dio cuenta de que mi tiempo en San Sebastián solo era un segundo más que el número de ese dorsal 35 855 que descansaba en mi nevera junto al tiempo de 2013.

Un amigo me dijo en el Facebook al comentar esto que las casualidades no existen. Puede ser. Quizás estaba predestinado a correr un maratón en ese tiempo. Quién sabe.

Con la camiseta de NY'13, de nuevo bajo la lluvia en San Sebastián.

Rotterdam Marathon'14
(13/04/2014)
3 h 45 min 24 s

Cuando en diciembre de 2013, tras los maratones de Nueva York y San Sebastián, empecé a prepararme el plan de entrenamientos para este maratón, en el encabezado puse: «Plan de entrenamiento para Maratón de Rotterdam en 3 h 45 min».

Después de 2013 y dos maratones más, decidí que correr maratones iba a convertirse en mi actividad deportiva principal, dejando en segundo plano la bicicleta. No dejaría del todo de ser ciclista, pero un maratón al año por lo menos iba a empezar a caer.

Pensando en el objetivo de 2014, y como había terminado muy satisfecho en San Sebastián'13, decidí seguir con el punto de forma que tenía como *runner* y hacer un nuevo maratón en primavera. Así, pensaba, podría correr más rápido y con más seguridad.

Mirando el calendario de maratones internacionales, ya que me motivaba mucho hacer otro maratón importante, me decidí por el de Rotterdam en abril. Era un maratón rápido, y Holanda me gusta mucho. Además, me quedaban unos buenos meses tras la carrera para hacer una temporada de ciclismo, ya que tenía todavía algunos objetivos para ese año sobre la bici.

Así que después de San Sebastián, descansé unas semanas y empecé a finales de diciembre a preparar Rotterdam con ese objetivo de 3 h 45 min (y si todo iba muy bien, incluso intentar bajar de mis 3 h 39 min de San Sebastián'97). Todo empezó bien, pero el 12 de enero, corriendo por el monte, me hice un pequeño esguince que por lo que en tres semanas apenas pude correr. Seguí entrenando con la bici, pero la sensación que me daba era que estaba perdiendo la forma para la carrera a pie y que no llegaría al maratón. Incluso empecé a pensar en planes alternativos, como hacer en Rotterdam solo hasta el kilómetro 25 (porque me parecía que no iba a poder llegar como para acabar bien el maratón y ya estaba apuntado y con el viaje pagado) y apuntarme al de Madrid, que se corre a finales de abril, lo que me daba un par de semanas más de entrenos para recuperar las semanas perdidas por el esguince.

Pero poco a poco fui recuperando las buenas sensaciones y para mediados de febrero ya ni me acordaba que había tenido que parar esas semanas. Así que seguí con el plan, corriendo casi todas las semanas cuatro días y añadiendo uno de bici, sin correr nunca dos días duros seguidos y procurando hacer al menos un día de series a la semana y uno de fondo que iba alargando poco a poco (con un máximo de kilómetros para ese maratón de 26 en la tirada más larga). Haciéndolo así evitaba las lesiones por sobrecargas (con un masaje cada dos semanas y al final del ciclo cada semana) y, además, iba mejorando las sensaciones progresivamente a medida que mi cuerpo iba siendo cada vez más *runner* y menos ciclista. Cada tres semanas de entrenos progresivos añadía una de descanso con solo tres días de correr y un único día duro de fondo.

Por fin llegó abril y salí de viaje a Holanda, según lo planificado. El viernes volé a Ámsterdam, donde hice turismo por la tarde. El sábado hice una carrerita suave por la ciudad antes de viajar en tren a Rotterdam, donde paseé un poco por la tarde para estar descansado el domingo en la carrera. Todo según lo planeado menos la vuelta de Rotterdam al aeropuerto de Ámsterdam, ya que me equivoqué de tren y al final tuve que coger un taxi que me costó 120 euros extras. Pero bueno, qué se le va a hacer.

Como la salida del maratón era a las 10:30, y mi hotel estaba a un paso, pude descansar y desayunar con calma y dar un paseo por la salida para tomar un café antes de volver al hotel y terminar de prepararme para la carrera.

Durante la carrera vi desde el principio que no iba a correr al ritmo de mi mejor marca de 3 h 39 min, pero que iba a hacer sin un gran esfuerzo mi segunda mejor marca (que era de 3 h 58 min en San Sebastián'13) a pesar del viento que en algunos sitios era fuerte. Así que corrí sin agobios, controlando en todo momento el pulso y bebiendo y comiendo (geles y glucosa) cada 5 kilómetros como sé que me va bien.

Corrí toda la carrera muy regular. De hecho, el segundo medio fue casi calcado al primero, dos minutos más (que teniendo en cuenta que paré una vez a desbeber detrás de un árbol es casi el mismo tiempo para las dos mitades).

A partir del kilómetro 25 empecé a ver que iba a hacer un tiempo por debajo de 3 h 50 min y que me podía acercar a 3 h 45 min (mi objetivo si todo iba bien), así que me permití subir un poco el pulso y de hecho las pulsaciones máximas las alcancé en la línea de meta con 162 ppm (media de 142 ppm). Apenas tuve molestias musculares, salvo en el gemelo izquierdo y pie izquierdo que me había dado algo de guerra los últimos meses por mi artritis que de vez en cuando me provoca inflamaciones y algunos dolores, pero sin mucha complicación.

En la última parte aumenté el ritmo todo lo que pude y crucé la meta muy satisfecho con un tiempo final de 3 h 45 min 24 s, casi lo que me había marcado al preparar el plan para Rotterdam.

Los datos de mi carrera son estos:

— Puesto 3387 de 10 678.

— Puesto categoría M50 355 de 1102.

— Parcial de 5 km más lento: del 20 al 25 en 27 min 34s (cuando paré).

— Parcial de 5 km más rápido: del 5 al 10 en 25 min 59 s.

Dándolo todo en Rotterdam.

Maratón de Sevilla'15
(22/02/2015)
3 h 42 min 24 s

Tras mi excelente experiencia en Rotterdam, como os he dicho antes, hice todavía unos meses como ciclista, haciendo la ruta cicloturista por etapas entre Burdeos y Bilbao en mayo, alguna salida a Pirineos y una parte de la Etapa del Tour de ese verano, en la que subíamos el Tourmalet en un día de frío y lluvia.

Ese día en el Tourmalet decidí que esa prueba iba a ser mi última «gesta» como cicloturista. La artritis de la columna me impedía disfrutar de salidas largas en bici, y me causaba cada vez más molestias en las bajadas, por lo que ese último descenso en «competición» del Tourmalet, además en un día de perros, me resultó especialmente duro. Por tanto, el año 2014 fue el año en que pasé de ser un ciclista que de vez en cuando corría maratones, a un maratoniano que de vez en cuando sale en bici.

Para 2015 en principio había previsto correr el Maratón de Sevilla con unos amigos y, si la suerte me acompañaba y me tocaba un dorsal, iba a ir en octubre al Maratón del Cuerpo de Marines, en Washington, ya que mi amigo Juan lo corría casi siempre y me lo había comentado. Pero luego, según iba entrenando más y me sentía cada vez más maratoniano, empecé a barruntar una idea que me mantuvo buena parte del año con gran motivación.

Mirando el calendario de maratones había varios que me atraían. El primero era Sevilla, objetivo ya decidido, pero también veía Barcelona, donde había debutado en la distancia en 1996. Y luego me enteré de que la primera edición del Maratón nocturno de Burdeos iba a ser en abril... En fin, que veía maratones muy apetecibles por doquier.

Y como mi cabeza, en eso de motivarse con nuevos retos, es más ambiciosa que mis limitadas condiciones físicas, empezó a trabajar sin descanso hasta que tuvo por delante este completo calendario de maratones de febrero a junio: Sevilla, en febrero; Barcelona en marzo; Burdeos en abril; Vitoria–Gasteiz en mayo; y Laredo en junio. Cinco maratones en cinco meses consecutivos. Un órdago a la grande para mi cuerpo que había lanzado mi mente.

Bien. Reto aceptado. Iría paso a paso.

Así que, en febrero, después de varios meses entrenando para ese día, corrí en Sevilla uno de mis mejores maratones. No fue el más rápido (que era uno de mis objetivos, aunque no el más importante), ni fue el que más he disfrutado, pero estuvo muy bien.

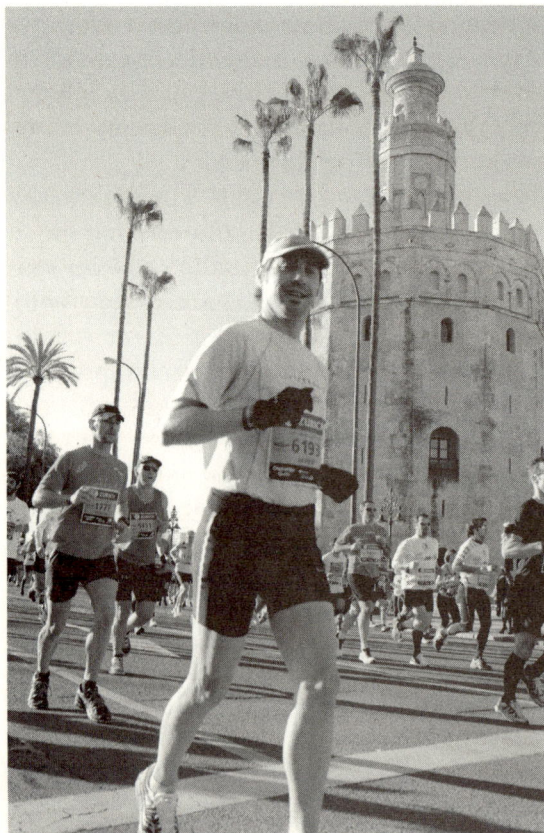

La carrera en sí misma me gustó. El recorrido es bonito (aunque no lo vi mucho, ya que iba concentrado en la carrera), la gente anima bastante y, como era de esperar, hizo muy buen tiempo, lo que para los que vivimos en el norte es algo de agradecer, sobre todo tras las semanas que llevábamos de frío y lluvia.

La organización de Sevilla es bastante buena en general. La Feria del corredor es muy completa. Durante la carrera, la única pega que tengo es que cuando llegué al primer avituallamiento tuve que cambiar de trazada, ya que yo estaba corriendo por la derecha y las mesas estaban a la izquierda y hasta varios metros después no vi que también había mesas a la derecha más adelante. Fue un error mío no verlas.

Sobre mi carrera, y desde el punto de vista deportivo, he de decir que me salió perfecta. Seguí en todo momento la estrategia que había planeado. De acuerdo con la última prueba de esfuerzo que me hice en el Centro de Medicina Deportiva Senkirol, de la mano de mi médico, el Dr. Joseba Barron, hasta el medio maratón el plan era procurar no pasar de 136 ppm, que era mi umbral. Así que hasta el medio maratón no miré la tabla de tiempos que llevaba ni me preocupé de seguir a nadie en la carrera. Simplemente corrí mirando cada poco el pulsómetro que me guiaba como no lo puede hacer ninguna liebre con globo. Dejé pasar los kilómetros y a partir del 10 empecé a tomar la glucosa y los geles más o menos cada cuatro o cinco kilómetros, que es lo mejor, junto con mantener el pulso sin pasar del umbral, para mantener el nivel de glucógeno estable el mayor tiempo posible, que es lo que hace que en los últimos diez kilómetros de un maratón bien te estrelles contra el «muro» o bien adelantes a decenas de corredores.

Ya en el medio maratón miré mi tabla de referencia. Lo pasé en 1 h 52 min 25 s, por lo que vi que iba por debajo de Rotterdam'14, pero por encima del tiempo de referencia para hacer 3 h 39 min, que era mi segundo objetivo del día, después de el de terminar bien la carrera y disfrutarla, que era el principal.

Así que, como vi que tenía difícil bajar de mi 3 h 39 min 21 s (mi MMP), pero que estaba en mis piernas bajar de 3 h 45 min y hacer mi segunda MMP, fui acelerando progresivamente el pulso siempre manteniéndolo bajo control. Poco a poco iba corriendo a un ritmo un poco más rápido, pero sintiéndome fuerte. No quería forzar demasiado, porque en un maratón cualquier esfuerzo de más lo puedes pagar caro al final. Llegué al kilómetro 30 y vi que por delante me iba acercando al globo de la liebre de 3 h 45 min, que hasta entonces estaba muy lejos de mí. Mantuve el ritmo, seguí tomando geles, glucosa y agua en todos los avituallamientos y poco a poco alcancé al pelotón que iba con la liebre y en un par de kilómetros les dejé atrás.

A partir del kilómetro 35 aceleré un puntito más y de ahí a la meta creo que no me pasó nadie y adelanté a decenas de corredores, con lo que queda claro que mi estrategia en la carrera fue perfecta. Apenas tuve algunas pequeñas molestias musculares, pero nada importante.

Aquí noté que los entrenos que había hecho me habían venido muy bien. Llegué descansado y fuerte al maratón gracias a no haberme empeñado en hacer tiradas largas agotadoras. Solo hice tres para este maratón, una de 24, otra de 26 y otra de 27 kilómetros. Suficiente.

Y así es como llegué a los dos últimos kilómetros donde ya sí noté algo el cansancio, pues, aunque quise meter un puntito más no pude por lo que me limité a seguir el ritmo que llevaba y a disfrutar de la entrada en el estadio y de haber terminado mi 8º Maratón con mi segunda MMP (3 h 42 min 24 s tiempo oficial) y la mejor desde que había retomado los maratones en 2012, lo cual está muy bien porque mi 3 h 39 min 21 s es de cuando tenía 34 años. Seguro que a mucha gente le gustaría correr casi igual con 51 años que con 34.

Otro dato que deja claro lo bien que corrí, es que hice el segundo medio maratón en 1 h 49 min 59 s, dos minutos pasados más rápido que el primer medio. Era la primera vez que hacía la segunda mitad más rápida que la primera y era la primera vez que corría todo un maratón sin parar ni a orinar.

En fin. Sevilla'15 fue una experiencia muy bonita, un viaje muy agradable y un primer reto de 2015 superado con sobresaliente. Por delante tenía otros cuatro maratones muy seguidos y otro más en octubre, ya que mientras entrenaba para Sevilla me había tocado el dorsal para Washington.

Ahora tenía que recuperarme lo mejor posible para Barcelona, lo cual, después de haber corrido a tope en Sevilla, iba a ser complicado.

Maratón de Barcelona '15

(15/03/2015)

4 h 14 min 14 s

*O cómo pasar del (casi) cielo al (casi) infierno
en tres semanas*

En noviembre de 2013, como he comentado, había enlazado dos maratones en tres semanas, New York y San Sebastián, y en aquella ocasión el segundo maratón lo corrí con buenas sensaciones tras no haber forzado nada en el primero. Pero esta vez venía de correr al máximo en Sevilla, por lo que noté demasiada fatiga en Barcelona desde antes del kilómetro 20.

Tras la carrera de Sevilla descansé todo lo que pude para llegar a Barcelona con ganas de correr. Entre medias entrené más como mantenimiento que como entrenamiento real. El objetivo era llegar lo más descansado posible a mi segundo maratón en tres semanas. Pero quizás no fue suficiente para recuperarme del todo.

Llegué el sábado por la tarde a Barcelona, recogí el dorsal, paseé un rato por la Feria del Corredor (muy completa, me recordó a la de New York) y, tras aguantar una fuerte tormenta, me acerqué al Estadio Olímpico de Montjuïc (ahora Lluís Companys) a recordar aquel día de marzo de 1996 en el que corrí un maratón por primera vez y me enganché a esta distancia.

El domingo, con un bonito día, aunque algo frío para mi gusto, desayuné bien y me acerqué andando tranquilamente a la salida. Salía en la cuarta oleada con un ambiente muy bonito, muy internacional y con mucho público que presagiaba el gran día del maratón que vivimos en la capital catalana.

Mi estrategia estaba clara. Correr lo más tranquilo posible la mayor parte de la carrera. Iba mirando el pulso, pero no como en Sevilla para ir lo más cerca posible del límite que me había marcado, sino para intentar llevarlo todo el rato por debajo del umbral, 136 ppm, bastante por debajo.

Así que fui pasando los kilómetros preocupado solamente en que fuera discurriendo el tiempo y en disfrutar del recorrido urbano y de los miles de personas que nos animaban todo el rato.

Hay que decir que este maratón es bastante más duro que el de Sevilla, ya que hasta el kilómetro 20 hay muchos tramos que son cuesta arriba, por lo que era importante no apretar demasiado en esta primera mitad.

A partir del kilómetro 10 empecé a tomar los geles y la glucosa, como hago siempre. Pero mi sorpresa fue que ya en el kilómetro 20 empecé a sentir hambre, algo que puede ser el primer aviso de un «pajarón», sensación que me es muy familiar de mis años de cicloturista. Así que procuré tomar más geles y más glucosa y además comí algunos trozos de fruta en los avituallamientos (que por cierto eran muy completos y muy bien repartidos por todo el recorrido). No llegué a desear ver de nuevo a la señora que me dio pan en 1996, pero cerca anduve.

Pasé el medio maratón en 2 h 2 min, bastante más lento que en Sevilla, y eso que allí no corrí esa parte a muchas más pulsaciones que aquí, pero la fatiga se dejaba ya notar. Pensé que podría mantener ese ritmo hasta la meta, pero no fue así, y la segunda media maratón la hice en 2 h 12 min, y eso sin subir las pulsaciones hasta el último kilómetro y medio.

De ese modo fui dejando pasar los kilómetros, con una sensación de vacío incómoda y, además, desde el kilómetro 31 con molestias en la parte alta de los cuádriceps, que no me impedían correr pero que no eran agradables. Incluso en los últimos kilómetros me paré más de una vez a caminar aprovechando los avituallamientos.

En Sevilla los últimos diez kilómetros los hice de menos a más, pasando a mucha gente y con la agradable sensación de dominar mi ritmo. En Barcelona, en cambio, estos kilómetros fueron duros, cada vez más cansado y descontando casi cada metro que me separaba del final. Solo los dos últimos kilómetros, y al ver que bajaba de 4 h 15 min, apreté y llegué a la meta esprintando haciendo al final 4 h 14 min 14 s, una marca muy discreta.

Lo bueno de haber corrido con este cansancio es que castigué muy poco al cuerpo, corriendo toda la carrera a unas pulsaciones medias de 137 ppm (me hubiese gustado que fueran aún menos, pero la fatiga se dejó notar), y salvo esas molestias en los cuádriceps, al terminar apenas sentía las piernas demasiado cansadas. De hecho, el lunes siguiente pude bajar escaleras corriendo sin ningún problema y por la mañana el pulso en reposo era de 48 ppm. Dentro de la normalidad.

Conclusión a la que llegué: puedo correr sin problemas dos maratones en tres semanas si los dos los corro tranquilo, pero si he corrido el primero a tope, ya sé que el siguiente será duro.

Desde Barcelona al Maratón de Burdeos me quedaban cinco semanas para la tercera etapa de este Tour que me marqué. Así que esperaba recuperarme mejor de ambos maratones para la tercera etapa.

Pese al sufrimiento, una nueva llegada a meta llena de felicidad.

10

Marathon de Bordeaux Métropole'15
(18/04/2015)
4 h 17 min 09 s

Frío, lluvia, barro, adoquines... os presento el Maratón de Burdeos.

Dentro del bonito e interesante reto que me había planteado ese año 2015 de correr cinco maratones en cinco meses, en abril me tocaba la tercera etapa, Burdeos. Era una carrera que me motivaba, pero a la vez me asustaba ya que es un maratón nocturno (con salida a las 20:00) y nunca he corrido tantos kilómetros a esas horas en las que normalmente ya me entra sueño. Además, era la primera edición de este maratón y Burdeos es una ciudad preciosa que había conocido el año anterior, por lo que me hacía ilusión correrlo.

Por todo esto, me animé a elegir esta carrera en lugar de otros maratones que se disputan en abril. Por cierto, fue todo un éxito puesto que en esta su primera edición varios meses antes de la carrera ya no había dorsales libres. Entre el maratón, el medio maratón, y las modalidades del maratón a relevos nos dimos cita más de 18 000 corredores, la mayoría franceses. No sé exactamente cuántos estábamos apuntados al maratón, pero en la clasificación final hubo 5609 *finishers*, lo que fue un éxito.

Sobre mi experiencia, la verdad es que fue bastante interesante y muy buen aprendizaje para futuras carreras.

Viajé desde Bilbao el mismo sábado, ya que el horario de la carrera me lo permitía, y al llegar a Burdeos hacía buen tiempo, incluso calor. Anunciaban bastante lluvia para última hora de la noche y la madrugada, pero, a media tarde, después de haber recogido el dorsal y ya descansando en el hotel, empezó a llover cada vez más fuerte y ya no paró hasta casi las 10 de la noche. Así que salí con una camiseta de manga larga (la de NY'13), guantes y el paravientos de Rotterdam'14 que no sirve para la lluvia, pero no tenía otro (un error no preverlo).

Mientras esperábamos en la salida llovía bastante, así que me quedé algo frío y creo que todo el mundo estaba deseando empezar a correr.

Por fin dieron la salida y arranqué suave. Mi objetivo era terminar lo más entero posible para afrontar bien el Maratón de Martín Fiz en Vitoria el 10 de mayo, mi siguiente etapa.

Al poco de empezar me di cuenta de que no había elegido bien la estrategia de la comida durante el sábado. Al ser la primera vez que corría un maratón nocturno, procuré comer lo suficiente durante el día intentado dejar unas horas para hacer la digestión, pero algo no hice bien porque ya de salida me notaba pesado y con gases, y durante la primera hora casi deseaba que me entraran ganas de vomitar para ver si mejoraban las sensaciones.

Tras una primera vuelta de unos cinco kilómetros por la margen derecha del río Garonne, se pasaba cerca de la salida y de allí ya nos íbamos hacia Pessac, a las afueras de la ciudad. Seguí durante un buen rato a ritmo tranquilo, sin que se me pasara el malestar del estómago y sin saber si ponerme o quitarme el paravientos, ya que a ratos tenía frío, algo que no me gusta nada.

Al cabo de una hora empecé a sentirme algo mejor, por lo que parecía que me iba animando y ya empecé a tomar algo de glucosa. No me apetecía, pero mi experiencia me obligaba a tomarla.

Hacia el kilómetro 13, íbamos ya por las afueras de la ciudad cuando a la izquierda vi una gran campa verde y una línea con potentes focos de luz a ras de tierra. Al principio pensé que era un campo de fútbol y que había un partido, pero enseguida vi que por allí iban corredores. Un giro a la izquierda de 90° y entrábamos por un camino entre lo que se supone que eran viñedos (no se veía nada). Pero no era un camino asfaltado, no. En pleno maratón de asfalto nos metían por caminos de tierra que, gracias a la abundante lluvia de la tarde, era a ratos un barrizal.

De repente me vi en medio de la París–Roubaix. Giros de 90°, barro, hierba en los bordes del camino más cómoda para rodar... Sí, allí estaba. Corriendo una París–Roubaix como en 2012 pero sin el traqueteo de la bicicleta. Qué emoción. Me vine arriba por momentos.

Este primer tramo duró un kilómetro entero y al salir me di cuenta de que había dejado de llover. Buena señal.

Un par de kilómetros más tarde, de nuevo otro giro a la izquierda y entrábamos por un camino de piedrecitas encharcado para pasar junto a un precioso *château* iluminado que era una pasada de bonito. Y para salir de ese *château*, llamado Pape Clément, teníamos que atravesar otra zona de barro en la que seguro que a más de uno se le quedó atrapada alguna zapatilla. Como para ir con unas bonitas zapatillas nuevas.

Después, ya de nuevo por asfalto, regresábamos hacia el centro de Burdeos. A partir del kilómetro 25, más o menos, dábamos varias vueltas que nos hacían pasar por los lugares más bonitos y emblemáticos del centro de la ciudad. Además, había bastante público, por lo que animación para correr no faltaba. Por aquí había varios tramos de zonas adoquinadas (más París–Roubaix) y había que tener cuidado con las vías del tranvía. De eso estábamos avisados.

Mi estómago no estaba demasiado bien, así que una vez llegados a la zona más urbana cada vez que veía un bar abierto me entraban ganas de meterme para ir al baño. No acababa de decidirme, pero al final, en el kilómetro 27 entré en un bar, pedí un café y me dirigí al servicio a ver si solucionaba el problema. Falsa alarma. No me quité ningún peso de encima. Tomé el café mientras los del bar alucinaban porque un corredor se hubiera metido a tomar un café (no me conocen) y me dieron muchos ánimos (eso sí, me cobraron el café). Después, me incorporé a la carrera y fui pasando los kilómetros lo mejor que pude a ritmo tranquilo.

En el kilómetro 34 venía un nuevo tramo de casi un kilómetro con barro y charcos al paso por un gran parque. Ya quedaba menos. A partir de ahí me empezó a doler un poco una pierna, pero nada del otro mundo. Lo normal en un maratón.

Por fin empecé la última vuelta corta que nos pasaba por la zona más céntrica de la ciudad. Luego pasamos por debajo de la Porte Cailhau, impresionante edificio histórico, y ya entré en la recta de meta con la ilusión y el subidón que dan los últimos metros de un maratón.

Incluyendo la parada en *boxes* para el café, tardé un tiempo oficial de 4 h 17 min 9 s, poco más que en Barcelona, pero con sensaciones mucho mejores que allí. La diferencia fue que en Barcelona corrí solo tres semanas después de correr a tope en Sevilla, y en Burdeos corrí cinco semanas después de correr despacio en Barcelona. Las piernas no me dolían casi al acabar la carrera, y al ir al masaje al día siguiente estaban casi perfectas.

Una nueva experiencia al correr un maratón de noche en Burdeos.

Maratón de Vitoria–Gasteiz Martín Fiz'15
(10/05/2015)
4 h 6 min 15 s

Tras haber corrido bajo la lluvia hacía tres semanas en el Maratón de Burdeos, para este maratón que homenajea al gran campeón y gran persona Martín Fiz se esperaba calor para la parte final. Y así fue. Antes de salir incluso hacía algo de frío, pero el día estaba despejado y la previsión era que acabaríamos la carrera cerca de los 30 ºC. Así que tenía que salir mentalizado de que iba a pasar calor y que era importante beber agua y refrescarme bien.

Correr se está convirtiendo en una hermosa forma de socializarnos con los demás, y gracias a Internet y a grupos de corredores como los *Beer Runners* de Bilbao, esta vez no fui solo a la carrera, sino que me acompañó Elena, una chilena (bilbaina de adopción) que estaba muy motivada por correr su primer maratón. Antes de salir nos encontramos con Mark, un inglés (bilbaino de adopción) que es un amigo común de ambos. ¡Qué pequeño es el mundo!

Y así, con la ilusión de Elena y mi temor a ver cómo respondía mi cuerpo en el cuarto maratón del año empezamos a correr.

No me gustó la salida, ya que inmediatamente detrás de los que íbamos a hacer el maratón, salían los del medio maratón, y seguido los de la carrera popular, por lo que en los primeros kilómetros un montón de corredores rápidos nos pasaban por encima a los que no lo somos tanto.

Luego ya la cosa se calmó, pero como hasta el kilómetro 15 era el mismo recorrido para el maratón y el medio maratón, todo el rato iba rodeado de gente que no iba al ritmo que a mí me gustaba. Luego, a partir del kilómetro 15 ya íbamos más tranquilos, pero sin el apoyo que da correr en un grupo más numeroso. Siempre soy partidario de separar las carreras y creo que sería mejor que el medio maratón y la carrera popular salieran más tarde y no mezclarnos. Pero, una vez más, en la vida no puedes elegir y hay que adaptarse a lo que hay, y si los organizadores prefieren hacerlo así, pues quién soy yo para decidir otra cosa.

Hasta el kilómetro 10 procuré ir despacio, pero como la gente me aceleraba, al final resultó que, pese a mis intentos por bajar el pulso, corrí ese tramo demasiado acelerado para mi condición y no me encontré muy a gusto. Luego tuve un rato en el que iba mejor, pero no llegué a disfrutar de mi ritmo en ningún momento, así que mi cabeza trataba de pasar los kilómetros lo mejor que podía. Hasta el medio maratón no lo pasé muy mal, pero ya empezaba a notarse el calor y el paso de los kilómetros.

El maratón comienza en el kilómetro 30. Es lo que sé y lo que digo siempre. Y en esta ocasión llegué a «la salida» medio muerto, o sea, que tuve que echar mano de toda mi motivación y fuerza de voluntad para saber que me iba a tocar sufrir un poco más durante una hora y pico todavía.

La verdad es que, entre el calor y que esta parte del circuito transcurre por las afueras de la ciudad, con poco público y a pleno sol todo el rato, el final se me hizo más duro que lo previsto. No iba tan mal como en Barcelona en marzo, pero desde luego mis sensaciones no eran las de Sevilla en febrero, ni siquiera las de Burdeos en abril.

Además, por lo que pude ver, en Vitoria hay muchas zonas verdes, pero pocas fuentes, así que solo podía coger agua cada cinco kilómetros en los avituallamientos. Menos mal que de vez en cuando había alguien del poco público de esa zona que nos daba algo de agua.

Sabía, porque así lo ponía en el perfil, que entre el kilómetro 35 y el kilómetro 40 picaba para arriba el circuito. Pero, según el mismo perfil, a partir del kilómetro 40 debía ser todo bajar. Pero, ¡ay! A unos 700 metros de la meta había que subir un repecho mortal de necesidad, y entre el calor que ya hacía (casi 30 °C a la sombra), la fatiga y esa cuesta, los últimos metros se me hicieron muy muy largos. Pero acabé, que era lo importante. Y acabé contento, como debe ser.

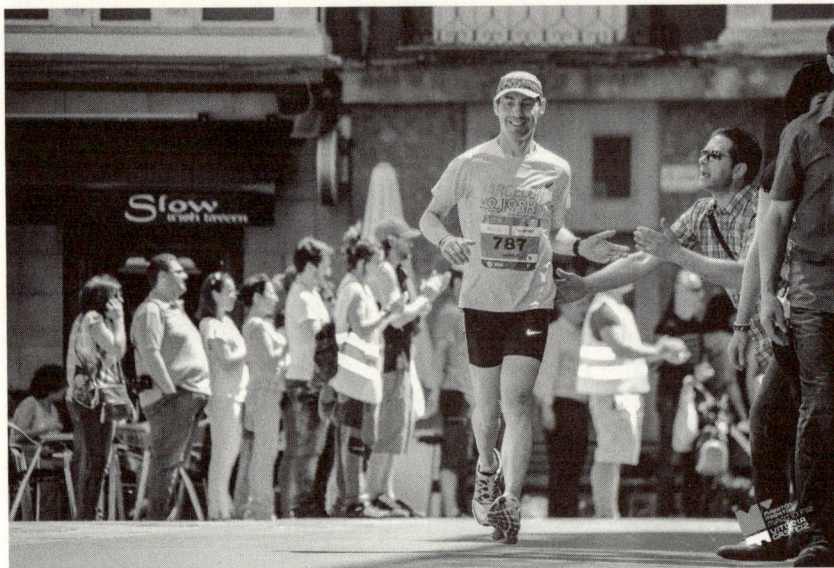

Del frío y la lluvia de Burdeos, al calor sofocante de Vitoria.

Ya solo me quedaba en junio el maratón de Laredo para terminar el reto de los «5x5 Maratones». Sabía que iba a llegar con pocas fuerzas pero con muchas ganas. Las piernas apenas sufrieron en Vitoria, pero en Laredo era fácil que hiciera calor, y teniendo en cuenta que es un maratón de cuatro vueltas al mismo circuito, sabía que iba a necesitar que mi cabeza trabajara ese día al 110 %. A por ello iba.

12

Maratón de Laredo '15
(7/06/2015)
4 h 6 min 24 s

Y en Laredo terminé (with a happy end).

Tras el maratón de Laredo se acabó el reto «5x5 Maratones». Fueron unos meses muy interesantes y que, con esta tontería de los maratones, se me pasaron volando.

En primer lugar, tengo que decir que en Laredo eran cuatro vueltas a un mismo circuito, por lo que mentalmente ya es una carrera dura, pues las dos últimas vueltas se hacen pesadas, sobre todo la tercera, porque en la última, como ya ves que llegas al final te animas más. El tiempo acompañó bastante. Hacía algo de calor, no demasiado, pero el cielo se mantuvo casi todo el rato algo cubierto, con lo que no llegó a calentar demasiado. Tuvimos algo de viento, pero solo era molesto en un par de rectas llegando a la zona de giro del puerto.

En la salida había más o menos unos 900 participantes en el medio maratón (daban dos vueltas saliendo a la vez que nosotros), y 215 en el maratón. No muchos para intentar hacer *grupetta* al final. Ya he comentado que no me gusta que salgan juntas las diferentes carreras, ya que es difícil acoplarte a un grupo desde la salida. Pero bueno, ya lo sabíamos.

Llegué a Laredo temprano desde casa y sin prisas. El sábado por la tarde me había acercado hasta allí a recoger el dorsal, así que el domingo llegué pronto, dejé el coche junto al polideportivo donde nos duchábamos después, y me preparé con tranquilidad. Luego tomé un par de cafés y fui a la salida a esperar.

Se dio la salida con buen ambiente y traté de poner un ritmo cómodo de comienzo. Pero como todo el mundo iba rápido, no lograba coger el ritmo que quería y me salieron los dos primeros kilómetros algo rápidos, yendo un poco alto de pulsaciones, así que aproveché en el kilómetro 4 para parar en un baño a desbeber y así me obligaba a bajar el pulso.

Enseguida me incorporé de nuevo a la carrera y me junté con un grupito que iba animando a una compañera para hacer el medio maratón, así que iban suave y me vino muy bien hacer con ellos el resto de la primera vuelta (luego la chica se paró y ya seguí solo, porque se quedaron atrás).

En la segunda vuelta fui un rato en diferentes grupos intentando mantenerme en mi ritmo, hasta que me junté con dos guipuzcoanos que iban bien para mí. En esos kilómetros es cuando mejor me encontré, tanto que mi cerebro empezó a rumiar la idea de, al terminar la carrera, correr un poco más tiempo para hacer por primera vez en mi vida 45 kilómetros seguidos. Cosas que se te ocurren en los momentos de euforia, cuando te vuelves un poco tonto.

Ya en la tercera vuelta me empezó a molestar la pierna izquierda y para intentar aguantar acorté el paso y me quedé solo. Luego alcancé a una chica y fui con ella un buen rato. Le di uno de mis geles, ya que iba un poco justa, y se quedó algo por detrás al paso por la meta de la tercera vuelta, lo que fue una pena, pues seguro que los dos juntos nos hubiéramos animado mutuamente. Al cabo de un rato parecía que me iba a alcanzar de nuevo, pero vi que tuvo que parar un par de veces así que ya fui en solitario hasta el final.

El resto de la última vuelta fui controlando que el dolor de la pierna no fuera a peor, y ajustaba el paso para sufrir lo mínimo posible. Por supuesto, mi cerebro se recuperó de la locura anterior y decidió, con buen criterio, que con el maratón ya era suficiente. En la meta marqué 4 h 6 min 24 s, casi lo mismo que en Vitoria un mes antes.

Sensación en meta: dolor de piernas, pero muy satisfecho y contento.

Tras acabar, comprobé que yo estaré pirado, pero hay gente mucho peor. El que acabó justo detrás de mí me dijo que ya llevaba terminados 98 maratones, y su amigo, que iba el último, con este hacía 230 o una burrada así. Buf. Me quito el sombrero.

Por cierto. No me gustó que al llegar ya no cogieran a más gente para el masaje, pues con los que estaban esperando ya tenían para una hora. Se supone que el cierre de control era de cinco horas, así que solo pudieron tener acceso a masaje los del medio maratón y los que acabaron el maratón en menos de 3 h 30 min. Un fallo, a mi entender. Tampoco me gustó que no hubiera medallas. No es que me importen mucho, pero me hacía ilusión tener las de los cinco maratones del reto juntas.

Pero un 10 para los voluntarios. Animaban mucho y los chavales que estaban en los avituallamientos eran unos «cracks». No me faltó agua en toda la carrera. Con eso y mis geles llego a donde sea.

Además de la fatiga, el calor endureció mucho la carrera en Laredo.

Resumen de los cinco maratones del reto 5x5

— 1º Sevilla: Muy buena carrera, mi segunda MMP. Controlando el ritmo todo el rato sin problemas y muy satisfecho. El entrenamiento que llevé demostró ser correcto.

— 2º Barcelona: Noté el cansancio de Sevilla y sufrí la segunda mitad. Iba bastante cansado e incluso tuve que parar a caminar un poco dos o tres veces. Tres semanas son poco tiempo para recuperar de un maratón corrido a tope.

— 3º Burdeos: Salvo molestias estomacales, la incomodidad de la lluvia y el correr de noche, no corrí muy mal. Fueron cinco semanas desde Barcelona y había recuperado bien.

— 4º Vitoria–Gasteiz: Tampoco me noté excesivamente cansado, pero el calor me dejó frito al final.

— 5º Laredo: Si no hubiese llegado con las piernas muy tocadas por haber hecho un entrenamiento muy duro de montaña dos semanas antes por acompañar a un amigo, hubiese corrido mucho mejor, ya que no he llegado excesivamente cansado a esta última cita.

Celebrando la consecución del reto de los 5 x 5 maratones.

244

13

Marine Corps Marathon'15
(25/10/2015)
4 h 12 min 42 s

Es difícil escribir sobre un viaje de una semana en el que corrí un maratón magnífico en Washington D.C. y estuve luego en Nueva York justo unos días antes de su maratón. Y es difícil porque todas las vivencias que viví, todas las sensaciones que sentí, todos los estímulos que me saturaron los cinco sentidos y todos los recuerdos que añadí a mi ya larga lista de grandes momentos de mi vida son imposibles de resumir en unos pocos párrafos. Pero voy a intentar hacerlo por todos los que me leen y por los que no pueden vivir estas experiencias y, aunque sea modestamente, las viven a través de estas líneas.

Antes de salir para los EE. UU. fui a ver la película *Everest* que recrea casi de forma documental una de las mayores tragedias que ha habido en esa montaña. En una escena, los miembros del equipo tienen una conversación y surge la manida pregunta de «¿Por qué subes al Everest?». Además de las risas al recordar la conocida respuesta de Irving Mallory a esa pregunta («porque está allí»), uno de los expedicionarios responde con algo que también se oye mucho: «porque puedo».

Sí. ¿Por qué corro maratones? Porque puedo. Porque tengo amigos que quisieran hacerlo, pero ya no pueden y corro por ellos. ¿Por qué escribo sobre estas experiencias? Porque puedo, porque a mí no me cuesta escribir y a otros sí; y porque los que no pueden correr junto a mí corren de esta forma conmigo y pienso en ellos mientras corro, pienso en cómo les voy a contar el viaje, la carrera, la dicha de estar allí...

Con Juan, en la foto como finishers.

Así que, aquí está la crónica de este viaje, un gran viaje.

Todo comenzó con un cansado día de vuelos entre Bilbao y la capital de los EE. UU. Pese al cansancio, y gracias al cambio horario, después de llegar al hotel cogí un autobús y fui al centro de la ciudad para dar una vuelta y tomar una cerveza en el hotel Tabard Inn, en donde estuve alojado en 2010 y del que tenía gran recuerdo por lo bonito y acogedor que es. Además, en su bar es donde sitúo en mi novela del Maratón de Nueva York *42,2 Muerte en Central Park* el encuentro entre el protagonista y la chica. Después fui paseando hasta la Casa Blanca, para verla de noche, ya que siempre la había visto de día las otras veces que he estado en Washington.

Tras dormir poco, el sábado cogí el metro hasta el Capitolio y regresé corriendo hasta el hotel mientras veía la zona monumental de la ciudad. Una pena que estuvieran en obras el Capitolio y otras zonas. Aproveché para que mi nueva camiseta de los *Beer Runners* Bilbao viera un poco el mundo.

Después de la ducha fui a la Feria del Maratón a por mi dorsal y allí ya me junté con mis amigos Juan y Linda, que acababan de llegar a la ciudad desde su casa en Pennsylvania. Me saqué la foto de rigor con el dorsal y la camiseta de la carrera. Por cierto, muy buena camiseta para correr los días fríos.

Antes de volver al hotel, hicimos un alto en la embajada de Cuba en Washington. En agosto había estado en la embajada de EE. UU. en La Habana, donde fui de vacaciones y me hacía ilusión ver las dos embajadas en las dos capitales el mismo año.

El domingo nos levantamos temprano para ir a la salida, que estaba cerca del hotel. Llovía algo, pero después estaba anunciada una mejoría. El Marine Corps Marathon es conocido como «The People's Marathon», el maratón del pueblo. Este año era la 40ª edición. Se creó gracias a la idea de un coronel para relanzar la imagen de los Marines, que en plena Guerra de Vietnam era bastante mala y que vio en el *boom* de los maratones en los años 80 en EE. UU. una oportunidad para acercar el Cuerpo de Marines al pueblo.

Hay que decir que esta carrera no tiene premios en metálico, por lo que no hay corredores profesionales en la salida. El ganador de este año fue un chico de 22 años, del ejército, que hizo un tiempo de 2 h 24 min. Gracias a esto, y a pesar de que en la salida éramos unos 25 000 participantes, fue sencillo salir delante.

De hecho, según íbamos para la salida por el borde de la carretera en sentido contrario a la carrera, si llego a querer podía haberme puesto en la línea de salida con los primeros. No había ningún agobio para situarnos. Por cierto, no sé por qué la salida se da a las 7:55 de la mañana. En pocos minutos ya estábamos todos corriendo porque el maratón comienza en una carretera muy ancha.

El hecho de ser un maratón organizado por los Marines le da un toque muy patriótico. Mucha gente lo corre en memoria y en honor de familiares y amigos que han servido en los ejércitos de EE. UU. Se ven muchas banderas y muchas camisetas honrando a fallecidos en misiones. Quizás el momento más emotivo es el paso por la *Blue Mile*, la Milla azul. Es en la milla 12 de la carrera (poco antes del medio maratón) y en la primera mitad corres junto a dos hileras de fotografías de soldados fallecidos en combate. El silencio en esos minutos es sepulcral y te sobrecoge. Luego, en la segunda mitad hay una fila de familiares con banderas animando y chocando las manos a los corredores. Da igual lo que puedas opinar sobre la política exterior del gobierno de los EE. UU., en esos metros te emocionas con esa gente.

El paso por el Congreso y por la zona monumental da lugar a bonitas fotografías de la carrera y es una zona muy agradable para correr. También hay muchos carteles originales. Uno ponía «*Run for the Congress*» («Preséntate al Congreso»), pero habían tachado el *For* y habían puesto *From*, con lo que quedaba «Huye del Congreso».

Poco antes de terminar corríamos junto al Pentágono, un edificio muy feo (y desde donde se organizan cosas feas).

Y, ya al final, junto al cementerio de Arligton, la emoción de terminar la carrera te da alas, aunque una fortísima rampa a doscientos metros de la meta te las corta de raíz. Pero no importa, ya estás en la meta, y terminar un maratón te aporta un subidón de felicidad que, lo reconozco, es adictivo, aunque lo vivas decenas de veces.

Nada más pasar la meta los propios Marines te felicitan y tú les das las gracias por el fantástico día que te han organizado. Todo el mundo se saca fotos con ellos y luego te sacas la foto junto al monumento de Iwo Jima, el *Marine Corps War Memorial*. Ya lo has conseguido. Misión cumplida, (*Mission accomplished*) como pone en la capa que te dan para que no te enfríes.

A pesar de la lluvia con la que empezamos la carrera, en la meta lucía el sol y la temperatura era de unos 20°C, así que esperé allí a Juan para sacarnos la foto los dos juntos y regresar al hotel tras comprar la camiseta de *finisher*. ¡Qué gran día!

Sobre la parte deportiva de mi carrera, la verdad es que mi idea era hacerla en unas 4 horas y media, tranquilo y sacando fotos. No quería cansarme más de lo necesario, ya que en dos semanas corría la Behobia–San Sebastián, donde quería darlo todo en la última carrera del año. Sin embargo, me encontré bien y sin forzar hice 4 h 12 min 42 s contando las abundantes paradas para sacar fotos. Por cierto, con este tiempo acabé en el puesto 5472 de 23 160 clasificados. Esto en España sería imposible. Con 4 h 12 min 42 s quedas muy atrás. También es por esto por lo que le llaman el maratón del pueblo.

Tras esos días en Washington pasé un día en casa de Juan y luego otra noche en Nueva York antes de regresar a casa. Fue uno de los mejores viajes que he hecho para correr un maratón.

Los marines organizan un precioso maratón en Washington.

249

14

Marathon de Paris'16
(3/04/2016)
4 h 3 min 56 s

En abril de 2016 corrí mi décimo cuarto maratón en París. Era mi primera participación en esta carrera y creo que la última, luego os cuento qué me pareció.

El día fue muy bonito, con calorcito incluso. Ideal para mí. Pero no corrí nada a gusto, solo los primeros kilómetros. Entre enero y febrero estuve unas semanas a medio gas por una pequeña lesión. Pero como luego vi que hice MMP en el Medio Maratón de Santander el 6 de marzo, me había animado e incluso me creía preparado para hacer sub 3 h 39 min y mejorar mi mejor marca personal.

Pero un maratón es un maratón, y aquí las matemáticas no siempre aciertan.

El viernes, ya en París, fui por la tarde a recoger el dorsal y a ver la feria, que nos dijeron que era de las mejores del mundo. Me decepcionó un poco (decepcionar, un verbo que usaré más veces en esta crónica). En el *stand* de Asics (empresa patrocinadora) había poca colección de prendas con diseños exclusivos para este maratón. Sí que había, pero comparando con la feria de Nueva York (también de Asics cuando fui yo) era poca oferta.

La bolsa de corredor tenía muy pocas cosas. Y sobre todo le faltaba una revista de la carrera con toda la información que un corredor necesita: plano de la salida y la llegada, información sobre los avituallamientos, etc. Tenías que buscar la información en la web de la carrera o en la feria, pero no estaba en la bolsa. El resto de los *stands* de la feria estaban bien. Pero, por lo menos en mi opinión, lejos de la feria de Nueva York.

Después fuimos a cenar a un italiano con mi hermana y mi cuñado que estaban de vacaciones en París. Y vuelta al hotel. Bonita tarde.

El sábado, tras una carrerita suave por los alrededores del hotel con el grupo de Sportravel (un poco demasiado rápida para mi gusto), fui con mi mujer a visitar la Torre Eiffel y luego a comer.

Aquí se me empezó a torcer el maratón, ya que después de comer empecé con dolor de tripas y cansancio. Tras volver al hotel descansé lo que pude, pero no me encontraba en mi mejor forma para un día previo a un maratón.

Ya el domingo me levanté mejor. Desayuné sin problemas y fuimos para la salida. Allí dejé mi mochila en la consigna (bien organizada, sin muchos agobios, lo mismo que para recogerla al final) y fui hacia mi cajón de salida.

Según iba para allí troté un poco suave y noté un calambre en el cuádriceps. «Coño —pensé—, ¿si me da un calambre antes de salir cómo voy a terminar?». Estiré lo que pude y tras la última meadita del miedo salí el último de mi cajón con quince minutos de retraso sobre la hora que nos habían señalado.

Los primeros kilómetros son fáciles y parecía que todo me iba bien. Pasé el kilómetro 5 según mi tiempo objetivo sin problemas. Allí me salté un avituallamiento porque como solo los ponen a un lado (para mí, un error) y estaba mirando al otro buscando a mi mujer pues no lo vi.

Llegué al kilómetro 10 todavía a ritmo objetivo, pero ya a partir del kilómetro 15 vi que la MMP se me iba. Empecé a calcular que podría acabar sobre 3 h 45 min haciendo mi tercera mejor marca.

Pero de repente, hacia el kilómetro 20 empecé a notarme cansado cuando aún no tocaba ir cansado. Hasta entonces más o menos las pulsaciones me iban bien, pero a partir de allí, y pese a que iba más despacio que lo que me hubiera gustado, las pulsaciones iban algo altas, síntoma claro de que mi cuerpo no iba bien.

Pasé el medio maratón y luego el kilómetro 25 ya pensando en que por lo menos haría sub 4 horas. Pero las cuestas desde el kilómetro 30, con el paso por debajo de muchos túneles, me pasaron factura y hacia el final ya incluso tuve que caminar a ratos.

Lo curioso es que no tenía hambre, no era la típica pájara del muro. Estuve comiendo toda la carrera con normalidad. Incluso me sobró glucosa y geles y en la meta no tenía hambre. Pero el cuerpo estaba cansado y le costaba correr, así que sin disfrutar de la carrera, seguí hasta meta. Por lo menos quería sentir la alegría de terminar un nuevo maratón y no quería decir que me había tenido que retirar (aunque lo pensé).

En meta entré contento (por supuesto) con un tiempo de 4 h 03 min 56 s, que podía haber sido mucho mayor. Recogí mi mochila, me cambié, y luego ya en el metro hacia el hotel me mareé con una bajada de tensión espectacular (una hipotensión vasovagal, según mi médico). Mi mujer me vio como un cadáver y se asustó. Menos mal que luego me recuperé bien.

No sé lo que me pasó. Seguramente las semanas de entrenamientos buenos que perdí por una lesión me hicieron llegar peor de lo que creía y tal vez tenía que haberme olvidado de hacer tiempo y salir tan solo a terminar la carrera y a disfrutarla. Y, el malestar del sábado por la tarde también influyó, seguro. Curiosamente no sufrí ningún calambre en carrera y al lunes siguiente las piernas estaban bastante bien.

Sobre la carrera

Me decepcionó el recorrido. París es una ciudad preciosa pero el diseño del recorrido no te la enseña bien.

Los avituallamientos solo estaban a un lado de la calzada, con los problemas que eso ocasiona a los corredores y, además, te podías saltar algunos por no verlos (como me pasó a mí en el primero). Por lo demás, estaban bastante bien: botellas de agua en todos los puestos, que te las daban a la mano, naranjas y plátanos partidos, pasas... En algunos había geles y en uno bebida isotónica. Además, había otros con palanganas con esponjas para refrescarnos.

El retraso en la salida creo que fue excesivo. Pero como no sé por qué fue, me callo.

Hay muchas zonas estrechas e incluso, hacia el final de la carrera, tramos en los que resulta difícil correr. Te rompe mucho el ritmo (aunque sea... lento).

El recorrido es mucho más duro de lo que lo venden. Muchas cuestas y algunas salidas de túneles con bastante pendiente.

Hay animación en los tramos del Sena, pero en muchas zonas apenas había gente animando. En Nueva York casi no hay espacio para el público en la mayor parte del recorrido.

En fin, un maratón más a mi historial. ¿Contento? Sí, claro. Pero no me llevé el recuerdo de otros maratones. Primero porque la mitad del recorrido fui sufriendo, y luego porque, como os he dicho, me esperaba más de un maratón que ha estado varios años entre los *majors*. Será por esto por lo que ya no está en esta lista de los *tops* de los maratones mundiales.

Bueno. Al acabar la carrera no tenía ganas de correr ni un kilómetro más en toda mi vida. Para qué sufrir tanto, pensaba. Pero todo esto se pasa y enseguida pensé en mi siguiente cita con la distancia en Berlín, en septiembre.

Intentando no pasarlo mal por las calles de París.

Berlín Marathon'16
(25/09/2016)
3 h 49 min 09 s

El 9 de noviembre de 1989 cayó el Muro de Berlín, o eso creía yo hasta que llegué al kilómetro 34 del Maratón de Berlín del 2016. Pero vayamos por partes.

Llegaba a este maratón mejor que nunca y con muy buenos datos para intentar bajar de 3 h 39 min (mi MMP). Sabía cómo tenía que correr y tenía bien planificada la carrera. Pero luego, allí, en algún lugar de la capital alemana cerca de Breitscheidplatz, en el kilómetro 34 de la carrera, me di de bruces con el Muro de Berlín, ese que felizmente derribaron hace ya años para todo el mundo menos para mí (y supongo que para muchos otros compañeros de fatigas).

La pregunta es: ¿por qué? Sabiendo que estaba bien y sabiendo a qué ritmos tenía que correr cada tramo de la carrera precisamente para que no me pasara esto, ¿por qué me pasó? Y las respuestas son: por idiota, por ambicioso, por pecar de entusiasmo, por perseguir una marca, por…

Justo unos días antes de la carrera un amigo me escribió para animarme y para decirme que iba a conseguir mejorar esa MMP porque no conoce a nadie tan milimetrado como yo a la hora de correr. Pues sí, normalmente soy milimetrado y corro como tengo que correr, pero este domingo no lo hice.

Yo, según la prueba de esfuerzo que me había hecho pocos días antes de la carrera y según los últimos entrenamientos, debía correr hasta la media maratón sin pasar de 137 ppm y luego hasta el kilómetro 38 sin pasar de 153 ppm. Si hubiese tenido un día bueno, a ese ritmo iba a correr cerca de los 5 min/km o poco más. Eso me hubiera asegurado llegar a la segunda parte de la carrera con chispa para luego acelerar poco a poco y terminar a tope como hice en Sevilla'15. Y con el estado de forma con el que llegué a Berlín seguramente podía haber terminado en menos de 3 h 39 min.

¿Y por qué no corrí así? Pues porque también sabía que si tenía un día perfecto podía acercarme a terminar en un tiempo de 3 h 30 min, lo que me daba acceso a calificarme para Boston en los siguientes dos años. Así que, además de mirar el pulso iba mirando el ritmo, y ahí veía que iba un poco lento para esa marca. Y así, cuando estaba viendo que mi pulso en esa primera mitad de carrera se acercaba a 140 ppm (o incluso un poco más a veces), aunque intentaba bajarlo tampoco frenaba lo suficiente. «Por 2 o 3 pulsaciones por encima no pasará nada» pensaba en mi obcecación por correr rápido. Además, también me pasé de las 153 ppm demasiado pronto. «No pasará nada», seguía pensando. Y sí, sí que pasa.

Pasa que, de entrada, estaba tan concentrado en el ritmo que no disfruté de la carrera (que siempre ha de ser mi principal objetivo). Berlín es un gran maratón, uno de los *majors*, y me lo perdí por no mirar más allá del tiempo. No aprecié en su totalidad el ambiente de la gente animando, que sin llegar a ser como en Nueva York (nada es como en Nueva York) la animación del público era muy buena, excelente. No gocé de la inmejorable organización ni de la compañía de los demás corredores de todo el mundo (ni siquiera intercambié unas palabras con otros corredores). En fin. Me perdí muchas cosas por un sueño imposible de alcanzar sin correr con cabeza.

Puedo hablar de lo mal que dormí los días previos, del calor que hizo para ser Berlín a finales de septiembre, de... Excusas. Excusas que no justifican una mala carrera. El caso es que corrí a 5 min 16 s por km hasta el kilómetro 34. Un ritmo para hacer MMP si lo hubiera podido mantener. Pero a partir de ahí vi que no podía seguirlo. Sin más. No tenía hambre, pues en cuanto a geles y glucosa tomé más o menos lo de siempre y no fue una pájara por bajón de glucemia (como me pasó en mi primer maratón en Barcelona'96). Simplemente fue que al haber ido forzando ese poquito desde el principio, cuando llegué al punto en el que debía echar el resto ya no me quedaba nada del resto. Gasté mis balas demasiado

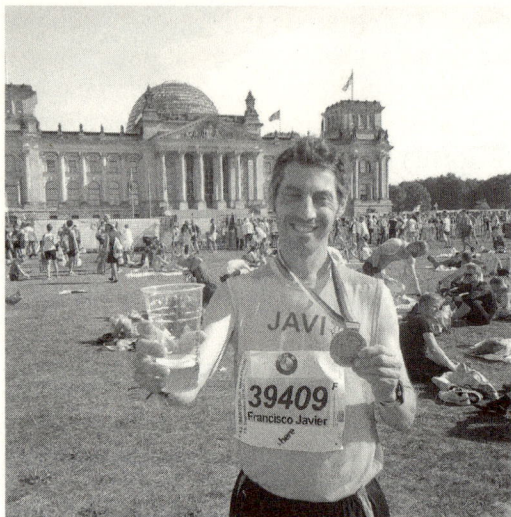

pronto y cuando llegó el duelo final me quedé desarmado. Y ahí se me fueron 10 minutos (que podían haber sido muchos más) en los últimos y eternos 8 kilómetros. Incluso tuve que pararme un poco un par de veces porque literalmente no podía con mi alma.

La explicación de mi médico, el doctor Barron, sobre lo que me pasó es esta: «Desde mi punto de vista, la primera media está bien realizada. Prueba de ello es que tenías glucógeno suficiente para alcanzar tu frecuencia cardíaca máxima habitual en competición. Solo ha habido un error de precipitación que comparto con tu lectura de la carrera. El ascenso progresivo del pulso de la segunda mitad ha sido demasiado rápido. Eso se ha debido a la búsqueda de un ritmo por kilómetro en vez de un ritmo fisiológico de pulso. Ir por encima del segundo ritmo de carrera antes de llegar al kilómetro 38 ha supuesto el agotamiento de los depósitos de glucógeno».

En fin. Tampoco me puedo quejar ya que 3 h 49 min 9 s, es la 4ª mejor marca de mis maratones. Y aprendí una buena lección. Espero que no me vuelva a pasar.

Por lo demás, y aparte de lo deportivo, el viaje a Berlín fue una maravilla. Conocí una ciudad estupenda y me lo pasé en grande con mis amigos de los *Beer Runners* de Bilbao, Jon, Javi, Gabi y Enrique. Todos ellos terminaron y disfrutaron (y sufrieron) la carrera. Son unos grandes. Grandes personas y grandes deportistas. Enhorabuena a todos. Seguro que habrá más maratones para todos.

Mi intención era descansar tras Berlín. Pero el mal sabor de boca que me quedó me animó a participar lo antes posible en otro maratón, así que me inscribí al de San Sebastián que era dos meses después.

16

Maratón de Donostia/ San Sebastián'16
(27/11/2016)
3 h 54 min 55 s

«¡Ay! ¡Joder! ¡Qué hostia me acabo de pegar! (Perdón por los tacos, pero es lo que me sale cuando me doy una leche como la que me acabo de pegar con la puerta del hotel)».

Esto es lo que me vino a la mente el sábado por la tarde previo a la carrera cuando salía del hotel de San Sebastián para ir a cenar algo para terminar de cargar los depósitos para el maratón del domingo. Y es que, además de otro golpe fuerte en la cabeza que me había dado un rato antes en el baño del hotel (o quizás debido a ese golpe que me dejó un poco grogui), al salir por la puerta calculé mal y mientras con la mano izquierda abría fuerte la puerta hacia mí, en dirección contraria, y más o menos a la misma velocidad, mi cabeza se dirigía rauda hacia la calle. Total, que como mandan las leyes de la física, las velocidades se sumaron y el contacto entre mi ceja izquierda y el canto afilado de la puerta metálica fue más bien tirando a brutal.

Un momento de confusión mental, un dolor insoportable, sangre manando de la herida, un blanco pañuelo de tela tornándose rojo por momentos... Subí de nuevo a la habitación un poco confuso por el dolor y el impacto. Me limpié la sangre y me tumbé un momento. De la recepción llamaron a un médico y me dijeron que me acercara al Ambulatorio que estaba a cien metros del hotel.

Allí, una rápida inspección y dos puntos que me pusieron en la ceja. Eso sí, con anestesia, pese a que les dije que los de Bilbao no la necesitamos. Tras un corto reposo, ya fui a cenar y me tomé un ibuprofeno. Preparé las cosas y a dormir. Dos puntos no me iban a impedir correr el maratón. Además, aunque ya apenas salga en bici sigo siendo ciclista, y siempre se ha dicho que los ciclistas estamos hechos de otra pasta.

Por la mañana, tras el desayuno, me junté con Gabi, Garbi y Marta, compañeros *Beer Runners* que iban a hacer el medio maratón, y fuimos para la salida a tomar un café. Gabi es un asiduo a los medios maratones, pero para ellas era el primero.

Mi intención era ir tranquilo y acompañarles para pasar el medio maratón en torno a las dos horas. Desde que terminé en Berlín con malas sensaciones por haber acelerado antes de tiempo me dije que tenía que correr pronto otro maratón para terminar fuerte y disfrutando del correr. Así que mi estrategia en San Sebastián era llegar muy entero al final y disfrutar de la última parte de la carrera. No llevaba ningún objetivo de tiempo. Sabía que podría terminar en torno a las cuatro horas sin forzar mucho. Una buena tirada larga con público. Esa era la idea. Solo disfrutar de correr mucho tiempo seguido. Soy corredor de fondo, un *long distance runner* que dirían en inglés. Y eso es lo que más placer me da. Como cuando andaba en bici, que me gustaban las salidas largas, de muchos kilómetros y muchos puertos.

Fueron pasando los kilómetros y todo iba bien, según lo previsto. Hacía algo de fresco, incluso frío para mí, que soy un friolero, pero no llovía, como en mis últimas participaciones en San Sebastián.

Hacia el kilómetro 15 me quedé solo con Marta, que iba muy bien, y la acompañé hasta la meta de su medio maratón, que era la primera vuelta para mí. Allí le di la enhorabuena por su carrera y salí de Anoeta para empezar mi segunda vuelta. Poco después de salir me crucé con Gabi y Garbi que ya estaban terminando.

Hasta ahí había corrido muy tranquilo, siguiendo el plan. Pulsaciones bajas (por debajo del umbral todo el rato) y comiendo. Lo ideal para empezar la segunda mitad entero. En esa primera mitad fui un poco más lento de lo previsto, pues pasé el kilómetro 21,1 en 2 h 2 min 1 s. No me importaba. Sabía que podía bajar al final de las cuatro horas, pues me notaba muy bien y sin ninguna fatiga ni molestia, pese a lo irregular de mis entrenamientos desde Berlín.

Con los compañeros, en mitad de la carrera.

Poco a poco empecé a correr a un ritmo un poco más alegre, pero todo el rato manteniendo el pulso bajo control, para que no me ocurriera como en Berlín. Hacia el kilómetro 30 vi que podía acelerar más. Seguí comiendo y bebiendo todo el rato y dejé que el pulso me subiera un poco más a medida que aumentaba el ritmo progresivamente.

La liebre que conducía a los de cuatro horas me llevaba ventaja, pero no veía complicado el alcanzarla más adelante. Incluso me detuve un momento para vaciar la vejiga cuando ya veía al grupo que iba con la liebre al final de una recta. En el kilómetro 32 les di alcance, saludé a la liebre (que era el hijo de un amigo y que iba en una bici eléctrica marcando la velocidad) y tiré fuerte para adelante. Puse un ritmo rápido, pero mantenible.

En el giro que ya nos conducía de nuevo hacia la meta había un montón de público, como siempre. Es la parte que más me gusta del Maratón de San Sebastián. Llevaba adelantando a corredores desde el kilómetro 25 más o menos sin parar (en el kilómetro 15 iba en el puesto 2400 y en meta terminé en el 1948) y disfruté como un enano de la sensación de correr rápido con más de 35 kilómetros en las piernas. Llegué ya a Anoeta y aceleré aún más justo antes de entrar en el estadio donde di el último giro triunfal levantando las manos. Paré el crono en un tiempo oficial de 3 h 54 min 55 s muy satisfecho. De los golpes en la cabeza ni me acordaba. No tuve el más mínimo problema físico en la carrera. Solo un poco de flato en los últimos 500 metros por acelerar un poco más de la cuenta.

Objetivo cumplido. Tras el fiasco de Berlín, por fin volví a sentir lo que es terminar un maratón entero. Ni en París ni en Berlín lo había podido hacer. Ahora sí. Me sentí feliz de nuevo.

Comparativa Berlín y San Sebastián

Si vemos los datos del tiempo final en Berlín terminé en 3 h 49 min 9 s y en San Sebastián, dos meses después, hice 3 h 54 min 55 s. Pero corrí muchísimo mejor en San Sebastián que en Berlín.

En Berlín estaba en muchísima mejor forma que en San Sebastián. Hasta el kilómetro 30 iba para poder hacer quizás mi MMP (sub 3 h 39 min). Sin embargo, acabé en 3 h 49 min, casi arrastrándome desde el kilómetro 35.

Pongo aquí la comparativa de tiempos:

	BERLÍN	SAN SEBASTIÁN	Diferencia
km 5	25 min 53 s	29 min 5 s	+3 min 12 s
km 10	52 min 38 s	58 min 34 s	+5 min 56 s
MM	1 h 50 min 40 s	2 h 2 min 1 s	+11 min 21 s
km 30	2 h 37 min 54 s	2 h 51 min 54 s	+14 min
km 35	3 h 4 min 38 s	3 h 18 min 22 s	+13 min 44 s
km 40	3 h 36 min 1 s	3 h 43 min 42 s	+7 min 41 s
META	3 h 49 min 9 s	3 h 54 min 55 s	+5 min 46 s

— En Berlín corrí la segunda mitad 7 min 49 s más lento que la primera.

— En San Sebastián la segunda mitad la hice 9 min 5 s más rápido que la primera.

— En Berlín del kilómetro 40 a meta fui a 5 min 58 s/km y con pésimas sensaciones.

— En San Sebastián del kilómetro 40 a meta fui a 5 min 05 s/km y gozando.

Según el Garmin el kilómetro más rápido en San Sebastián fue el kilómetro 41 a 4 min 45s/km.

Como veis, por lo menos para mí, el pulso es el dato fundamental en un maratón. Si sabes cuál es tu umbral puedes establecer hasta qué pulsaciones puedes correr como máximo en cada tramo del maratón. Si te pasas antes de tiempo, como lo hice en Berlín, lo pagas al final. Lo pagas con una buena pérdida de minutos, y lo pagas en la fatiga que vas a tener tras el maratón, con una recuperación mucho más lenta.

El lunes, tras San Sebastián, además de que pude bajar corriendo las escaleras del Metro, mi pulso por la mañana fue de 46 ppm. Ni rastro de fatiga.

Terminando pletórico de fuerzas en San Sebastián. Se aprecia la venda en la ceja izquierda.

Maratón de Madrid'17
(23/04/2017)
4 h 5 min 26 s

Una tirada larga estupenda con cuestas (y calorcito).

Tal y como tenía señalado en mi calendario, en el mes de abril me llegaba mi primer maratón del año, esta vez en Madrid, un gran maratón que no conocía, pero que tenía ganas de correrlo. Además, para ese año 2017 tenía el reto del Ultra Maratón de Zermatt (Suiza) del 1 de julio, así que tenía más ganas de correrlo, ya que una buena tirada larga con cuestas me venía muy bien ese mes de abril.

Como he comentado, mi objetivo en Madrid solo era completar un maratón más y acumular un buen entreno de fondo progresivo con cuestas. Nada de ir a hacer marca. Primero, porque en Madrid es muy difícil por el perfil, y segundo porque entre Madrid y la carrera de Suiza del 1 de julio tenía también otros objetivos, como el Beer Lovers' Marathon en Lieja (Bélgica) el 4 de junio, y no quería llegar muy cansado a Suiza.

El sábado por la mañana había quedado para correr un poco por El Retiro con algunos maratonianos a los que solo conocía por Instagram de compartir fotos y comentarios. Allí «desvirtualicé» a Lisbeth (*@maratoniana73*), gran lectora de mis novelas, y a Agustín (*@bobal7355*) entre otros. Un placer ponernos cara real y trotar un rato todos juntos. Disfruté mucho.

Luego fui a la Feria a por el dorsal y allí comimos en la *Pasta Party*. La pena es que no coincidí con Chema Martínez en el *stand* de Adidas. Por la tarde me dediqué a descansar antes de ir a cenar y dejar todo preparado para el domingo.

Ya en la carrera mi plan era sencillo: no cansarme y correr por pulsaciones sin superar mi umbral hasta casi el final. Algo similar a lo que había hecho en San Sebastián en noviembre. Una buena tirada larga progresiva, más larga de lo normal. Además, los primeros kilómetros de Madrid son en subida y si te empeñas en seguir un ritmo preestablecido puedes ir gastando más de la cuenta para un maratón. Paciencia.

Se veía que iba a hacer calorcito, aunque eso a mí no me preocupa demasiado. Lo que sí me preocupaba era una sobrecarga con la que llevaba desde hacía unos días que me producía molestias en el piramidal derecho y una tensión en el muslo y en el gemelo. Procuré estirar en la salida y salí mentalizado a beber bastante para evitar calambres por deshidratación. Pero no sé si por los nervios o por qué, el caso es que el primer pinchazo en el gemelo me vino muy temprano, en el kilómetro 2, y aún no había tenido tiempo ni de empezar a deshidratarme. Por suerte fue un tirón pasajero y pude seguir corriendo. Pero mala señal.

Ya para el kilómetro 4 empecé a sentir sed (igual es que sí estaba algo deshidratado), así que esperaba con ansia el avituallamiento del kilómetro 5. Y aquí me encontré con un fallo de la organización (tal vez el único reseñable, por otro lado). Mientras corría en busca de agua, apareció la primera mesa del avituallamiento, por lo menos del lado derecho de la calzada, y en ella no quedaban botellas, salvo unas pocas en una caja en el suelo. Miré hacia delante, para seguir corriendo hasta la siguiente mesa y comprobé, contrariado, que no había más mesas. Así que di la vuelta a la mesa, por la acera, como otros corredores, y tomé una de las últimas botellas que quedaban. La gente comentaba el hecho insólito de que no quedara agua. Pero poco después comprobamos con alivio que había más mesas con agua, pero las habían colocado tan distantes que entre el pelotón de corredores no se veían desde donde estaba la primera mesa.

Bueno. Un contratiempo solventado. De eso tratan los maratones, de ir solventando los problemas y aceptándolos a medida que se presentan, como en la vida normal. Hay que salir mentalizado de que te puede pasar cualquier cosa para no bloquearte mentalmente. Seguimos subiendo hasta que ya por fin el recorrido era más llevadero. Ahora empezaba mi juego mental de ir buscando el final de cada etapa de cinco kilómetros. Una vez paso el kilómetro 5, busco el kilómetro 10, etc. Además, al hacer calor y como nos daban el agua en botellas, iba bebiendo poco a poco cada botella, de forma que cuando ya la terminaba estaba a mitad de cada etapa de cinco kilómetros y así se pasan más rápido.

A partir del kilómetro 10, además del juego de las etapas, empezaba también mi juego de los geles y glucosa. Según mi experiencia, el mejor método de no tener un bajón en el rendimiento a partir del kilómetro 30 (el famoso muro) es empezar a meter gasolina desde el kilómetro 10 o incluso antes. Por eso, suelo alternar un gel con pastillas de glucosa cada 5 kilómetros empezando en el 10. Muchas veces incluso no me hace falta tomar nada a partir del kilómetro 35 porque voy bien.

Iban pasando los kilómetros lentamente entre comer, beber, desbeber de tanto beber (paré cuatro veces a hacer un pis) y refrescarme. En el kilómetro 13,5 nos separábamos del recorrido del medio maratón entre aplausos y ánimos de los participantes del medio para los que seguíamos al maratón (muchas gracias, compañeros).

Parecía que el gemelo me aguantaba. Pero en el kilómetro 14, un nuevo pinchazo, esta vez más fuerte, me obligó a parar a estirar un poco. Seguí corriendo y más o menos en el kilómetro 18, otra vez un fuerte pinchazo. Nuevo estiramiento para intentar solventar el problema, pero ya me empezaba a rondar por la cabeza que, si la cosa seguía así, mal lo iba a tener para terminar el maratón.

Aquí, por cierto, vi también que los avituallamientos no coincidían exactamente cada cinco kilómetros, que es lo habitual, sino que algunos me coincidieron en el kilómetro 16 o 21. Para mi juego mental casi que me venía bien, pues ya iba con el gel preparado para tomarlo con el agua, y como el avituallamiento estaba un kilómetro más lejos de lo que yo pensaba, para cuando cogía el agua y me bebía la botella, ya estaba casi a la mitad o más de mis micro etapas de cinco kilómetros con lo que se me pasaban más rápido.

Bueno, pues ahí seguía yo, corriendo a un ritmo tranquilo y uniforme y casi esperando al siguiente pinchazo en el gemelo.

No sé si será habitual en corredores de larga distancia, pero a mí me pasa muchas veces que cuantos más kilómetros llevo, mejor me encuentro. Hay semanas en las que entreno muchos más kilómetros que los habituales y cuando voy a mi masajista resulta que tengo las piernas mejor que otras semanas que he descansado.

Pues bien. No sé si sería por eso, pero el caso es que el pinchazo fuerte del kilómetro 18 fue el último que tuve. Hacia el kilómetro 35 sí que noté un dolor cerca del tobillo, pero ya no tuve apenas molestias en las piernas, ni siquiera en la última parte del maratón, que pica mucho para arriba.

Una medalla más, en Madrid.

Pasé el medio maratón en un tiempo lento de 2 h 3 min 38 s y seguí pasando los kilómetros con mis juegos mentales. La cosa marchaba más o menos bien. De sensaciones iba muy cómodo y, salvo la espada de Damocles del gemelo, todo marchaba según lo previsto.

En el kilómetro 30 ya empecé a prepararme para la larga subida que se inicia más o menos en el kilómetro 32 hasta el kilómetro 41. Y tal vez por ir mentalizado a encontrarme con esos kilómetros finales duros, no se me hicieron nada duros.

De hecho, mirando los parciales de cada tramo de 5 kilómetros, resulta que mis parciales más rápidos fueron del 5 al 10, que son en bajada, y del 35 al 40 que son en subida. Hice un final muy bueno pasando a mucha gente. Se notaba que el calor hizo estragos en muchos corredores. Para mí, la verdad, no hizo tanto calor. Recuerdo haber corrido los maratones de Vitoria y de Laredo en 2015 con mucho más calor y mucha humedad. En Madrid hizo calorcito, pero para mí la temperatura fue buena.

En el kilómetro 37 algunos de mis «compis» *Beer Runners* que habían corrido el medio maratón me animaron, y en el kilómetro 38 estaba mi mujer esperándome. Me paré a darle un beso y seguí hacia la meta con la sensación de correr a gusto y sabiendo que ya iba a terminar en más o menos el tiempo que tenía previsto de poco más de 4 horas.

Final de la cuesta y entrada al Parque de El Retiro. Tiempo final: 4 h 5 min 26 s. Segunda mitad en 2 h 1 min 48 s, más rápida que la primera mitad. Un buen entrenamiento progresivo (pulso controlado hasta el kilómetro 30 y luego ya subiéndolo poco a poco) y con cuestas superando con nota mi decimoséptimo maratón. Muy satisfecho.

Beer Lovers' Marathon'17
(4/06/2017)
4 h 19 min 56 s

Seguramente muchos habréis oído hablar del Marathon du Médoc, ese famoso maratón que se organiza cerca de Burdeos, en la Gironde, a primeros de septiembre, y que se corre por *châteaux* y viñedos con degustación de vinos y productos de la tierra durante el recorrido.

Pues bien. Unos belgas fueron allí en 2012 y quedaron tan encantados que empezaron a pensar en por qué no organizar un maratón similar en Bélgica. La cosa quedó ahí, en una idea, hasta que, en 2014, cuando fueron a correr el Maratón de Berlín, se encontraron por casualidad con la mujer de uno de los organizadores de Médoc y... El resto es historia.

En 2016 tuvo lugar la primera edición del Beer Lovers' Marathon en Lieja, Bélgica, con el mismo espíritu festivo del Marathon du Médoc. Y como Bélgica es el país cervecero por excelencia, pues uno de los motivos de este maratón, como su nombre indica, es el de rendir homenaje a la cerveza belga. Así, a lo largo de los numerosos avituallamientos los participantes pueden degustar 16 tipos de cervezas belgas diferentes, acompañadas de productos de la tierra y de un ambiente inmejorable.

Leí por primera algo sobre esta carrera en marzo de 2016 por un comentario de un amigo en Facebook. Por aquel entonces, yo era el capitán de los *Beer Runners* de Bilbao. ¿Y qué hace el capitán de los *Beer Runners* de Bilbao cuando se entera un miércoles de marzo a las dos de la tarde de la existencia de este maratón? Exacto.

Para las tres y media de la tarde ya tenía la inscripción hecha y el vuelo reservado. Si ya lo dice Chema Martínez: no pienses, corre.

Así que ese fin de semana lo pasé en Lieja en un viaje muy bonito. Me gustó la ciudad y me gustó mucho el maratón, sobre todo el ambiente y el recorrido. ¡Ojo! Si alguien quiere hacer este maratón para correr rápido que no vaya. Primero, porque no es un maratón para eso, es un maratón para disfrutarlo. Y segundo, porque el recorrido, sobre todo la primera mitad, es muy duro, con cuestas, escaleras, senderos de monte, calles empedradas, giros complicados, etc. Es casi como una *ginkana*.

La mayor parte de los participantes corren disfrazados, ya que, siguiendo el espíritu de Médoc, cada año hay un tema y la gente se disfraza. Este año el tema era «Frutas y verduras». Yo soy un tío serio y no me disfracé. Además, como hizo calor, no quiero ni pensar en la sudada que se metía la gente debajo de algunos disfraces. Menos mal que había cerveza, je, je.

Mi plan era tomarme con calma los primeros kilómetros hasta el kilómetro 5, donde se suben las Bueren Stairs, una calle

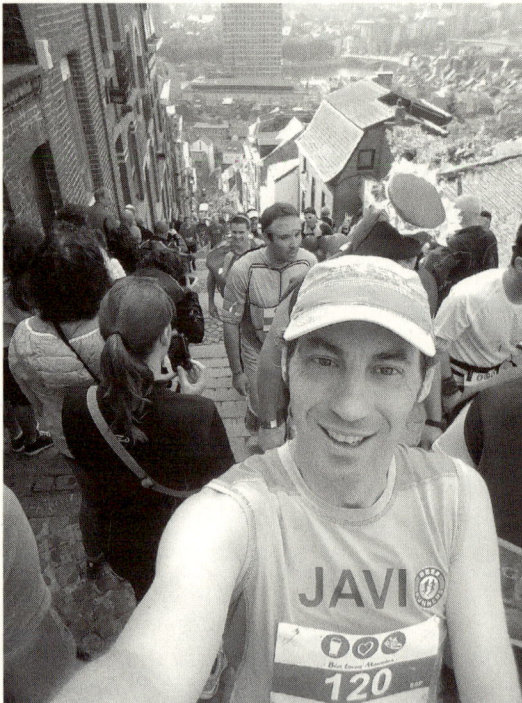

muy empinada que se sube por unas escaleras que ofrecen buenas vistas de la ciudad y donde empieza la zona de cuestas del circuito.

También me sorprendió, y me divirtió, el primer avituallamiento en el kilómetro 2, ya que ponía «Desayuno» y daban cruasanes. Me parto.

Las Bueren Stairs, uno de los momentos importantes de esta carrera.

Ya íbamos llegando a las escaleras de la montaña de Bueren, que las había reconocido el sábado, pero antes nos hicieron dar una vuelta por una calle donde había otras escaleras de aperitivo seguidas de una calle empinada de adoquines. Ya la cosa se ponía bien.

Después de una bajada y un llanito llegamos por fin a las famosas Bueren Stairs, que son toda una atracción turística en Lieja y en Bélgica. La verdad es que es una calle muy bonita y justo debajo teníamos el primer avituallamiento con cerveza y música de ambiente. En todos los puestos de degustación, perdón, de avituallamiento, había música. El ambiente de la carrera es inmejorable, la verdad.

Unos minutos de degustación, unas fotos y tiré para arriba. Subirlas corriendo tiene que ser un calentón total, pues son 374 escalones, pero como las subes andando y sacando fotos pues no son para tanto.

Tras las escaleras no hay descanso, pues terminan en una calle empedrada que sigue subiendo y que te deja al pie de más escaleras que llegan a un monumento junto a un bonito mirador a la ciudad. En el reglamento te recomiendan pararte a ver el paisaje, así que eso hice.

A partir de ahí, y hasta el kilómetro 18, más o menos, viene la parte más dura del recorrido. Toda esta zona se corre por la montaña de Bueren, con mucho sube y baja, con varios tramos de senderos, como en un *trail*, con mucho adoquín y giros complicados entre casas, y por patios de casas, bajada de escaleras, y todas las trampas que os podáis imaginar. Muy divertido.

Calculo que haríamos unos 3 kilómetros de tramos de *trail*, y tal vez unos 15 kilómetros de tramos de adoquín entre todo el circuito. Me recordaba mucho a correr una clásica belga de ciclismo. Me encantó.

Ya hacia el kilómetro 18 estábamos corriendo junto al río Mosa, que atraviesa la ciudad. Primero en una dirección y luego en otra, pero con muchos desvíos para entrar en islas pequeñas (algunas con más escaleras), o para pasar por algunas callejuelas pintorescas, o para subir a un barco en el kilómetro 27 a tomar una cerveza antes de seguir (no os riais, que es la verdad).

Hizo viento, por lo que hubo bastantes kilómetros junto al río con viento de cara, pero sin más problema. Y, como hacía calorcito, el viento venía hasta bien.

En esta segunda parte paré menos veces. Sí en los avitualla-mientos, para beber agua, tomar mis geles, y degustar algún trago de cerveza, pero no paré tanto a hacer fotos como en la primera parte, la de las cuestas, que me sorprendió más.

En los últimos kilómetros había que ir atento a las flechas azu-les que marcaban el recorrido, ya que en algunos desvíos no había gente y como en algunos cruces ibas y venías por el mismo carril, si te despistabas, podías confundirte de dirección y atajar sin querer. De todas formas, en general, era fácil seguir la ruta con las flechas y con los voluntarios de la organización.

Finalmente llegué a la meta en un tiempo de 4 h 19 min 56 s (sumando unos 25 minutos de paradas). Mi Garmin me marcó 41,5 kilómetros, y como el GPS siempre marca algo más que la rea-lidad, calculo que el recorrido era de poco más de 41 kilómetros. Es un maratón que no está homologado (ni falta que le hace) y en-tre tanto giro y sendero es fácil que haya ese error en la medición. Pero es igual. Es un maratón duro.

En fin. Que volví encantado de la carrera y de Lieja. Un sitio es-tupendo para correr mi décimo octavo maratón. Espero volver al-gún otro año y que mis compañeros de los *Beer Runners* se animen. Creo que es un maratón hecho para este grupo.

Como dato de lo tranquila que es esta carrera os diré que con mi tiempo terminé en el puesto 93 de 956 *finishers*. Solo hubo 18 retirados y más de 260 corredores hicieron un tiempo de entre 6 h 30 min y 7 h 20 min, por encima del supuesto cierre de con-trol de 6 h 30 min horas. El ganador hizo 2 h 51 min y el segundo terminó en 3 h 10 min.

Y por cierto, mi objetivo de hacer un buen entreno de fondo con cuestas para el Ultra de Zermatt que lo tenía a menos de un mes fue cumplido con creces.

19

Maratón de Valencia'17
(19/11/2017)
3 h 49 min 58

Después de haber corrido un ultramaratón de 46 km en Zermatt (Suiza), el 1 de julio, descansé durante el verano y a finales de agosto empecé de nuevo a correr más en serio para llegar bien al Maratón de Valencia, donde fuimos casi veinte miembros del equipo *Beer Runners* Bilbao a correr el maratón, y algún otro a por la 10k.

Todo el fin de semana fue mucho mejor de lo que esperaba. Había mucho ambiente de maratón en Valencia, y el buen humor en el grupo fue constante, disfrutando de lo lindo. En la Feria del corredor se respiraba esa atmósfera que rodea a los grandes maratones internacionales. Por cierto, el sábado en la Feria me entrevistaron los de Maratón Radio sobre mi novela *42,2 Muerte en Central Park* («He venido a hablar de mi libro», ja, ja).

Valencia tiene un maratón muy importante, de categoría oro, y se nota. Hay mucho corredor extranjero y mucha gente lo prepara de manera muy especial, ya que tiene un recorrido llano y de calles anchas que invita a correr rápido y a intentar mejorar marcas. No era ese mi objetivo. No llegaba preparado para correr fuerte, pero sí para correr bien, y lo logré. Mi intención era terminar sin mucha fatiga un poco por debajo de las cuatro horas y, al final, incluso fui más rápido que lo previsto con la sensación, durante todo el maratón, de no ir al límite.

El único fallo que vi en la organización, fue el caos que sufrimos, por lo menos donde estábamos nosotros, para entrar en el cajón gris. Estábamos una buena muchedumbre atascados, sin poder acceder al punto de acceso, y el cajón estaba bastante vacío. Al final la gente empezó a empujar y a levantar la valla y entramos de mala manera.

Ya cuando iban a dar la salida empezamos a caminar hacia la línea de salida y allí me di cuenta de que aún no había activado el Garmin para que me cogiera la señal de los satélites, y cuando mis amigos ya empezaban a correr, me tuve que quedar un minuto largo esperando hasta que por fin detectó la señal. Ya había salido todo el mundo de mi cajón, y estaba llegando a la línea de salida la marabunta del último grupo. Así que empecé a correr en solitario para ir cogiendo poco a poco a los últimos de mi cajón. Pero justo al pasar el arco de salida y pulsar el botón de inicio al Garmin, este se apagó solo y comenzó a actualizarse. Como ya había pasado el arco, seguí corriendo y no pude empezar a grabar la carrera hasta que no llevaba ya más de cien metros recorridos. Bueno, tampoco era grave la cosa. Un pequeño percance sin importancia que no me iba a poner nervioso.

Hice un primer kilómetro algo rápido y para el kilómetro 3 ya me había juntado con mis amigos Gabi, Javi Arteche, Aitor y Vicente. Por su parte, Julen, Jon, Enrique, Bandolero y Juantxu ya estaban por delante, pues iban más rápido que nosotros. De los demás no sabía nada porque en el caos de ir a la salida nos habíamos separado.

Seguimos tranquilos los cuatro juntos. En el kilómetro 6 o 7 nos pasó Txus, que venía del último cajón remontando. Iba rápido y nos dejó atrás con facilidad. Para antes del kilómetro 10 ya íbamos solos Aitor y yo, ya que el resto poco a poco se había ido quedando por detrás. Y enseguida también dejé de verle a Aitor y seguí yo solo del grupito que habíamos empezado juntos.

Ya en solitario, mi objetivo era mantener un nivel de esfuerzo más o menos constante el mayor tiempo posible. Desde el kilómetro 5 empecé a tomar un gel con sales cada cinco kilómetros, coincidiendo con cada avituallamiento para poder beber agua. Me fue muy bien esta estrategia en cuanto a alimentación y bebida ya que al terminar no tenía ni hambre.

Fueron pasando los kilómetros sin novedad, sin cambiar de ritmo y sin agobios. Veía que iba bien de pulsaciones, casi todo el rato en torno a las 138/140 ppm, y la potencia la mantenía entre 200 y 210 vatios. Todo controlado.

Pasé el medio maratón casi en 1 h 54 min 43 s. Mi plan era haberlo pasado algo más lento para cansarme lo menos posible teniendo en cuenta que en tres semanas me llegaba el Maratón de Lanzarote. Pero iba bien, notaba que el ritmo era bueno y no necesitaba ir más lento para evitar la fatiga. Así que mantuve el ritmo.

En el kilómetro 33 alcancé a Javi y a Nadia. No pensaba que les iba a coger, ya que habían salido antes que yo y su plan era tardar sobre 3 h 50 min. Pero Nadia estaba sufriendo con las ampollas en los pies y habían empezado a tener problemas muy pronto. Les pregunté por Diana, que iba con ellos, y me dijeron que estaba algo por delante, que iba bien.

Me despedí de ellos y a partir de ahí empecé a correr más rápido, pero a la vez controlando para no pasarme de vueltas. Pensaba que no tardaría en alcanzar a Diana, pero esta chica es muy fuerte y no fue hasta casi el kilómetro 39 cuando la vi. Me junté con ella unos metros. Iba estupendamente y me dijo que siguiera para adelante. Como ya estábamos cerca de meta y vi que podía bajar de 3 h 50 min le hice caso y apreté de nuevo.

Pero no sé si fue por este cambio de ritmo, o por un gesto raro que tuve que hacer para adelantar a un grupo, pero el caso es que me entró un repentino y agudo dolor de flato en el costado derecho. Ya estaba cerca de meta y mi intención era correr toda la carrera sin detenerme ni un momento, así que, sufriendo y aguantando el dolor como pude, seguí hacia la meta más o menos acelerando un poco, lo que podía.

No veía el momento de pararme para aliviar el dolor. Hay mucha gente que tiene la suerte de no haber tenido nunca dolor de flato, porque realmente es muy molesto y es muy raro que se alivie sin parar a relajar los músculos del abdomen, pero quienes lo hemos padecido sabemos lo que fastidia.

Ya entré en el último kilómetro, y aunque el dolor había remitido un poco, continuaba dando guerra y yo seguía luchando para no parar. Por fin empecé a pisar la alfombra azul de la preciosa meta que tiene el Maratón de Valencia y puse mi mejor cara para las fotos. Por fin crucé la meta y me detuve para solucionar el maldito dolor.

Bueno. No me puedo quejar. No llegaba a este maratón en plena forma y salvo este problema del flato del final, solo tuve algunos pequeños dolores en las piernas, pero nada fuera de lo normal. Mi tiempo en meta fue de 3 h 49 min 58 s. Casi como en Berlín el año anterior, pero esta vez corriendo muy bien y con regularidad todo el rato. De hecho, tardé casi lo mismo en el primer medio que en el segundo medio, y el parcial más rápido fue del 35 al 40. Según las estadísticas de la carrera, en los últimos cinco kilómetros pasé a 2177 corredores y a mí solo me adelantaron 71.

A tres semanas de la carrera tuve un bajón importante en mi rendimiento, con una buena fatiga, pero el descanso de esas dos últimas semanas me vino muy bien. Lo mismo que hacer solo dos tiradas largas (26 y 30 km) que me evitaron un mayor cansancio y me permitieron llegar entero al maratón.

En meta estaban esperando Jon, Julen, Bandolero, Enrique y Juantxu. Poco después de llegar yo, entró Diana, y luego Javi, Nadia y Aitor, que también había tenido algunos problemas. Más tarde llegarían Arteche, Gabi, Vicente, Iñaki y Adrián. Algunos con mala cara. Txus había llegado bastante antes con un tiempazo de 3 h 21 min en su primer maratón, y eso pese a tener que pararse por problemas en los abductores.

Una vez ya todos en meta y tras las fotos de rigor fuimos a dar buena cuenta de una excelente paella a un restaurante de la playa, junto a Amparo, nuestra guía local, Iraide, Laura, Amaya e Isa, que habían corrido el 10k.

En resumen, en lo personal muy satisfecho, un fin de semana genial, con buena gente, buenos amigos, una carrera de diez y un ambiente increíble. Ya podía empezar a recuperarme bien para terminar la temporada en tres semanas con mi 20º maratón en Lanzarote.

Mis tiempos de paso:

Km	Tiempo	Ritmo
0–5 km	27 min 16 s	5 min 27 s
5–10 km	27 min 50 s	5 min 34 s
10–15 km	27 min 4 s	5 min 25 s
15–20 km	26 min 28 s	5 min 18 s
Primer medio	1 h 54 min 43 s	5 min 26 s
20–25 km	26 min 54 s	5 min 23 s
25–30 km	28 min 4 s	5 min 36 s
30–35 km	27 min 30 s	5 min 30 s
35–40 km	26 min 34 s	5 min 18 s
40–42,2 km	11 min 36 s	5 min 16 s
Segundo medio	1 h 55 min 15 s	5 min 27 s

Datos de potencia/pulso:
— Potencia media/máxima: 210 w / 272 w.
— Pulsaciones medias/máxima: 142 ppm / 159 ppm.
— Hasta el km 33: 3 horas, pulso medio: 140 ppm, potencia media: 209 w.
— Desde el km 33: 50 min, pulso medio: 151; pot. media: 214 w.

20

Lanzarote International Marathon'17
(9/12/2017)
4 h 3 min 29 s

Cuando vi que este maratón se celebraba en mitad del puente de diciembre no dudé en inscribirme. Hace muchos años ya había estado en Canarias en esa época del año, aquella vez para participar en la Vuelta Cicloturista a Maspalomas, en Gran Canaria, y tenía un gran recuerdo de aquellos días montando en bici de corto en diciembre. Así que, qué mejor ocasión para correr mi cuarto maratón del año, y mi vigésimo total, que haciéndolo con buen tiempo mientras disfrutaba de unas mini vacaciones en un lugar paradisíaco.

De las siete islas principales del archipiélago, solo me faltaban por conocer Lanzarote y El Hierro. Un motivo más para viajar al Lanzarote International Marathon. Espero ir algún día a El Hierro y tachar esta última isla de mis sitios por conocer.

El Maratón de Lanzarote se corre el sábado, lo cual está muy bien ya que así puedes planificar el regreso a casa el domingo por la tarde y aprovechar al máximo los días que pasas en la isla. Una isla muy bonita, con un paisaje volcánico característico, de montañas de poca altitud (máximo 670 metros en la montaña de Peñas del Chache) que hacen que toda la isla sea de un color oscuro, de rocas volcánicas con muy poca vegetación.

Entre las diversas zonas volcánicas de la isla sobresale el Parque Nacional de Timanfaya ya que en este lugar se produjeron las erupciones más recientes, que fueron entre los años 1730 y 1736, y más tarde en 1824. Por eso, este paisaje que se conoce como el de las «Montañas de fuego» es más espectacular, si cabe, que el del resto de la isla.

En fin, que los días previos a la carrera tuve ocasión de hacer turismo y admirar no solo Timanfaya, sino también otras curiosidades naturales como los Jameos del Agua o la Cueva de los verdes, formaciones geológicas producidas por el vulcanismo que son realmente hermosas.

La carrera

Como su nombre indica, el Lanzarote International Marathon es un maratón muy internacional. En Lanzarote enseguida se aprecia que hay muchísima gente proveniente de las Islas Británicas. En las estadísticas de la participación en las diferentes distancias (maratón, medio maratón, 10k y 5k) vemos que de los 2271 inscritos (659 en el maratón) solo hay 548 españoles, mientras que hay 911 británicos, 231 irlandeses, 159 alemanes, 153 italianos, y luego ya más repartidos entre casi cuarenta nacionalidades. Como veis, es más normal escuchar hablar en inglés que en castellano, y eso se nota también en los restaurantes y bares de la isla.

La carrera está muy bien organizada por la empresa especializada en turismo deportivo Sands Beach Active, algo muy normal en esta isla y en alguna otra de Canarias.

El recorrido es ida y vuelta saliendo desde la localidad de Costa Teguise, junto al hotel Sands Beach, donde tiene su sede la organización, y el trazado es por la costa atravesando Arrecife y dando la vuelta en el medio maratón en Puerto del Carmen. La salida para el maratón se da a las ocho de la mañana. Luego los del medio maratón salen a las 10:30 de Puerto del Carmen, y posteriormente se da la salida a los de 10k y 5k que recorren el final del maratón. Así, más o menos todos los participantes van llegando a la meta simultáneamente.

El recorrido tiene bastantes subidas y bajadas, sobre todo en los primeros diez kilómetros que también son los diez últimos. Si a esto le añades que en Lanzarote lo normal es que haya viento, pues la carrera no es precisamente sencilla.

Mi plan para la carrera pasaba por correr suave todo el rato. Venía de correr el Maratón de Valencia tres semanas antes y tampoco llegaba en mi mejor forma. Así que mi idea era correr todo el tiempo con bajas pulsaciones, a una potencia menor que la de Valencia y buscando la sensación de comodidad, dentro de lo que se puede correr cómodo un maratón exigente.

Además, y como con este maratón cumplía mi maratón número veinte, tenía en mente un plan para acabar a lo grande. Un plan un poco loco, la verdad, pero es algo que me caracteriza...

Había pensado que, si llegaba a meta muy entero, correría unos kilómetros más para intentar llegar al menos a los cuarenta y cinco kilómetros y, si podía ser, llegar a los cincuenta kilómetros. Sí, ya sé. Una locura, pero de las locuras salen las experiencias y los recuerdos que más te llenan. Bueno. Era una idea. Ya vería sobre la marcha si la llevaba a buen término. Estoy loco, pero no tanto.

Con puntualidad británica, muy adecuada vistas las circunstancias, se dio la salida al maratón a las ocho de la mañana. Al poco de salir ya teníamos la primera cuesta. Intenté coger un ritmo cómodo desde salida, mirando todo el rato el pulso, la potencia y mis propias sensaciones. Antes de salir, el viento nos daba una sensación de fresquito, y por eso había salido con manguitos, pero enseguida me los quité porque la temperatura para correr era muy agradable.

En cada avituallamiento (muy buenos, ya que había uno cada 2,5 kilómetros) fui cogiendo agua y cada cinco kilómetros iba tomando un gel, como hice en Valencia, lo que me permitió llegar al final de la carrera en perfecto estado.

Pasado el kilómetro 10, en Arrecife, el terreno ya no era tan sube y baja, y podíamos estabilizar el ritmo con más facilidad. Mientras íbamos disfrutando del bonito paisaje, todo el rato junto al mar, empecé a tener algunos dolores por la cadera, que no me iban a abandonar el resto de la mañana. No me impedían correr, pero no podía ir muy a gusto, así que empecé a valorar si mi ambicioso plan era factible o no.

Más tarde dejábamos a un lado el aeropuerto y nos acercábamos al giro del medio maratón. Por estas alturas de carrera tuve algunas molestias estomacales y tuve que hacer una parada técnica en un baño. Por suerte luego no tuve más problemas de este tipo.

Según llegábamos al giro ya veíamos a algunos corredores que iban a participar en el medio maratón que estaban calentando, como Chema Martínez, al que saludé al cruzarme con él. Él, a su vez, me saludó con un «ánimo Javi», pero no creo que me reconociera de cuando hemos coincidido en la Wings for life en Valencia o en algún entrenamiento en Bilbao, sino que se fijaría en mi nombre en la camiseta.

Por ahora el viento no molestaba nada y teníamos ya algo de calor, puesto que íbamos con viento de culo. Pero nada más dar el giro se notaba que el viento tenía algo de fuerza ahora que nos iba a dar de cara hasta la meta.

Seguí corriendo, intentando mantener el ritmo que llevaba. La temperatura seguía agradable, en torno a los 22°C, pero ahora, al tener viento, ya no sentía mucho calor. Mi ritmo no era exigente, y las pulsaciones y la potencia se mantenían bajas, pero las sensaciones ya no eran las mejores. Además, sabía que a partir del kilómetro 32 volverían de nuevo las cuestas. Por lo tanto, procuré mantenerme lo más cómodo posible para llegar entero a la parte final y ver si me animaba al menos con los cuarenta y cinco kilómetros.

En el kilómetro 32 me pasaron Chema Martínez y otro corredor. Justo un poco después, en la primera de las cuestas duras, Chema se descolgó y solo pudo hacer segundo en la meta. Por mi parte, cuando llegué al inicio de la cuesta dura aproveché para caminar unos metros y no sufrir cuesta arriba. De ahí a la meta hice lo mismo en las zonas de subida más duras. No estaba yo como para tirar cohetes.

Poco a poco iba alcanzando la meta final. El dolor de la cadera era cada vez más molesto y las sensaciones no mejoraban, así que mi plan de correr un «ultra» empezó a desvanecerse con buen criterio. Con acabar el maratón me daba por satisfecho.

Tras el último repecho que subíamos, que no era el más duro, ya estábamos casi en la meta. Ahí, aprovechando la última bajada, fue cuando me permití acelerar y corrí rápido el último kilómetro y medio.

Crucé la meta con un tiempo oficial de 4 h 3 min 29 s, aunque descontando la parada para ir al baño tardé un poquito menos de cuatro horas. En la meta paré el reloj y le di a la opción de «guardar archivo», así evitaba la tentación de seguir corriendo. Sí. Podía haberlo hecho, pero era un poco absurdo seguir corriendo mal tres kilómetros y empeorar el dolor de la cadera.

Hay que decir que el maratón me midió 41,7 kilómetros según mi potenciómetro, que es más exacto que el GPS. No es un maratón homologado y creo que le faltan unos 500 metros para llegar a los 42,2 kilómetros. Pero qué más da, es un maratón.

Según los datos estadísticos de la organización quedé en el puesto 253 de 601 *finishers*, el 37º de 77 participantes de mi categoría de Veterano D. Pasé el medio maratón en 2 h 2 min 26 s, por lo que la segunda mitad la hice en 2 h 1 min 03 s, más rápida que la primera, pero en la primera está incluida mi parada en *boxes*. Al paso por el medio maratón iba en el puesto 382 y desde ahí, pese a no correr muy a gusto, fui mejorando en cada control para terminar en el puesto 253.

Bueno. No está mal para haberlo corrido con viento, cuestas y dolores. Puedo estar satisfecho.

Lanzarote es un destino fantástico para correr en diciembre.

Maratón de Barcelona'18
(11/03/2018)
3 h 50 min 57 s

Creo que antes de empezar la crónica de mi 21º maratón debería escribir aquí eso de que «No intenten hacer esto en casa» o lo de «Imágenes rodadas por especialista en circuito cerrado». Y es que si alguien está enfermo de bronquitis los diez días anteriores a un maratón, parado del todo, salvo una suave salida de media hora el jueves previo, lo más sensato que puede hacer es no correr un maratón.

Pero bueno, quizás no sea yo muy sensato, o quizás lleve hasta el extremo ese mantra de los deportes de fondo que nos obliga a no rendirnos jamás. El caso es que incluso el miércoles anterior a la carrera, que fui a Urgencias porque cada vez que tosía me dolía el pecho como si se me saliera un pulmón (no fuera que de la bronquitis estuviera pasando la cosa a neumonía), mantenía una vana esperanza de correr el domingo en Barcelona. Por supuesto, ya me estaba haciendo a la idea de no poder completar entera la carrera. Muy sensato no seré, pero sin llegar a ser un insensato del todo («Corred, insensatos», Gandalf *dixit*). Si mi cuerpo no respondía no me iba a arrastrar para llegar a la meta de cualquier manera y fastidiándome la salud por más tiempo. Pero, ya que tenía el hotel y el avión pagado, y una vez en Barcelona, salir iba a salir.

Milagrosamente, el viernes y el sábado ya me iba encontrando mucho mejor. Seguía con tos, pero ya sin dolor. La esperanza de terminar la carrera seguía viva. Por supuesto, ya sabía que mi ritmo no iba a ser el que hubiera hecho estando sano, pero eso ya era lo de menos. Iría viendo cómo me iba el día y que pasara lo que tuviera que pasar.

Así las cosas, llegué el sábado a la Ciudad Condal, dejé la maleta en el hotel y fui a ver la Feria del corredor, muy completa. Recogí mi dorsal, mi camiseta y después me di un paseo hasta el Estadio Olímpico de Montjuïc, a recordar aquel 17 de marzo de 1996 cuando terminé mi primer maratón en el último año que el Maratón de Barcelona puso la meta allí arriba, como en el maratón olímpico de 1992. Han pasado muchos años, pero aún recuerdo muy bien lo que sufrí aquel día para terminar el maratón y la profunda sensación que me causó.

Tras comer algo de pasta, pasé buena parte de la tarde descansando en el hotel, sin más. Luego di un paseo por el barrio gótico, cené y fui a dormir pronto para intentar estar lo más descansado posible.

La carrera

El día amaneció bueno. El pronóstico anunciaba buena temperatura para mí, pero también viento fuerte, que en la última parte de la carrera iba a ser de cara.

Tras el ritual de rigor, el cafecito y dejar la bolsa en el guardarropa de la organización (por cierto, la organización de la carrera me pareció excelente), ya me puse en mi cajón de 3 h 30 min a 3 h 45 min. No creía que iba a poder estar en esos tiempos, así que me coloqué detrás para salir tranquilo.

Por fin nos dieron la salida y comencé a correr con el objetivo de poner un ritmo cómodo y mantenerlo hasta el final. Si no llega a ser por la bronquitis hubiese seguido mi plan de mantener la horquilla de potencia que me había marcado según los últimos test realizados en pista, pero visto que no llegaba en mis mejores condiciones no me obsesioné mucho en ello.

Las sensaciones de los primeros kilómetros no eran muy buenas, pero sabía que hasta el kilómetro 10 no podía sacar conclusiones sobre cómo me encontraba realmente. Así que simplemente iba dejando pasar el tiempo y los kilómetros.

A partir del kilómetro 5 en Barcelona hay un avituallamiento cada 2,5 kilómetros, algo que se agradece mucho. En el km 7,5 empecé a tomar mis geles cada cinco kilómetros. Con esto logré dividir la carrera en mini etapas de 2,5 kilómetros. Por un lado, tenía en mente cuándo me tocaba tomarme un gel, y por otro lado, en los km 5, 10, 15, etc., estaban situadas las alfombras que nos iban midiendo los tiempos de paso intermedios. Y como sabía que mi mujer y algunos amigos iban a estar pendientes de mi paso por esos puntos en la aplicación de la carrera, al llegar a esos kilómetros manteniendo un ritmo uniforme les estaba enviando un mensaje de que seguía bien.

En los primeros quince kilómetros está la zona de la carrera con más subidas y bajadas, además de los dos últimos kilómetros, que son los más duros. De todas formas, todavía iba más o menos bien y llegué al medio maratón bastante entero. Mi objetivo ya era terminar la carrera, y hacerlo sin parar, si era posible.

A partir del kilómetro 25 empecé a notar los efectos de los diez días sin hacer nada. Si bien de caja y de respiración iba mucho mejor de lo esperado, los cuádriceps se me empezaron a cargar más de la cuenta. Claramente era debido a la falta de tono y fuerza muscular por haber estado parado del todo. No era preocupante, todavía, pero debía correr guardando fuerzas.

Mi plan de correr a ritmo uniforme seguía por buen camino. Iba marcando los parciales de 5 kilómetros en unos 27 minutos todo el rato. El medio maratón lo pasé en 1 h 55 min 7 s. Seguía en la pelea. Del kilómetro 25 al 35 mantuve el ritmo. Las piernas cada vez me dolían más, pero con mi experiencia iba manteniendo el problemilla bajo control.

El dato de la potencia empezó a descender a partir del kilómetro 35. Falta de fuerzas equivale a mover menos vatios. Era algo esperado. Además, a partir del kilómetro 35, el viento nos daba más de cara y la carrera se endurecía. Y para rematar, los dos últimos kilómetros tienen una cuesta arriba muy notoria y ahí es donde peor lo pasé controlando los cuádriceps y luchando contra un dolor de flato (como en Valencia'17) que por suerte no fue a más.

Y por fin, llegué a la Plaza de España y giré en el kilómetro 42 hacia la meta. Muy satisfecho. Tiempo final de 3 h 50 min 57 s, y el segundo medio maratón casi clavado al primero: 1 h 55 min 50 s. Un maratón más terminado en condiciones difíciles. La experiencia y el conocerme muy bien fueron claves para acabar. Sé perfectamente qué ritmos puedo soportar y por cuánto tiempo.

El problema de los cuádriceps me descolocó un poco al principio, pero supe leer bien lo que me decían las piernas y les exigí lo que podían dar, nada más.

Si veis (abajo) la tabla de mis tiempos intermedios se ve claramente mi estrategia de regular todo el rato y de correr al mismo ritmo. Eso me permitió terminar la carrera y además ir adelantando posiciones incluso en los kilómetros finales, en los que bajé un poco el ritmo por el viento, las cuestas y el dolor de piernas.

Barcelona 2018 fue un maratón muy complicado para mí.

Km	Tiempo	Ritmo medio	Posición
0–5 km	27 min 36 s	5 min 31 s	6811
5–10 km	27 min 06 s	5 min 25 s	6701
10–15 km	27 min 14 s	5 min 27 s	6684
15–20 km	27 min 02 s	5 min 24 s	6783
20–25 km	27 min 03 s	5 min 24 s	6676
25–30 km	26 min 49 s	5 min 22 s	6388
30–35 km	27 min 13 s	5 min 27 s	5944
35–40 km	28 min 24 s	5 min 41 s	5600
40–Meta	12 min 33 s	5 min 42 s	5458

22

Stelvio Marathon'18
(16/06/2018)
6 h 41 min 05 s

«Buscad la belleza. Es la única protesta que merece la pena en este asqueroso mundo». Con esta frase despedía siempre su mítico programa en Radio 3, *Diálogos 3*, el gran Ramón Trecet. Me encantaba este programa que escuchaba a diario después de comer allá por los primeros años 80, en mi primera época de estudiante universitario.

No creo que el mundo sea, *per se*, asqueroso. Hay mucha belleza en él y no es difícil de encontrar, a poco que se quiera buscar. La belleza está en muchos sitios, en un libro, en un cuerpo, en un paisaje, en una montaña,... Incluso en una carretera.

Porque la carretera que sube al puerto del Stelvio, en el Tirol del Sur, desde Prato allo Stelvio o desde Bormio, es bella se mire como se mire. Es más. Me atrevo incluso a decir que estamos ante una obra humana que hace aún más hermosa a la naturaleza salvaje en la que se enmarca. No hay más que asomarse al pretil de la cima del puerto y mirar para abajo. Sí, el paisaje de montaña que vemos es precioso, pero si quitásemos esa serpenteante carretera que de manera majestuosa remonta la pendiente, este paisaje quizás no fuese tan bonito.

Fue entre los años 1820 y 1825 cuando el ingeniero Carlo Donegani proyectó y dirigió la construcción de esta ruta a petición del emperador del Imperio Austrohúngaro para unir así la Lombardía (que entonces pertenecía al Imperio) con el resto del país. Es el segundo puerto de montaña más alto de Europa, con 2758 metros de altitud.

Los avatares de la historia de Europa hicieron que esta zona pasase a formar parte de Italia tras la 1ª Guerra Mundial, aunque sus habitantes siguen hablando alemán y tienen un estatus especial con el estado italiano.

En 1953, el Giro de Italia incluyó por primera vez en su anteúltima etapa, entre Bolzano y Bormio, la subida a este puerto. Y ese día, *il campionissimo* Fausto Coppi dio la vuelta a la general para arrebatar al suizo Hugo Koblet, que llevaba doce días de líder, la *maglia* rosa. Coppi ganó así su quinto Giro y el Stelvio se convirtió por derecho propio en un puerto de leyenda en el ciclismo.

El viaje

El jueves volé desde Bilbao a Milán y desde allí, en coche, fui hacia Bormio para subir el Stelvio por esa vertiente y bajar después al pueblo de Stelvio, donde tenía mi hotel.

La vertiente oeste, desde Bormio, me pareció también espectacular. No la conocía, pues cuando estuve en el Stelvio en 2012, solo vi la vertiente este, desde Prato allo Stelvio, ya que la subí en coche y en bicicleta.

Arriba, antes de bajar al hotel, estuve un rato sacando unas fotos y comiendo un bocadillo de salchicha con una cerveza, algo que es casi obligatorio hacer en este puerto. Luego, ya descendí al hotel y cené antes de ir a dormir.

El viernes por la mañana me levanté temprano, corrí unos cinco kilómetros y luego desayuné para ir después a hacer una excursión con el coche. Subí de nuevo el puerto y bajé un poco por la otra vertiente. También estuve un rato por la cima del Umbrail Pass, un puerto que termina a un kilómetro de la cima del Stelvio por la vertiente de Bormio y que es frontera con Suiza. Había pensado ir hasta el Paso del Gavia, otro puerto mítico que empieza en Bormio, pero aunque en kilómetros no era una excursión muy larga, en tiempo sí, pues son carreteras en las que no puedes ir rápido por el trazado y por el numeroso tráfico de coches, motos y ciclistas, y no tenía ganas de meterme varias horas de coche. Así que, comí de nuevo en el puerto y bajé a Prato a recoger el dorsal.

Por la tarde, descansé algo en el hotel y luego fui al pueblo de Solda, cerca de Stelvio, a ver el Museo de la Montaña de Reinhold

Messner (primer alpinista en lograr los catorce ochomiles), que tiene varios museos de este tipo repartidos por el Tirol del Sur, su tierra. La verdad es que me decepcionó un poco.

Luego cené en el hotel, dejé todo preparado para el gran día y a dormir, pues tenía que madrugar.

La carrera

Para las siete de la mañana ya estaba en Prato. Aparqué bien el coche, tomé las últimas decisiones sobre qué ropa ponerme, dejé la bolsa en el guardarropa (nos la entregaban luego en la meta) y me acerqué a la salida a esperar a las ocho de la mañana.

El día era estupendo, como habían sido el jueves y el viernes. En Prato no hacía nada de frío a esa hora y en la meta se esperaba sol y unos 13 °C. Al final decidí salir con mi camiseta técnica de Salomon (que evacua muy bien el sudor y puedes jugar con la cremallera para regular la sensación térmica), una gorra, y en la cintura me colgué unos manguitos y unos guantes porque pensaba que en la parte final de la carrera, a partir de los 2300 metros de altitud, igual iba a tener algo de frío, aunque al final no los llegué a necesitar.

Llevé mis nuevas *zapas* Saucony Xodus ISO 2, y la verdad es que la sensación de comodidad que me dieron todo el día fue increíble. Curiosamente, había bastantes corredores con zapatillas de asfalto. Para la primera parte de la carrera y la última estaban bien, pero no creo que fueran lo más adecuado para la parte montañosa de la carrera.

La salida se retrasó casi un cuarto de hora, hasta que llegó el helicóptero que iba a grabar unas imágenes. Mientras tanto, el ambiente era muy bueno bajo los sones del *Highway to Hell*, de AC/DC y los comentarios en italiano y alemán de los *speakers*. Por cierto, uno de ellos, al ver mi nombre en el dorsal me preguntó de dónde era y como le pareció algo exótico me presentó al público por la megafonía. Así que, con un aplauso del respetable, me animé aún más de lo que ya estaba.

En la salida del maratón éramos unos 350 participantes, casi todos de Italia, Suiza y Alemania. Yo era el único de España. El año pasado, en la primera edición, no hubo ningún español. Entre todas las distancias fuimos al final 640 *finishers*.

Por fin se dio la salida. Los primeros 15,5 kilómetros son casi llanos por zonas de asfalto y pistas fáciles. Como la carrera iba a ser larga (mis expectativas eran terminarla en unas 6 h 30 min), seguí la estrategia de correr esa primera parte a ritmo cómodo, en mi zona de regeneración activa (RA). Para ello, además del pulso y las sensaciones, mi plan era hacer caso del potenciómetro y no pasar de 200 vatios. Y además, empecé a tomar geles y a comer algo, desde el primer avituallamiento (kilómetro 5). En una carrera larga, los grandes desfallecimientos del final se gestan en los primeros tramos. Si no empiezas a comer desde el principio estás comprando muchos boletos para tener una pájara al final. Además, en este caso, al ser llana la primera parte, es muy fácil querer correr rápido para compensar el tiempo que vas a perder luego y eso es un arma de doble filo que te va a cortar sí o sí.

Con todo esto, llegué al comienzo del terreno cuesta arriba en el tiempo esperado, hora y media para esos 15,5 kilómetros. Todo me marchaba según lo previsto. Iba muy bien y empecé la primera cuesta con confianza.

Ya abandonábamos el asfalto y, por senderos y caminos rurales, íbamos ganando altitud. Donde podía, corría, pero la mayor parte del tiempo iba caminando rápido. Antes de llegar al medio maratón, en la localidad de Stelvio, había una zona muy bonita y cómoda para correr por senderos estrechos. Allí fui en un pequeño grupo en fila de a uno y parecía que estábamos jugando a hacer lo que hace el primero: si él corría, corríamos; si caminaba, caminábamos; si saltaba una piedra, la saltábamos; si bordeaba otra, la bordeábamos… Y así, llegué al medio maratón en 2 h 35 min. En el pueblo había mucha animación. Al pasar junto a mi hotel estaba todo el personal animándonos con ahínco.

Desde el kilómetro 22 al kilómetro 32 venía la parte más dura de la carrera, pues eran diez kilómetros todo el rato subiendo con pendiente considerable y, además, con unos tramos finales de ascensión por una zona de alta montaña por rocas y senderos estrechos. Eso sí, los paisajes eran maravillosos, aunque para apreciarlos bien había que detenerse, porque al correr o caminar había que mirar bien dónde poner los pies, pues en algunos tramos un tropezón podía suponer una caída peligrosa por la ladera del monte.

Ya iba mentalizado a que esos diez kilómetros me iban a llevar unas dos horas, como así fue. Por lo tanto, no quedaba otra opción que ir avanzando a un ritmo constante, sin detenerme mucho y dejando pasar los kilómetros y minutos lo mejor posible.

En cada avituallamiento, como en toda la carrera, aprovechaba para comer algo, tomar algún gel y beber. Además, en ellos también había platos con sal, con lo que bastaba con poner el dedo sudoroso y chuparlo para ingerir la sal necesaria para mantener el cuerpo a tono.

Por fin llegué al kilómetro 32. Desde allí había tres kilómetros entre algo de llano y bajada por bonitos senderos hasta llegar en el kilómetro 35 a una de las curvas de la carretera (la *tornante* n.º 25, pues están numeradas desde la n.º 48 hasta la n.º 1, la que da paso a la cima) y empezar la parte final por la zona más espectacular de este puerto.

Pocos maratones ofrecen un recorrido tan espectacular como el del Stelvio.

Mi intención inicial era correr en este tramo de la carrera por el puerto, como había hecho entrenando las semanas anteriores en los puertos de Orduña, Urkiola y en el Tourmalet. Pero enseguida vi que por la altitud y el cansancio normal de las más de cinco horas de carrera que llevaba ya, me iba a tener que conformar con caminar rápido.

La verdad es que, en los pocos tramos que corrí veía que la velocidad no aumentaba mucho y sí lo hacía la sensación de fatiga. Así que puse un ritmo fuerte de caminar y tiré para arriba.

Finalmente coroné el puerto y corrí los doscientos metros más que había que subir hasta donde habían puesto la meta. Mi tiempo oficial fue de 6 h 41 min 05 s. Muy satisfecho y muy entero. Las piernas las tenía estupendas y tampoco tenía una gran sensación de fatiga. Es lo que tienen las carreras de montaña en las que hay tantas zonas en las que caminas en vez de correr.

En la meta nos entregaban la medalla y la camiseta de *finisher*. Además, el *speaker* de la mañana me entrevistó un poco para que le contara mis sensaciones y para preguntarme si sería capaz de correr cinco kilómetros más. ¡Qué cachondo!

Una meta a gran altura, a 2758 metros sobre el nivel del mar.

Luego cogí la bolsa con mis cosas, me saqué unas fotos y fui a uno de los hoteles donde podíamos ducharnos. Tras la ducha, comí un bocadillo de salchicha, bebí una cerveza y fui a la cola para coger el autobús que nos bajaba por el Umbrail Pass, por Suiza, hasta Prato de nuevo.

La organización me pareció excelente y toda la carrera en sí me encantó. Sobre todo con el magnífico tiempo que nos hizo.

Llegué al hotel a las siete de la tarde, me duché de nuevo y descansé un poco antes de tomarme una cerveza y cenar con tranquilidad.

El domingo viajé a Milán por Bolzano y paré junto al Lago di Garda a comer para despedirme de Italia, un país precioso.

En resumen. Un viaje fantástico, una carrera excelente con sensaciones inmejorables y una muesca más a mi historial de retos deportivos.

¿Encontré la belleza? Sí, por supuesto. Siempre se encuentra la belleza, si la buscas. Aunque aquí, en el Stelvio, ella misma te sale al paso.

Al terminar esta carrera llevaba completados veintidós maratones (más el ultra de Suiza del año 2017). Aunque prefiero decir que llevaba veintiún maratones de asfalto y uno de montaña, pues, aunque la distancia es la misma, el tipo de esfuerzo y exigencia es diferente. En un maratón de asfalto vas todo el rato trabajando duro a nivel cardíaco. En cambio, en un maratón de montaña, como en este caso, donde caminas mucho rato, el gasto cardíaco y muscular no es tan exigente, aunque, por otra parte, son más horas de esfuerzo.

Mis datos del Stelvio Marathon

— Tiempo final: 6 h 41 min 5 s.
— Tiempo sin paradas: 6 h 4 min 34 s (la mayor parte de las paradas fueron para sacar fotos y vídeos que iba enviando a mi familia y a mi equipo *Beer Runners* Bilbao).
— Media sin paradas: ritmo de 8 min 30 s por km; Potencia 162 w; Pulso 132 ppm.
— Puesto intermedio en el medio maratón: 252º de 313, 30º en mi categoría (de 39).

— Puesto intermedio en el kilómetro 35: 226º de 313, 25º en mi categoría (de 39).
— Puesto final: 211º de 313, 21º en mi categoría (de 39).

Como veis, fui mejorando puestos todo el rato. Es lo que tiene conocerse bien y saber regular en estas carreras tan largas.
Tiempos parciales:
— Del kilómetro 0 al kilómetro 15,4 (parte llana): 1 h 30 min 6 s, potencia media 198 w, pulso medio 132 ppm, a 5 min 51 s por km; cadencia media 180.
— Del kilómetro 0 al Medio maratón: 2 h 35 min 19 s, a 7 min 23 s por km.
— Del kilómetro 21 al kilómetro 35: 2 h 56 min 42 s, a 12 min 37 s por km.
— Del kilómetro 35 a meta (subida asfalto final): 1 h 9 min 15 s, a 9 min 37 s por km, potencia media 148 w, pulso medio 130 ppm, cadencia media 128.
— Cuando corría un poco en la parte final tenía picos de unos 220 w a casi 140 ppm.

Si os fijáis en el pulso, en los primeros quince kilómetros corriendo tengo unas pulsaciones medias de 132 ppm, y en la parte final de asfalto caminando rápido, el pulso medio es de 130 ppm. Aunque fui andando, el esfuerzo era similar al de correr en llano.

Marathon des châteaux du Médoc'18
(8/09/2018)
4 h 58 min 24 s

Burdeos es una bonita ciudad del arco atlántico francés, rodeada de grandes viñedos y de un paisaje encantador. La primera vez que fui a Burdeos fue con ocasión de tomar parte en la edición inaugural de la marcha cicloturista en tres etapas entre Burdeos y Bilbao, en mayo de 2014, organizada entre otros por mi club ciclista, la Sociedad Ciclista Bilbaina. Luego, regresé dos veces más, una de ellas en abril de 2015 para correr la primera edición del Maratón de Burdeos, el único maratón nocturno en Francia.

Como en 2017 corrí la segunda edición del Beer Lovers' Marathon en Bélgica, me pareció una buena idea correr lo antes posible el Marathon des châteaux du Médoc (cerca de Burdeos), que como he explicado antes es el maratón original en el que se inspiró el maratón belga. Así que, en marzo de 2018, nada más abrirse el periodo de inscripción, me apunté a esta carrera para no quedarme sin dorsal, ya que las diez mil plazas se agotan enseguida debido a la fama que tiene, contando ya con treinta y cuatro ediciones celebradas.

Como muestra de lo conocida y apreciada que es esta carrera a nivel internacional, basta ver los datos de procedencia de los participantes del año 2018:

Francia:	4956	China:	290	Estados Unidos:	268
Suiza:	138	España:	96	Hong Kong:	82
Reino Unido:	1082	Alemania:	285	Bélgica:	223
Taiwán:	128	Canadá:	87	Finlandia:	81
Japón:	305	Suecia:	272		
Australia:	114	Irlanda:	85		

Y así, hasta setenta y ocho países representados. Como veis, no era raro oír hablar en inglés durante todo el recorrido. Muchos de los participantes de fuera de Francia vienen a este maratón con paquetes turísticos, al igual que pasa en los grandes maratones internacionales.

Como en el momento de apuntarme en marzo no era plenamente consciente de este dato, para cuando empecé a buscar un hotel en la zona de la salida y meta de la carrera, en Pauillac, ya no quedaba ninguna plaza hotelera, por lo que tuve que reservar el alojamiento en Burdeos. Esto me obligaba a madrugar el sábado del maratón para poder aparcar dentro del pueblo. En fin. Esto me demuestra de nuevo que, una vez que has decidido correr un maratón determinado, lo mejor es apuntarte y reservar el viaje y el alojamiento cuanto antes. Así todo sale más barato, encuentras una mejor ubicación del hotel y además ya no te puedes echar para atrás y la motivación es máxima.

Uno de los peculiares avituallamientos de este maratón entre viñedos.

El viernes viajamos en coche hasta Pauillac, donde recogí mi dorsal y empecé a imbuirme en el ambiente tan particular que tiene esta carrera. Pauillac es un pequeño pueblo al norte de Burdeos, en el estuario donde desembocan los ríos Garona y Dordoña, y el fin de semana del maratón recibe a gran cantidad de gente de todo el mundo, como he dicho. Los viñedos de esta zona de Francia tienen fama internacional desde hace siglos por los buenos vinos que producen, y este maratón se creó para difundir aún más esta tradición vitivinícola. Y no solo son famosos por el vino, sino que gran parte de estas bodegas están ubicadas en unos edificios magníficos, verdaderos castillos y palacios (*châteaux*, en francés) a cada cual más hermoso. Corras o no esta carrera, merece la pena darse una vuelta por estas tierras.

La animación en el pueblo ya el viernes era muy alta. Paralelas a la carrera hay diversas actividades, como cenas en los viñedos, paseos por la zona, conciertos y demás. Todo muy atractivo no solo para los corredores, sino para todo el mundo. La feria del corredor que hay en la zona de recogida de dorsales, además de contar con algunos puestos de productos para la práctica del *running*, nos permite conocer otros maratones singulares. No sabía que en Francia hay tantos maratones de carácter festivo en los que correr disfrazado. Y también tuve ocasión de hablar con una chica que venía de California para promocionar otro maratón entre viñedos en Napa Valley.

Al no tener el hotel en el pueblo, no pudimos disfrutar mucho de este ambiente y fuimos pronto a Burdeos para cenar, ya que el sábado había que madrugar para intentar llegar antes de las ocho a Pauillac. La salida del maratón es a las 9:30, pero si no llegas temprano es casi imposible aparcar dentro del pueblo. La organización facilita el traslado en autobús, y también es posible ir en tren desde Burdeos. Pero, por los horarios, al final decidí ir en coche.

Un maratón único

El Maratón de los castillos de Médoc, el «Médoc», como se le conoce en Francia, se creó en 1984 de la mano de un grupo de maratonianos de la zona. Lo organiza año tras año un grupo de noventa voluntarios agrupados en la asociación AMCM (*Association pour le*

Marathon des châteaux du Médoc). Las premisas por las que se rige esta organización son la salud, el deporte, la convivencia y la fiesta. Doy fe que cumplen con todas ellas a rajatabla.

Si alguien piensa que la promoción del vino y la salud pueden estar reñidas, como dato os diré que paralelo a la carrera se celebra un congreso médico y un coloquio sobre medicina deportiva. Además, *in situ* se realizan estudios médicos completos a más de mil corredores. La asistencia médica en la carrera está asegurada por más de trescientas personas.

Una de las señas de identidad del «Médoc» es su carácter festivo. Como dice el reglamento, es una carrera reservada a corredores disfrazados, y la verdad es que es muy difícil ver a alguien que no corra con un disfraz. Según su lema, estamos ante «el maratón más largo del mundo», y no porque tenga más kilómetros, sino porque, como se ve en el dibujo que representa a la carrera, es posible que hagamos muchas eses durante el recorrido si degustamos las más de veinte variedades de vino que nos dan a probar las bodegas por las que pasa el recorrido.

Por suerte, para no caer en el exceso de alcohol, los avituallamientos son muy completos, y casi hay uno cada dos o tres kilómetros. Además de vino, hay agua abundante, refrescos de cola, mucha fruta, frutos secos, chocolate, bizcochos, geles, etc. Y en algunos de los avituallamientos también se pueden degustar productos locales, como cruasanes, ostras, jamón, queso, entrecot o helado. Y todo ello, con una animación continua con música y con los *châteaux* engalanados para un día grande.

La carrera

No sé si sería por el madrugón o por el calor que hizo, o por ambas cosas, pero el caso es que, a pesar de correr mi maratón más lento con diferencia, mis sensaciones fueron de estar realizando más esfuerzo del que realmente hice. Tampoco lo había preparado a fondo. Mi objetivo aquí era tomármelo como una larga tirada de entrenamiento de cara a los maratones que me venían en dos meses: Nueva York y San Sebastián.

La salida se dio con muy buen ambiente en Pauillac. Miles de maratonianos disfrazados según el tema de esta edición, que era las ferias de pueblo. No soy muy de disfrazarme, pero entendí que aquí no puedes no hacerlo. Elegí un disfraz sencillo y que no me diera mucho calor, el de forzudo de feria. Aunque, como llevaba el traje de leopardo con un tirante pero sin pesas ni más complementos, lo mismo podía interpretarse que iba de Tarzán que de Pedro Picapiedra, je, je. Es igual. El caso era ir disfrazado.

Como la participación es muy grande, casi 10 000 personas, me tocó salir muy atrás (aquí no hay cajones por tiempo, claro está) y eso hizo que en los primeros cinco kilómetros me metiera sin remedio en varios de los tapones que se formaban en algunos avituallamientos, donde la estrechez de la ruta y la cantidad de gente nos obligaban a parar. Además, algunos de los disfraces eran voluminosos, con flotadores, carros con diversos cachivaches y otros elementos que dificultaban el paso.

En el primer avituallamiento, en el kilómetro 2, nos daban el desayuno, con cruasanes y café. No cogí nada porque ya había desayunado bien, pero a pesar de todo me costó salir del atasco. Lo mismo que al paso en el kilómetro 5 por el primer *château*.

El Médoc, un maratón diferente.

Con todo esto, los primeros cinco kilómetros los completé en más de cuarenta y cinco minutos. Según mi Garmin, el tiempo para terminar el maratón a ese ritmo se iba a más de siete horas, por lo que decidí no parar demasiado a sacar fotos y comer, no fuera que terminara en más de las seis horas y media que, en teoría, teníamos para llegar a meta. Por suerte, a partir de ahí los tapones ya no fueron un problema.

El recorrido nos llevaba primero hacia el sur, luego volvíamos para el norte, para regresar de nuevo en dirección sur hasta Pauillac. No es un recorrido llano y, además, casi el 25 por ciento de la ruta es por caminos de grava por dentro de los viñedos, o por hierba. No es un maratón rápido en ese sentido. Bueno, ni en ese ni en ningún otro.

Como el calor cada vez se notaba más, en todos los avituallamientos bebía agua y me refrescaba la cabeza. Pese a todo, desde los primeros kilómetros vi que no tenía cuerpo para correr a mis ritmos normales. Mi ritmo y los vatios que me marcaba el Stryd eran bajos, como de una salida suave de regeneración. Sin embargo, mis sensaciones y mi pulso eran de ir rápido. Mala cosa. No quedaba otra que tirar de experiencia y regular para aguantar hasta la meta intentando disfrutar de la experiencia de correr este maratón tan especial.

Los paisajes por los que pasábamos eran preciosos, y algunos de los edificios de los *châteaux* espectaculares. En algunos, casi todos los corredores nos parábamos para hacer fotos. La ocasión lo merecía. Y en muchos de los puestos de avituallamiento de las diferentes bodegas por las que pasábamos, la animación y la música eran tan buenas que mucha gente se ponía a bailar mientras bebía un trago de los buenos vinos que nos ofrecían. Yo solo eché un trago de vino en una de las bodegas, ya que en esta nos ofrecían el vino en copas de cristal y daba pena no beber un poco.

Hacia el kilómetro 23 pasábamos cerca de Pauillac y allí me encontré con mi mujer, que ya se estaba preocupando por lo mucho que tardé en llegar hasta allí. Le dije que iba bien, pero que tardaría un poco más de lo previsto en terminar, y seguí corriendo despacio, incluso caminando un poco en algunas cuestas que teníamos. Seguí bebiendo mucha agua y comiendo en los avituallamientos, además de tomarme algunos geles.

Los últimos doce kilómetros se me hicieron bastante largos. Hacía bastante calor, casi 30°C, y ya se notaban las horas corriendo, pese a ir tan lento. En vez de estar en la última parte de un maratón, mis sensaciones eran las de ir al final de un ultra donde ya vas con fatiga. Así que luché un poco contra mis malas sensaciones para no dejar de correr hasta el final como si estuviera haciendo una carrera de ultrafondo. Quise aprovechar esta experiencia para seguir aprendiendo de mis propias sensaciones ante la fatiga.

Los últimos avituallamientos son los más curiosos y famosos del «Médoc». Nos ofrecían ostras, entrecot y helados. Como quería acabar y no tenía el cuerpo muy bien, no tomé ni las ostras ni el helado, y solo probé un poco de la carne.

Ya nos íbamos acercando a la meta, a la orilla del mar, pero poco antes de llegar allí había un último puesto, que se llamaba algo así como «el puesto para la belleza». Había unos espejos y si querías te maquillaban un poco para entrar con buena cara en la meta y salir bien en las fotos. Me parto de risa.

Por fin llegué a la meta, que estaba muy bien adornada con un pasillo espectacular. Puse mi mejor cara para las fotos y terminé el maratón en casi cinco horas. Mi «Mejor Marca Personal» de maratón más lento. En la llegada nos daban una bolsa–nevera, la medalla, una botella de vino y agua. Luego teníamos una amplia carpa con una zona para comer. Había de todo, y además cerveza, que me entró mejor que el vino (por algo soy un *beer runner*). También había una zona para masajes y una gran animación.

Como estaba más cansado que hambriento, solo bebí la cerveza y luego fui al coche para coger la mochila y ducharme en las duchas habilitadas. Ya algo recuperado, bebí otra cerveza y comí un bocadillo antes de regresar a Burdeos.

En resumen. Una bonita experiencia más. Un maratón que merece la pena por lo especial que es. La versión belga que había corrido el año anterior está a la altura de este, aunque con menos participación y fama. Deportivamente no tuve mi mejor día, pero mereció la pena.

Creo, también, que no es un maratón para gente sin experiencia en larga distancia. Aunque vayas lento y parando mucho, no dejan de ser cuarenta y dos kilómetros y se pueden hacer muy largos si no sabes regular y gestionar tanto tiempo corriendo.

Algunos datos:

— Mi tiempo en meta: 4 h 58 min 24 s.
— Clasificación general: 1247 de 7961.
— Clasificación categoría V2H: 231 de 1198.
— Clasificación categoría masculina: 966 de 5507.
— Puesto en Branaire Ducru (km 9,2): 4860.
— Puesto en Larose–Trintaudon (km 16): 3415.
— Puesto en Lafon Rochet (km 27,3): 2182.
— Puesto en Meyney (km 35,7): 1670.
— Puesto en meta: 1247.

Como se ve, al salir muy atrás, y una vez pasados los primeros kilómetros donde hubo muchos atascos en los avituallamientos y pese a correr mal todo el rato, fui avanzando puestos. En este maratón, con un tiempo de casi 5 horas hice un puesto entre el 16 % de los más rápidos, algo impensable en un maratón normal.

— Tiempo del ganador masculino: 2 h 25 min 43 s.
— Tiempo de la ganadora femenina: 2 h 58 min 52 s (puesto 25 del total).
— El premio para los ganadores es el equivalente en botellas de vino a su peso.
— Solo 25 corredores terminaron en un tiempo menor a 3 horas, y solo 245 en menos de 4 horas.
— Tiempo del último corredor en meta: 7 h 15 min 32 s.
— Casi 3000 corredores están clasificados con un tiempo de más de 6 h 30 min, teóricamente el tiempo límite para terminar la carrera.

New York City Marathon'18
(4/11/2018)
4 h 34 min 24 s

—Enrique, empiezo a notarme muy cansado. Igual camino un poco en el avituallamiento— le comento a mi compañero a la altura del km 30, en mitad de esa larguísima recta de más de cinco kilómetros que es la 1ª Avenida en Manhattan.

Hasta un rato antes, desde la salida hasta entrar en la 1ª Avenida, me encontraba muy bien. Los primeros veinticinco kilómetros habíamos ido los cuatros juntos, Enrique, Amaia, Arteche y yo. Como Amaia venía a Nueva York con muy poca preparación por una lesión que casi le ha impedido correr desde verano, habíamos empezado la carrera muy tranquilos para mantenernos los cuatro juntos a ser posible hasta la meta. Luego, en el kilómetro 15, fue Arteche el que empezó a sentirse mal. Al parecer, un gel no le sentó bien y bajamos aún más el ritmo para seguir juntos. Hasta ahí íbamos muy bien para terminar la carrera en un tiempo de 4h 15 min o 4 h 20 min. Pero luego, en el puente Queensboro, justo antes de la pancarta de kilómetro 25, y antes de entrar en Manhattan por primera vez, Arteche empezó a caminar.

—Seguid vosotros —nos dijo, —que yo no puedo. No me siento bien.

Durante un rato caminamos los cuatro juntos. Luego, en mitad del puente, aprovechamos para hacernos una última foto los cuatro con Manhattan al fondo. A partir de ahí, y por la insistencia de Arteche, Enrique y yo fuimos para adelante solos. Amaia se quedaba con Arteche, porque prefería no forzar su pierna.

Todo había comenzado muchos meses antes, cuando nos fuimos animando algunos del equipo *Beer Runners* Bilbao a participar en el Maratón de Nueva York. Yo ya había dicho que en 2018, cinco años después de mi primera participación en el mejor maratón del mundo, quería repetir la experiencia. Luego, faltó poco para que Amaia, Enrique, Iagoba y Arteche se apuntaran también al viaje. Para asegurarnos el dorsal y evitar quebraderos de cabeza, decidimos apuntarnos a un viaje organizado por una agencia oficial, Sportravel, con los que ya había ido a Nueva York en 2012 y 2013, y a París y Berlín en 2016 (a la capital alemana también con Arteche y Enrique, entre otros).

Y así, y aunque parecía un sueño lejano, llegó el jueves 1 de noviembre y cogimos un avión que nos llevó a Madrid, y allí otro que nos dejó en el JFK de Nueva York. Ya estábamos en la Gran Manzana. Todos conocíamos ya el país y la ciudad. Fue un jueves muy largo, madrugando en Bilbao y trasnochando en Nueva York debido a la diferencia horaria. Después de dejar las maletas en el hotel dimos un paseo por Times Square y cenamos unas hamburguesas en un bar acompañadas de unas cervezas, antes de acostarnos.

El equipo Beer Runners *Bilbao, corriendo por Nueva York. A la derecha, foto en el puente Verrazano–Narrows, al inicio del maratón.*

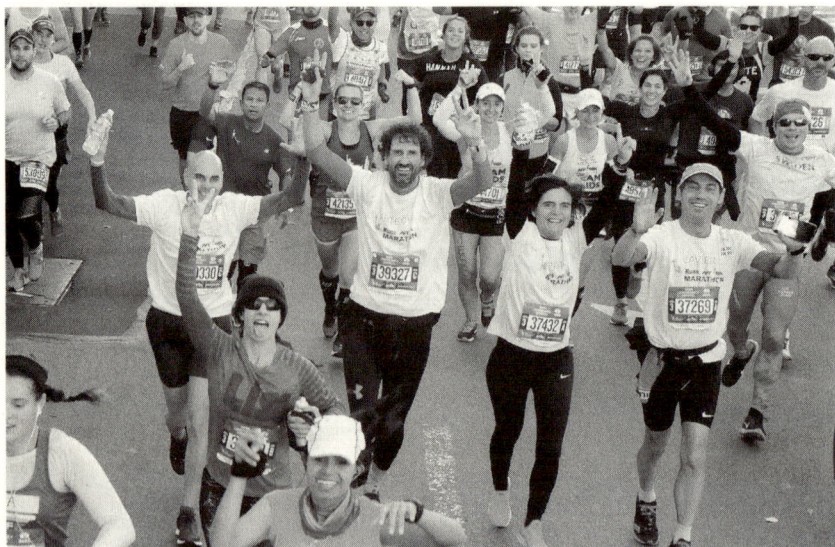

El viernes por la mañana desayunamos algo ligero y cogimos el metro hasta Columbus Circle para correr suave por Central Park y ver la zona de la meta del maratón. Era emocionante estar allí. Nos sacamos unas fotos con la meta de fondo y con la estatua de Fred Lebow, organizador de los primeros maratones de Nueva York. Luego dimos media vuelta al lago del parque, el Jacqueline Kennedy Onassis Reservoir, por el camino que lo bordea, y llegamos hasta la zona central, donde todo el mundo se saca la foto clásica con el edificio Eldorado y sus dos torres al fondo. Después, fuimos a la estatua de *Alicia en el país de las maravillas*, y ya caminando fuimos hasta el edificio Dakota, en cuya entrada asesinaron a John Lennon, y vimos la placa que hay en el parque con la letra de su famosa canción *Imagine* antes de volver en metro otra vez al hotel.

Tras una ducha, fuimos dando un paseo hasta el Jacob K. Javits Convention Center, el lugar donde se recogen los dorsales de la carrera y donde se encuentra la inmensa feria del corredor, tal vez la más grande de todos los maratones internacionales.

Media hora de lucha contra la interminable recta de la 1ª Avenida y por fin pasamos el puente de la Avenida Willis y entramos en el Bronx. Sigo con Enrique, pero en los avituallamientos voy caminando y luego le tengo que coger. Por suerte, va despacio.

Por el Bronx solo corremos unos dos kilómetros. Luego se pasa el puente de la Avenida Madison y entramos definitivamente a Manhattan. Ahí ya empiezo a perder de vista a Enrique porque tengo que empezar a caminar en ocasiones. Estoy vacío. Incluso corriendo al ritmo al que voy, que es muy lento, las pulsaciones y las sensaciones son de correr rápido. Algo parecido a lo que me ocurrió en la parte final del Maratón de Médoc en septiembre.

La única explicación que encuentro es que Nueva York es un maratón al que llegas muy cansado a la salida. Se juntan el viaje, el cambio de horario, todos los kilómetros que caminas por la ciudad los días anteriores, una comida que no es la mejor para recargar los depósitos como debieras, un madrugón para ir a la salida...

De vez en cuando miro el teléfono para seguir la increíble retransmisión de la carrera que está teniendo lugar en el chat del WhatsApp de los *Beer Runners* Bilbao. En los primeros kilómetros incluso les pude enviar alguna foto y algún comentario en directo, pero en estos momentos de la carrera apenas tengo fuerzas para leer (y además voy sin las gafas). Fue emocionante poder leerles en vivo, y fue divertido luego por la noche cuando pudimos leer con calma todos los mensajes. ¡Qué grandes son todos! Casi sufrieron más que nosotros al ver que parábamos de vez en cuando y al ir teniendo noticias de Arteche y de sus problemas.

Por el chat me entero de que Amaia y Arteche han seguido juntos unos kilómetros más desde donde les habíamos dejado, pero Arteche ha tenido calambres en los gemelos de ambas piernas y sigue mal del estómago, por lo que se ha quedado atrás. Amaia parece que va bien y Enrique está algo por delante de mí.

Me queda poca batería del móvil y prefiero no mirarlo mucho. En las más de dos horas que hemos estado esperando en Staten Island a la salida y en los primeros veinticinco kilómetros he sacado muchas fotos y eso se paga. Pero quería tener alguna más de esos kilómetros juntos para poder enviar una foto buena al diario *El Correo*, ya que había quedado con un amigo de Deportes en enviarle un pequeño artículo sobre la carrera.

Ya con los dorsales y las camisetas oficiales en la mano, entramos en el inmenso *stand* de New Balance, patrocinador oficial de la carrera, y empleamos un buen rato en ver todo lo que ofrece. Compramos algo y luego vamos a la otra parte de la feria, donde están el resto de marcas. En el *stand* de la revista *Runners' World* nos sacan una foto que te la entregan como si fuese la de la portada del mes. Por fin salimos de la feria y nos tomamos una foto con un anuncio inmenso de una marca de cervezas que da la bienvenida a Nueva York a todos los *Beer Runners* del mundo. Luego echamos un vistazo por fuera al portaviones *Intrepid* y volvimos hacia el hotel. A la tarde empezó a llover fuerte, pero por suerte el tiempo nos aguantó casi todo el día.

El sábado por la mañana llovía. Fuimos a una excursión organizada y recorrimos en autobús buena parte de la ciudad, como Harlem, el Bronx, el barrio judío de Queens y Brooklyn. En Brooklyn dejamos el bus y comimos unas hamburguesas. Luego estuvimos sacando unas fotos del *skyline* de Manhattan, que es espectacular desde esa parte del East River, antes de tomar un ferry a Wall Street desde donde visitamos la Zona 0 y luego caminamos un poco por el puente de Brooklyn.

Regresamos en metro al hotel y luego cenamos en un italiano, pero tal vez la cantidad no fue lo suficiente para correr un maratón al día siguiente. Eso junto a comer unas hamburguesas al mediodía fue, tal vez, la causa de mi bajón a partir del kilómetro 30. Poca gasolina en los depósitos y se me gastó antes de tiempo.

Hacía frío y un viento algo desagradable, pero la previsión para el domingo era de sol, poco viento y temperatura algo fresca. Ideal para correr. Ese día nos acostamos temprano, pues el domingo a las 6 de la mañana nos recogía el autobús de Sportravel para el traslado a la salida. Un buen madrugón para luego esperar casi tres horas sentados en el suelo. Menos mal que no llovió.

Antes de entrar en Central Park para correr los últimos kilómetros hacia la meta, en un giro de noventa grados, hay una pantalla gigante en la que se muestran los mensajes que los seguidores de cada corredor han subido a través de la aplicación del móvil de la carrera. Sé que mi mujer me ha enviado unos mensajes en esa aplicación, así que corro mirando la pantalla, incluso deteniéndome un poco, pero no veo ningún mensaje suyo. Supongo que somos demasiados corredores como para que todos podamos verlos.

Ya en Central Park, si la animación del público hasta ahora ha sido una locura (casi es un descanso el paso por los puentes, donde no hay público, para poder escuchar mis pensamientos), ahora pasa a ser una multitud de gente gritando y chocando las manos de los corredores. Una vez más, como en 2013, agradezco a cientos de personas chillar mi nombre, que ven escrito en mi camiseta. Durante todo el recorrido es increíble lo que anima aquí la gente. Dicen que hay dos millones de personas a lo largo de todo el maratón, y la verdad es que puede ser, aunque no los conté a todos. Gracias, Nueva York, por este día.

La fatiga que llevo hace que de vez en cuando tenga que ir caminando. Además, me han empezado a dar algunos calambres en las piernas. Mientras me acerco a la curva de Columbus Circle, desde donde ya encaramos los últimos centenares de metros hasta la meta, empiezo a mirar al público buscando a Juan y a Linda, mis amigos de EE. UU. que me están esperando. Con ese pensamiento logro correr bastante rato sin tener que caminar. Finalmente escucho la voz de Juan que me grita. Menos mal, porque ya les había pasado.

Les saludo y nos sacamos una foto. Les digo dónde está mi hotel y sigo corriendo hacia la meta. Al girar en la curva me espera un pequeño descenso y luego una última cuesta antes de entrar en meta. Estoy con tan malas sensaciones que debo caminar en la cuesta abajo, pero por fin veo la meta y la cruzo en una mezcla de alegría inmensa por estar allí, por haber logrado terminar un nuevo maratón (mi vigésimo cuarto), y de alivio por poder parar por fin.

Tras pasar la meta dejo de correr y me agacho un poco para coger aire. Una persona de la organización se me acerca para ver si estoy bien. Le digo que sí, que solo necesito un minuto. Cuando ya estoy algo mejor, miro el reloj. He tardado 4 h 34 min, un minuto más que en 2013. Bien. No es un maratón para correr, es un maratón para vivirlo con todos los sentidos puestos en absorber todo lo que lo rodea, el público, la gente corriendo, los sonidos, los choques de manos, los puentes. Todo en este maratón se multiplica hasta el infinito. El tiempo que tardes en correrlo es muy secundario, desde mi punto de vista. Sí, me hubiera gustado correrlo con mejores sensaciones, pero no me hubiera gustado correrlo en menos tiempo.

Luego ya camino un poco y me saco una foto. Envío un mensaje escueto («En meta. Muerto y sin batería del móvil») y cuando quiero llamar a Enrique, que debe de estar por allí, el móvil se me apaga.

Recojo mi medalla (preciosa la de este año), me dan un plástico para abrigarme un poco, luego me saco una foto con la medalla en el *photocall* de la meta y sigo avanzando en dirección a la salida de Central Park. Es imposible que me encuentre allí con Enrique, y Amaia y Arteche, es seguro que tardarán en llegar. Si espero me voy a quedar muy frío. Pese al sol, la temperatura será de unos 13°C, y la camiseta térmica fina que llevo debajo de la de correr está sudada. Así que me pongo el chubasquero que he llevado toda la carrera en la cintura, recojo una bolsa con algo de comida y bebida y sigo avanzando por el pasillo que conduce a la salida tras unos setecientos metros que debemos andar antes de salir de la zona vallada.

Poco antes de la salida nos entregan un poncho azul que abriga más. Junto al edificio Dakota, donde termina la zona vallada, me quito las camisetas sudadas y me pongo otra que llevaba en un bolsillo del chubasquero para ponérmela seca ahora. Luego, sin pérdida de tiempo me dirijo a la boca del metro para poder llegar al hotel lo antes posible. No me encuentro muy bien y además quiero llamar a casa y encontrarme con Juan y Linda cuanto antes. Y luego quiero saber dónde están los demás.

En el metro, donde apenas hay sitio, empiezo a sentirme mal. Un sudor frío empieza a recorrer mi frente. Conozco lo que sigue. Es una bajada de tensión, como me pasó tras el Maratón de París, donde también corrí con fatiga la última parte. Antes de desmayarme y montar un *show* en el vagón, aprovecho que el tren se detiene en una estación y salgo disparado. Me siento en el suelo y luego me tumbo. Tengo que hacer que la sangre vuelva a mi cabeza. Por suerte el andén está vacío y no llamo mucho la atención. Solo al cabo de unos diez minutos se me acerca un empleado para ver si estoy bien. Le digo que sí.

Tras recuperarme un poco, me levanto y cojo el siguiente tren. Salgo en la calle 28 y camino las tres manzanas que me separan del hotel. Estoy cansado y frío cuando entro por la puerta y me encuentro con Juan y Linda que me estaban esperando. Me alegro mucho de verles y les doy un abrazo. Luego subo a mi habitación, enchufo el móvil, llamo a casa y compruebo que Enrique está en el metro y que Amaia y Arteche han terminado la carrera. Arteche, tras hacer caminando los últimos kilómetros y Amaia, algo mejor por delante de él. Me ducho y al bajar al *hall*, justo aparecen Amaia y Arteche. Están bien. Me alegro mucho de verles.

Voy con Juan y Linda a cenar algo (es tardísimo) en un italiano. Me recupero enseguida. Luego hablo con los demás que ya están duchados y vienen a cenar al mismo restaurante. Ha sido un día muy duro, largo e intenso. Un día feliz e inolvidable. Tenemos muchas anécdotas que contarnos. Juan y Linda tras la cena se marchan, porque tienen que coger un tren hasta Trenton y luego su coche para llegar a su casa en Pennsylvania, y nosotros nos quedamos un rato más.

Ese domingo nos fuimos pronto a descansar. Lo necesitábamos. Por cierto, me costó bastante quitarme los pantalones, porque me daban calambres en las piernas en lugares insospechados.

El lunes teníamos todo el día libre. Por la mañana fuimos a la tienda de New Balance para ver qué ofertas tenían del *merchandising* de la carrera. Hicimos unas compras y también compramos algo en otra tienda de deportes que tenían ofertas por el maratón y en unos almacenes donde venden pantalones *Levi's* a mitad de precio. Dejamos las cosas en el hotel y fuimos en metro hasta el Museo de Historia Natural junto a Central Park, el de la película *Noche en el Museo*. Antes de entrar, nos comimos unos *hotdogs* para matar el hambre. Por la tarde, teníamos entradas para ver el atardecer en el Top of the Rock, la terraza del edificio Rockefeller. Aunque se puso a llover, sacamos unas fotos muy bonitas con el fondo de las espléndidas vistas de Nueva York que hay desde allí.

Luego cenamos en el mismo edifico del Rockefeller, visitamos un poco la catedral de San Patricio, y fuimos a tomar una cerveza a un bar muy bonito, el Oscar Wilde, que teníamos cerca del hotel. Bueno, quien dice una cerveza dice tres o cuatro, pues nos quedamos allí hasta que cerraron el bar a las tres de la mañana, je, je. En Berlín, en 2016, también cerramos un bar tras la carrera, en aquella ocasión vestidos todavía de corredores, porque fue antes de ir al hotel a ducharnos. Habrá que instaurar la costumbre de cerrar un bar tras cada *Major* que terminemos.

En fin. A la mañana siguiente, cuando me tocaron, suavemente, la puerta de la habitación para ver si estaba vivo (¡a las nueve de la mañana!) tenía un buen dolor de cabeza y la voz algo ronca.

Una corta visita a la magnífica estación Grand Central antes del traslado al aeropuerto puso fin a unos estupendos días de risas, turismo, deporte y buen ambiente.

Ahora solo tenía que pensar en cómo diablos iba a correr el Maratón de San Sebastián tres domingos después.

Texto del artículo publicado en *El Correo* el 6 de noviembre:

El mejor maratón del mundo

Para cualquier corredor popular, el Maratón de Nueva York es un sueño. Y este sueño cuando se hace realidad supera incluso las expectativas.

Nueva York es el mejor maratón del mundo. No es un maratón rápido. Más bien lo contrario, pero es el único maratón en el que hay un público entusiasta que empuja a los cincuenta mil participantes durante toda la carrera y durante todo el día. Es tal el ambiente y el ruido que hacen millones de voces gritando, que a veces casi deseas un poco de silencio para correr con tus pensamientos.

Más de dos millones de personas animando a cincuenta mil corredores de todas las partes del mundo. Es un ejemplo de la magia que puede conseguir el deporte. Aquí no hay extraños, no hay extranjeros, no existen los otros. Todos somos uno, todos sentimos lo mismo, todos corremos y animamos con un solo corazón.

Durante este primer domingo de noviembre, en Nueva York se demuestra que el mundo, que la gente, es mejor de lo que algunos nos quieren hacer ver.

Para mí ha sido mi segundo Maratón de Nueva York, y como cualquiera que lo haya vivido, si pudiera vendría todos los años. Por muy mal que lo haya pasado en los últimos kilómetros, por mucho que me haya costado llegar a la meta, Nueva York siempre cumple con creces todos nuestros anhelos.

Este año he venido acompañado de algunos amigos del equipo Beer Runners *Bilbao y por eso esta vez la experiencia ha sido mejor aun que cuando lo corrí en 2013.*

Es una frase muy manida, pero es verdad: Nueva York es un maratón único, no hay otro igual. Yo he corrido en muchos maratones internacionales, como Berlín o París, pero en ninguno he sentido lo mismo que siento al correr por los cinco barrios de la gran manzana.

Todo lo que rodea a la carrera es pura magia, el ambiente de la ciudad, la larga espera al momento de la salida, oír el himno y el cañonazo que abren las puertas del cielo, la visión del inmenso puente Verrazano–Narrows, la entrada a la locura de Brooklyn, los últimos kilómetros por Central Park... Solo de volver a recordar esas sensaciones se me ponen los pelos de punta.

Hoy me duelen las piernas y no me apetece salir a correr. Pero cuando miro la medalla que me pusieron en Central Park solo puedo decir «misión cumplida», ha merecido la pena.

Por Javier Sánchez-Beaskoetxea
Maratoniano popular

Maratón de Donostia/ San Sebastián'18
(25/11/2018)
4 h 33 s

Como en 2013, tres semanas después de correr en Nueva York volvía a tener una cita con la distancia mágica del maratón. Esta vez la cita iba a ser especial, porque San Sebastián'18 suponía mi vigésimo quinto maratón y quería terminar la carrera con un buen sabor de boca para la ocasión. No sabía cómo me iba a encontrar, pues la semana siguiente a regresar de la gran manzana me encontré muy cansado, mucho más que en las otras ocasiones que he viajado a EE. UU. a una carrera. Llegué a casa con las piernas y los pies hinchados y las sensaciones no eran muy halagüeñas de cara a correr un nuevo maratón en tres semanas.

En otro capítulo del libro he dado los datos de mis entrenamientos en esas tres semanas intermedias, pero como resumen diré que la primera semana fue casi de descanso total para recuperarme de ese cansancio, en la segunda empecé a sentirme mejor y ya pude meter algunos entrenamientos más intensos y la tercera semana fue de medio descanso para llegar lo mejor que pudiera al maratón.

Para evitar, en la medida de lo posible, el bajón que había tenido en Nueva York, los días previos a San Sebastián descansé mucho y comí bien para llegar con los depósitos de glucógeno lo más cargados posible. Con el fin de no madrugar demasiado el día de la carrera para ir desde Bilbao a San Sebastián, reservé una habitación en un hotel cercano a la salida. El sábado cené bien y me fui pronto a la cama dejando todo preparado. Ok. Por lo menos hasta la hora de la salida de la carrera hice todo bien. A partir de ahí, ya vería lo que pasaba.

El domingo al despertarme llovía a cántaros en San Sebastián. El pronóstico decía que el día iba a ir mejorando, pero con riesgo de lluvia toda la mañana. Desayuné y me preparé. Entretanto, dejó de llover, para nuestra alegría. Por si acaso, salí con un chubasquero y guantes y, debajo de la camiseta, me puse otra camiseta térmica para no quedarme frío si llovía más.

Por fin, a las nueve dieron la salida. Salí unos minutos después en el cajón de los que esperábamos terminar entre 3 h 45 min y 4 horas. Tras el cansancio con el que vine de Nueva York no esperaba casi ni completar la carrera, pero al haberme encontrado mejor en los últimos días, pensé que podía terminar en San Sebastián algo por encima de 3 h 50 min.

Con el nuevo recorrido, en los primeros dos kilómetros hay dos pequeños repechos, nada importante, pero pensé que al inicio de la segunda vuelta igual hacían un poco de daño si el cansancio empezaba a notarse. Pero, por el momento, mi única preocupación era mantenerme más o menos en la horquilla de vatios y pulsaciones que había decidido que podría mantener todo el maratón, en torno a los 210 w y las 140–145 pulsaciones. Con estos parámetros estaba corriendo algo por debajo de 5,30 min/km, lo que me supondría llegar a meta en 3 h 50min o poco más.

En el kilómetro 4, al pasar junto al hotel, donde me esperaba mi mujer, aproveché para dejarle el chubasquero y los guantes, pues había salido el sol y empecé a notarme caliente. A partir del kilómetro 7 empecé a tomar mis geles y a beber. Iba bien, dentro de lo que cabe, pero tampoco me encontraba muy sobrado. Parecía que podía mantener el ritmo, pero preferí aflojar un poquito, por si acaso.

Así, con el dilema de no saber muy bien cómo me encontraba de verdad, supongo que fruto de correr el segundo maratón del mes, fui dejando pasar los kilómetros que nos llevaban por el centro de la bonita ciudad de San Sebastián, animados por bastante público.

Más o menos hacia el kilómetro 15 empezó a llover, no muy fuerte, pero sí con algo de persistencia en ocasiones. Empecé a echar de menos mis guantes, aunque no el chubasquero, pues iba a gusto con las dos camisetas y los manguitos que llevaba. Por suerte, le pude decir a mi mujer que me los llevara de nuevo a otro punto del circuito, lo que me ayudó al final, porque cada vez se me enfriaban más las manos por la lluvia.

Al paso de nuevo por la zona de meta, ya nos quedábamos solos los del maratón, pues los del medio maratón, que habían salido con nosotros, terminaban allí su carrera. Pasé el medio maratón en 1 h 56 min 13 s. Seguía manteniendo más o menos el ritmo, tanto en vatios como en pulsaciones, pero las sensaciones iban empeorando. Tal vez iba demasiado rápido y para el kilómetro 25 empecé a bajar el ritmo, por un lado intentando regular y por otro lado porque cada vez me costaba más mantener esos 5,30 min/km. Pese a haber comido bien los días antes y llevar una correcta ingestión de geles y agua, empezaba a notar el cansancio de Nueva York. Según el predictor de tiempo de mi reloj, cada vez iba alejándome más de las 3 h 50 min, así que me puse como objetivos el terminar el maratón sin tener que caminar e intentar bajar de cuatro horas.

La lluvia empezó a dejarse notar en las piernas, y según me acercaba al kilómetro 30 empecé a notar rigidez muscular, sobre todo en la pierna izquierda, y cada vez me dolían más los pies en cada paso, pese a correr con zapatillas nuevas con buena amortiguación. La artritis que tengo cada vez me afecta más en las articulaciones de manos y pies y eso lo voy notando.

Ahora, la pelea era llegar a los siguientes giros importantes en la dirección del maratón, uno hacia el kilómetro 29, que nos hacía tomar la dirección hacia la playa de La Concha, y el último gran giro en el kilómetro 34, que nos devolvía por última vez a La Concha antes de afrontar los cuatro kilómetros finales de vuelta a Anoeta y a la meta.

Ya en los avituallamientos a partir del kilómetro 32 empecé a caminar un poco para beber tranquilo y para aliviar un poco el esfuerzo, y en esos breves tramos de andar se me empezó a complicar el objetivo de sub 4 horas. Justo entonces me sobrepasó la liebre de cuatro horas y luego no la pude alcanzar. Con el objetivo de pelear por ese sub 4, traté incluso de acelerar un poco en los últimos kilómetros, aunque me estaba costando bastante mantener el ritmo.

Por fin, llegué a la zona de meta, donde comprobé, impotente, que se me iba a escapar ese sub 4 por muy poco. Crucé la meta en 4 h 33 s. No lo logré, pero estaba satisfecho. Había conseguido terminar el segundo maratón en un mes, un maratón complicado, y completar así la bonita cifra de veinticinco maratones. No todo el mundo lo puede decir.

Conclusiones de esta carrera

En 2016, dos meses después del Maratón de Berlín, corrí en San Sebastián haciendo una primera mitad muy despacio (2 h 2 min) terminando muy fuerte en menos de 3 h 55 min. Esta vez, en cambio, tras pasar el medio maratón en 1 h 56 min 13 s, el tiempo final se me fue hasta las 4 h 33 s. La principal diferencia es que en Berlín estaba en muy buena forma y dos meses después me había recuperado bien, por lo que llegué descansado a San Sebastián y todavía con una forma aceptable y pude apretar mucho en la segunda mitad. En cambio, en esta ocasión, no fui a Nueva York en muy buena forma, y tres semanas no son suficientes, para mí, para recuperar del todo, por lo que en San Sebastián corrí de más a menos.

Tal vez, si hubiese corrido este año la primera mitad algo más despacio, habría terminado el maratón en menos de 4 horas manteniendo un ritmo más uniforme toda la carrera. No lo sé, pero es muy probable. El dato de la potencia, que me bajó al final y no pude aguantar los 210 vatios que yo buscaba, me dice que salí algo rápido para como me encontraba. Sin embargo, el pulso fue todo el rato parecido, en torno a las 145 ppm. No me hundí al final ni se me disparó el pulso como en Nueva York.

Todo esto es una enseñanza más que aprendo de cara al futuro. Es lo bonito de los maratones, nunca puedes estar seguro de nada y siempre se aprende de cada experiencia.

Datos:

— Tiempo final: 4 h 33 s.
— Ritmo medio: 5,42.
— Pulso medio: 144 ppm.
— Potencia media: 204 w.
— Potencia media primeros 24 km: 212 w.
— Pulso medio primeros 24 km: 144 ppm.

Celebrando los veinticinco maratones en la meta de San Sebastián.

EPÍLOGO

Como podéis suponer, además de los veinticinco maratones de los que he hablado en este libro, he corrido muchas más carreras, algunas de ellas especialmente atractivas y duras.

Por ejemplo, en 2017 corrí el ultra *trail* del Gornergrat Zermatt Marathon, una carrera espectacular de 46 kilómetros en Suiza, a los pies de una de las montañas más bellas del mundo, el Cervino. La meta de esta carrera está situada a casi 3100 metros de altitud. Otra carrera que me encantó, y que corrí dos veces (2016 y 2017), fue la Wings for Life World Run, en Valencia. Es una carrera diferente, ya que la terminas cuando te alcanza el coche que sale tras los corredores.

En 2016 participé en la Subida a los Lagos de Covadonga, una carrera preciosa y que me trajo multitud de recuerdos de mis ascensiones en bicicleta a esa clásica subida de la Vuelta a España.

Además de carreras oficiales, también me gustan mucho los retos personales. Y así, en 2015 subí corriendo el Tourmalet desde Luz Saint Sauveaur; en 2016 realicé un ultra *trail* casero, completando en solitario los 81 kilómetros que hay por monte, ida y vuelta, desde mi casa de Bilbao a la cima del Gorbea (el monte más alto de Vizcaya) en algo más de quince horas; en 2018 he subido los puertos de Urkiola y Orduña, entrenando para el Stelvio Marathon; y también en 2018 he ido corriendo por carretera desde Bilbao hasta la localidad costera de Leketio, completando un ultra de 57 kilómetros con dos puertos de montaña por el medio.

Por la limitación de espacio en un libro como este, no he añadido nada sobre todas esas experiencias. Pero de todas ellas, y muchas más, podéis leer en mi blog *El sueño de Nueva York*.

Objetivo cien maratones

Cuando veo a esos maratonianos veteranos que han corrido cientos (incluso miles) de maratones por todo el mundo, he de confesar que siento no ya solo admiración, sino una envidia muy sana. Me inspiran muchísimo con estas cifras y me alientan a seguir corriendo durante muchos años, si la salud me lo permite.

Al terminar de escribir este libro llevo veinticinco maratones en mis piernas, lo que no son muchos teniendo en cuenta que en los últimos años corro varios maratones por temporada, pero sí que son bastantes, sobre todo porque la mayor parte de mi vida deportiva la he dedicado al ciclismo, donde he acumulado, también, muchas experiencias en pruebas muy exigentes.

Hay una cifra que me atrae mucho. Esa cifra es el cien. Hace no mucho tiempo que sueño con correr cien maratones, al menos. En el Maratón de Lanzarote, en diciembre de 2017, vi a muchos participantes ingleses que corrían con la camiseta del «100 Marathons Club», un club que del que me gustaría ser socio.

Y he hecho unos cálculos. Teniendo en cuenta mi edad (soy de la misma quinta que Martín Fiz), si corro una media de cuatro maratones al año, que es lo que estoy haciendo últimamente, llegaré a la cifra redonda de cien maratones con setenta y cuatro años.

Sé que es un reto exigente y que lo más probable es que no tenga salud suficiente como para mantener esa media de cuatro maratones al año durante los próximos veinte años. Pero no me negaréis que es un reto apasionante y que puede hacerme mantener la ilusión durante gran parte del resto de mi vida.

Ilusión. Creo que es la clave para todo en la vida. Ilusión para viajar, para correr, para seguir compartiendo el viaje de la vida con los míos.

En este libro he hablado mucho de sueños, y de que muchas veces se me han hecho realidad. ¿Por qué este sueño de correr cien maratones no puede ser otro de los que se cumplan? Por mi parte, creo que puedo poner la ilusión y las ganas necesarias.

En el Gornergrat Zermatt Ultramarathon, llegando a Riffelalp.
Al fondo, oculto tras las nubes, está el Cervino.

Otra cosa es la salud, que en mi caso, al sufrir de un tipo de artritis, una de esas enfermedades crónicas que es casi imposible que vayan a mejor, y un comienzo de artrosis en las lumbares, sé que algún día igual no pueda correr tanto como ahora.

Pero el futuro se escribe en el presente. Escribo estas líneas a finales de 2018 y ya tengo pagados los dorsales de los dos primeros maratones que correré en 2019 (Milano Marathon y Spitsbergen Marathon). Al futuro se viaja así, paso a paso, carrera a carrera. Voy a por el 2019. Luego vendrán los siguientes.

ANEXOS

Añado a continuación los entrenamientos que realicé para los tres maratones a los que mejor he llegado en los últimos años —Rotterdam'14, Sevilla'15 y Berlín'16— para que sirvan como ejemplo a los lectores. Hay que tener en cuenta que estos maratones los corrí con más de 50 años.

Algunos aspectos comunes a todos estos entrenamientos:

— Los ritmos de los entrenos, salvo las series, normalmente los hago sin pasar del umbral anaeróbico (que puedas ir hablando con alguien o respirando por la nariz).

— Durante las series hay que correr por encima de esas pulsaciones, pero tampoco a tope. Con sobrepasarlas en unas pocas pulsaciones ya estás trabajando.

— En las recuperaciones entre series hay que procurar que las pulsaciones bajen todo lo posible, pero sin dejar de correr.

— Las tiradas largas son habitualmente por debajo del umbral los primeros dos tercios y luego acelerando en progresión, aprovechando para probar ropa, geles, forma de beber, etc.

— En los días de descanso a veces voy al gimnasio para fortalecer piernas y *core* (abdominales, lumbares, etc.).

— Semana RA = Semana de Regeneración Activa. Una semana de cada tres de carga progresiva. En la semana de RA corro menos días y menos kilómetros, aunque se puede mantener algún día de intensidad. Sí que mantengo la tirada de fondo del domingo. Estas semanas son muy importantes para que el cuerpo asimile el trabajo de las tres semanas previas.

Plan de entrenamiento para Rotterdam'14

Después de haber corrido el Maratón de Nueva York y el de San Sebastián en noviembre de 2013, descansé tres semanas y, a finales de diciembre, empecé a correr otra vez ya de cara a preparar el Maratón de Rotterdam en abril.

Estos son los entrenamientos que hice desde la San Silvestre de Rekalde (Bilbao) el 31 de diciembre de 2013 hasta el maratón, tanto corriendo como en bicicleta. Además, fui al gimnasio una vez a la semana.

SEMANA 1:	30 DICIEMBRE – 5 ENERO
Lunes	
Martes	Carrera San Silvestre Rekalde. 6,5 km en 30 min a 4,40.
Miércoles	Caminata por el monte
Jueves	
Viernes	12,5 km en 1 h 12 min, incluyendo circuito de Técnica de carrera (TC)
Sábado	Salida en bici de 58 km en 2 h 23 min
Domingo	Trail por monte, 10,5 km en 1 h 12 min

SEMANA 2:	6 – 12 ENERO
Lunes	
Martes	6 km en 32 minutos de Regeneración activa (RA)
Miércoles	11 km en 1 h 1 min, incluyendo 3x2000
Jueves	
Viernes	11 km en 1 h 3 min, incluyendo TC
Sábado	Bici 81 km en 3 h 10 min
Domingo	Trail por monte, 10 km en 1 h 15 min. Me lesiono el tobillo al hacerme un esguince tras pisar una rama.

SEMANA 3:	13 – 19 ENERO RA
Lunes	
Martes	
Miércoles	Bici, 29 km en 1 h 6 min, con esprints
Jueves	
Viernes	Bici, 86 km en 3 h 47 min
Sábado	Bici 51 km en 2 h 12 min
Domingo	3 km en 17 min RA

SEMANA 4:	20 – 26 ENERO
Lunes	
Martes	
Miércoles	

Jueves	
Viernes	
Sábado	
Domingo	Bici, 68 km en 2 h 42 min

SEMANA 5:   **27 ENERO – 2 FEBRERO**

Lunes	
Martes	3,7 km en 21 min RA
Miércoles	
Jueves	3,7 km en 19 min RA
Viernes	Bici, 76 km en 3 h 2 min
Sábado	4,6 km en 25 min RA
Domingo	8,9 km en 47 min con 3x1 km

SEMANA 6:   **3 – 9 FEBRERO RA**

Lunes	
Martes	6,5 km en 36 min
Miércoles	15 km en 1 h 28 min
Jueves	
Viernes	9 km en 52 min
Sábado	18 km en 1 h 43 min
Domingo	Bici, 46 km en 1 h 57 min

SEMANA 7:   **10 – 16 FEBRERO**

Lunes	
Martes	7 km en 38 min, con Técnica de carrera (TC)
Miércoles	15 km en 1 h 22 min, con cuestas
Jueves	
Viernes	10 km en 52 min, con 4x1 km
Sábado	Bici, 70 km en 2 h 48 min
Domingo	18,5 km en 1 h 48 min

SEMANA 8:   **17 – 23 FEBRERO**

Lunes	
Martes	
Miércoles	12 km en 1 h 4 min, con 1x5 km + 1x2 km
Jueves	
Viernes	16 km en 1 h 30 min, con 1x2 km
Sábado	Bici, 57 km en 2 h 19 min
Domingo	Carrera Herri Krosa de Arrigorriaga, con cuestas, más unos km para alargar. Total: 17 km en 1 h 32 min

SEMANA 9:   **24 FEBRERO – 2 MARZO**

Lunes	
Martes	8 km en 41 min con 1x2 km
Miércoles	14 km en 1 h 19 min
Jueves	
Viernes	13 km en 1 h 12 min
Sábado	4,6 km en 25 min RA
Domingo	22 km en 2 h 6 min

SEMANA 10:   **3 – 9 MARZO RA**

Lunes	
Martes	

Miércoles	6 km en 31 min, con 5x30 s
Jueves	
Viernes	9 km en 47 min, con 2x1 km
Sábado	Bici, 67 km en 2 h 51 min
Domingo	1/2 Maratón de Santander, en 1 h 50 min

SEMANA 11:   **10 – 16 MARZO**

Lunes	
Martes	4,2 km en 25 min RA
Miércoles	14 km en 1 h 15 min con series descendentes 2x(2min – R 2 min; 1,5 min – R 1,5 min; 1 min – R 1 min; 30 s – R 30 s)
Jueves	
Viernes	14 km en 1 h 18 min
Sábado	Bici, 74 km en 3 h 8 min
Domingo	25 km en 2 h 21 min

SEMANA 12:   **17 – 23 MARZO**

Lunes	
Martes	
Miércoles	14,3 km, en 1h 17 min, con series descendentes 3x(2 min – R 2 min; 1,5 min – R 1,5 min; 1 min – R 1 min; 30 s – R 30 s)
Jueves	
Viernes	Bici, 73 km en 3 h
Sábado	Medio Maratón Azkoitia–Azpeitia, en 1 h 46 min
Domingo	

SEMANA 13:   **24 – 30 MARZO**

Lunes	4 km en 21 min RA
Martes	7 km en 36 min, con 1x2km + 1x500m
Miércoles	8,5 km en 45 min, con 3x(5x30 min)
Jueves	
Viernes	12,4 km en 1 h 6 min
Sábado	Bici, 54 km en 2 h
Domingo	26 km en 2 h 24 min

SEMANA 14:   **31 MARZO – 6 ABRIL RA**

Lunes	
Martes	
Miércoles	
Jueves	
Viernes	*Trail* monte, 14 km en 1 h 47 min
Sábado	Bici, 43 km en 1 h 42 min
Domingo	13,7 km en 1 h 13 min

SEMANA 15:   **7 – 13 ABRIL**

Lunes	
Martes	5,7 km en 29 min RA
Miércoles	7,3 km en 40 min RA
Jueves	
Viernes	
Sábado	7 km en 54 min RA
Domingo	MARATÓN DE ROTTERDAM. 3 h 45 min 26 s

Plan de entrenamiento para Sevilla'15

Después del verano empecé a correr con normalidad y a partir de octubre, ya me centré más en el Maratón de Sevilla, que era el primero de mi reto «5x5 Maratones» entre febrero y junio de 2015. También incluí uno o dos días de gimnasio a la semana.

SEMANA 1:

Lunes	
Martes	43 min
Miércoles	54 min 4x1 km, recup. 1 km
Jueves	
Viernes	50 min + TC
Sábado	Bici
Domingo	1 h 12 min (Incluyendo Carrera contra el Cáncer, de 5 km)

SEMANA 2:

Lunes	
Martes	42 min
Miércoles	Prueba esfuerzo
Jueves	50 min con 5x10 s, recup. 5 min
Viernes	16 min + gimnasio
Sábado	Primera parte del BILBAO NIGHT MARATHON, 15 km. 1 h 25 min
Domingo	

SEMANA 3:

Lunes	
Martes	47 min
Miércoles	
Jueves	
Viernes	53 min con 5x10 s, recu 5 min
Sábado	Bici
Domingo	1 h 25 min (Incluyendo la Clásica 4 Puentes de Basauri, 12 km) 15,5 km

SEMANA 4:

Lunes	
Martes	48 min
Miércoles	59 min, con 5x1 km recup. 1 km
Jueves	24 min
Viernes	55 min
Sábado	*Trail* monte de 3 h
Domingo	37 min

SEMANA 5:

Lunes	
Martes	56 min
Miércoles	
Jueves	57 min
Viernes	55 min 4x1 km
Sábado	30 min
Domingo	1 h 37 min

SEMANA 6:

Lunes	
Martes	1 h
Miércoles	1 h 3 min, con 5x1 km recu 1 km
Jueves	
Viernes	50 min, escaleras La Salve x3
Sábado	
Domingo	46 min 37 s (Herri Krossa Bilbao 10 km)

SEMANA 7:

Lunes	6 km
Martes	14 km
Miércoles	14,5 km
Jueves	7 km
Viernes	14 km
Sábado	2 km
Domingo	16 km , 1 h 18 min

SEMANA 8:

Lunes	
Martes	
Miércoles	
Jueves	36 min
Viernes	57 min 5x500 m
Sábado	
Domingo	Santurtzi–Bilbao, 16 km, 1 h 18 min

SEMANA 9:

Lunes	
Martes	41 min
Miércoles	1 h, con 3x2 km
Jueves	
Viernes	1 h 38 min, 16 km
Sábado	
Domingo	1 h 35 min, 18 km

SEMANA 10:

Lunes	
Martes	32 min
Miércoles	1 h 10 min, con 5x10 min, recup. 2 min
Jueves	
Viernes	1 h 5 min + TC
Sábado	
Domingo	2 h 6 min, 18 km *trail*

SEMANA 11:

Lunes	
Martes	
Miércoles	47 min
Jueves	
Viernes	1 h 5 min
Sábado	
Domingo	Medio Maratón de Vitoria, 1 h 44 min

SEMANA 12:

Lunes	
Martes	2 h *Trail*
Miércoles	1 h 20 min, con series descendentes. (2 min–R2 min; 1 h 30 min – R1 h 30 min; 1 min – R1 min; 30 s – R30 s) x 3
Jueves	
Viernes	1 h + TC
Sábado	
Domingo	2 h 8 min 23k

SEMANA 13:

Lunes	
Martes	*Trail* monte
Miércoles	San Silvestre Bilbao, 7,8 km, 36 min 36 s
Jueves	30 min
Viernes	1 h 5 min, 2x5x(30+20+10 s)
Sábado	1 h 20 min 15 km
Domingo	34 min

SEMANA 14:

Lunes	1 h 1 min, 11 km, lesión sobrecarga tibial
Martes	
Miércoles	
Jueves	masaje
Viernes	1 h 1 min
Sábado	53 min, 11 km
Domingo	1 h 53 min, 20 km

SEMANA 15:

Lunes	
Martes	
Miércoles	50 min
Jueves	50 min
Viernes	
Sábado	2 h 2 min, 21 km
Domingo	35 min

SEMANA 16:

Lunes	
Martes	43 min
Miércoles	50 min con (3x5 min), recup. 2 min
Jueves	Gimnasio
Viernes	1 h 10 min + 5 escaleras
Sábado	20 min + gimnasio
Domingo	2 h 25 min 27 km

SEMANA 17:

Lunes	
Martes	45 min
Miércoles	1 h 24 min, 16 km con series descendentes. (2 min – R 2 min; 1,5 min –R 1,5 min; 1 min – R 1 min; 30s –R 30 s) x 4
Jueves	
Viernes	1 h 9 min

| Sábado | 11 min + gimnasio |
| Domingo | 2 h 33 min, 28 km |

SEMANA 18:

Lunes	
Martes	45 min
Miércoles	43 min con (5x30 s– R 30 s) x 3, recup. 5 s
Jueves	
Viernes	1 h
Sábado	
Domingo	2 h 23 min, test 2 x 6 km

SEMANA 19:

Lunes	
Martes	
Miércoles	1 h
Jueves	
Viernes	30 min cinta
Sábado	20 min cinta
Domingo	1 h 4 min

SEMANA 20:

Lunes	
Martes	38 min
Miércoles	Prueba de esfuerzo
Jueves	masaje
Viernes	
Sábado	25 min
Domingo	MARATÓN DE SEVILLA, en 3 h 42 min 24 s

Plan de entrenamiento para Berlín'16

Después de haber hecho el ultra de Bilbao–Gorbea–Bilbao, y tras unos días de bici y *trail* en Pirineos para ver el Tour de Francia, empecé a preparar el Maratón de Berlín de septiembre, en el que quería intentar bajar mi MMP.

SEMANA 1:	**27 junio al 3 julio**
Lunes	
Martes	Bici 35 km, 1 h 22 min
Miércoles	Bilbao–Gorbea–Bilbao, 80 km
Jueves	
Viernes	Bici, 50 km, 2 h 16 min
Sábado	4 km en 22 min RA
Domingo	Bici, 46 km, 2 h 20 min

SEMANA 2:	**4 al 10 julio**
Lunes	14 km en 1 h 21 min
Martes	7 km en 39 min, con 3x3 min recup. 1 min

Miércoles	
Jueves	2,6 km en 16 min RA
Viernes	Bici Pirineos, 44 km, 2 h 48 min, con dos puertos
Sábado	Bici Pirineos, 65 km, 3 h 27 min, con dos puertos
Domingo	11,9 km Trail Tourmalet Pic du Midi, 1 h 34 min

SEMANA 3:	**11 al 17 julio**
Lunes	
Martes	6,3 km, 38 min RA
Miércoles	13,7 km, 1 h 11 min, con 8x3 min recup. 1min
Jueves	
Viernes	11,7 km, 1 h 4 min
Sábado	6 km, 33 min RA
Domingo	18 km, 1 h 37 min

SEMANA 4:	**18 al 24 julio RA**
Lunes	
Martes	
Miércoles	6,5 km, 34 min RA
Jueves	8 km, 50 min RA
Viernes	
Sábado	6 km, 36 min RA
Domingo	21 km, 1 h 54 min

SEMANA 5:	**25 al 31 julio**
Lunes	4 km, 23 min RA
Martes	8 km ,41 min
Miércoles	
Jueves	16 km, 1h 27 min, 5x2km recup. 1 min
Viernes	
Sábado	8,2 km, 48 min
Domingo	23 km, 2 h 6 min

SEMANA 6:	**1 al 7 agosto**
Lunes	4 km, 25 min RA
Martes	14 km, 1 h 19 min
Miércoles	16 km, 1 h 28 min, 5x10 min, recup. 2 min
Jueves	
Viernes	12 km, 1h 8 min
Sábado	
Domingo	15 km, 1h 30 min, con cuestas

SEMANA 7:	**8 al 14 agosto**
Lunes	
Martes	10,5 km, 55 min
Miércoles	13 km, 1 h 8 min, con 15x300m recup. 30 s
Jueves	
Viernes	11 km, 1 h 2 min RA
Sábado	21 km, 2 h 2 min, cuestas
Domingo	

SEMANA 8:	**15 al 21 agosto RA**
Lunes	
Martes	

Miércoles	13 km, 1 h 13 min
Jueves	
Viernes	10,6 km, 1 h, con cuestas
Sábado	3,4 km, 21 min RA
Domingo	27 km, 2 h 26 min

SEMANA 9:   22 al 28 agosto

Lunes	
Martes	17 km, 1 h 31 min, 2x5km recup. 2 min
Miércoles	10 km, 1 h
Jueves	
Viernes	17 km, 1 h 30 min, 10x1 km, recup. 1 min
Sábado	
Domingo	23 km, 2 h 15 min, con cuestas

SEMANA 10:   29 agosto al 4 septiembre

Lunes	3 km, 17 min RA
Martes	14 km, 1 h 20 min
Miércoles	12 km, 1 h 4 min 6x1km
Jueves	Bici, 29 km, 1 h 22 min
Viernes	6 km, 33 min RA
Sábado	
Domingo	Medio Maratón del Bajo Pas, 1 h 40 min

SEMANA 11:   5 al 11 septiembre

Lunes	
Martes	8,9 km, 50 min RA
Miércoles	16 km, 1 h 22 min 3x3 km
Jueves	
Viernes	10,5 km, 1 h 1 min
Sábado	
Domingo	20 km, 1 h 50 min, test 2x6k recup. 90 s

SEMANA 12:   12 al 18 septiembre RA

Lunes	
Martes	6 km, 33 min RA
Miércoles	12 km, 1 h 6 min, con cambios de ritmo
Jueves	
Viernes	
Sábado	4 km, 23 min RA
Domingo	14 km, 1 h 16 min

SEMANA 13:   19 al 25 septiembre RA

Lunes	
Martes	5 km, 31 min RA
Miércoles	7 km, 38 min, 4x500m
Jueves	
Viernes	
Sábado	3,8 km, 28 min RA
Domingo	MARATÓN DE BERLÍN, 3 h 49 min 9 s

BIBLIOGRAFÍA
Y REFERENCIAS

Libros citados

Ambrosio, Martín y Losada, Alfredo. *Por qué corremos: Las causas científicas del furor de las maratones.* Ed. Debate.

Barron, Joseba. *El entrenamiento invisible. Volumen 2.* Autoeditado en Bubok.

Beristain, Begoña. *Tú también puedes ser runner. La experiencia vital de una corredora más allá de los 40.* Ed. Arcopress.

Caesar, Ed. *Dos horas: En busca del maratón imposible.* Ed. Debate.

Cuevas, Antonio J. *Maratón. La vida en cuarenta y dos kilómetros y pico.* Bubok.

Csikszentmihalyi, Mihaly. *Flujo. Una psicología de la felicidad.* Ed. Kairós.

Echanoz, Jean. *Correr.* Ed. Anagrama.

González de Matauco, Jorge. *En busca de las carreras extremas. La ruta hacia el Grand Slam Marathon.* Ed. Desnivel.

González de Matauco, Jorge. *Filípides era vikingo. Viajes y maratones por Svalbard, Groenlandia, Islas del Canal, Islas de Aland, Islandia e Islas Feroe.* Autoeditado en Amazon.

Jornet, Kilian. *Correr o morir.* Ed. Now Books.

Jornet, Kilian. *La frontera invisible.* Ed. Now Books.

Jornet, Kilian. *Nada es imposible.* Ed. Now Books.

MacDougall, Christopher. *Nacidos para correr: La historia de una tribu oculta, un grupo de superatletas y la mayor carrera de la historia.* Ed. Debate.

Martínez, Chema. *No pienses, corre.* Ed. SLU Espasa libros.

Mitre, Cristina. *Mujeres que corren. Todo lo que necesitas saber sobre el running.* Ed. Temas de hoy.

Mitre, Cristina. *Correr es vivir a tope de power.* Ed. Martínez Roca.

Murakami, Haruki. *De qué hablo cuando hablo de correr.* Ed. Tusquets Editores.

Obregón, Alma. ¡A correr!: Una historia de superación, una guía para conseguirlo. Ed. Aguilar.

Sánchez–Beaskoetxea, Javier. *42,2 Muerte en Central Park.* Autoeditado en Amazon.

Sánchez–Beaskoetxea, Javier. *Gorbea. Un año, doce ascensiones.* Ed. Diputación Foral de Bizkaia.

Sillitoe, Alan. *La soledad del corredor de fondo.* Ed. Impedimenta.

Van Dijk, Hans & Van Megen, Ron. *The secret of running.* Meyer & Meyer Sports (en inglés).

Vega, Rafael. *Efecto maratón.* Ed. Almuzara.

Páginas web citadas (por orden de citación)

Centro de Medicina Deportiva Senkirol:
→ *https://senkirol.wordpress.com/*

Blog *El sueño de Nueva York*:
→ *https://elsuenodenuevayork.blogspot.com.es/*

Calculadora McMillan:
→ *https://www.mcmillanrunning.com/*

Runners World España:
→ *http://www.runners.es/*

Test Rodrigo Gavela 2 x 6k:
→ *http://www.runners.es/entrenamiento/articulo/calcula-tu-tiempo-maraton*

Planes de Hal Higdon:
→ *http://www.halhigdon.com/training/51135/Marathon-Training-Guide*

Plan *Runners World* sub 3:30:
→ *http://www.runners.es/entrenamiento/planes-de-entrenamiento/articulo/plan-entrenamiento-17-semanas-para-bajar-33000-maraton*

Plan *Foro Atletismo* J.A. Redolat sub 3:30:
→ *https://www.foroatletismo.com/planes-de-entrenamiento/plan-de-entrenamiento-para-bajar-de-3h-30-minutos-en-maraton/*

Planes para maratón web Maratón Martín Fiz:
→ *http://www.maratonmartinfiz.com/seccion/56/preparar-un-marat%C3%B3n*

Planes maratón *Soy Maratonista*:
→ *https://www.soymaratonista.com/plan-de-entrenamiento-para-correr-42k/*

Estudio de *Run Repeat* sobre maratones más rápidos por países:
—> *https://runrepeat.com/research-marathon-performance-across-nations*
Página web de *Mujeres que corren*:
—> *www.mujeres-que-corren.com*
Blog sobre libros *1000 y un libros*:
—> *http://1000yunlibros.blogspot.com.es/2017/11/422-muerte-en-central-park-javier.html*
Blog *El col del Agonistic*:
—> *http://agonistic.blogspot.com.es/*
Estudio sobre participación maratones en España en el Blog *La república del running*:
—> *https://runningdv.wordpress.com/2014/03/30/estadisticas-de-la-participacion-en-maratones-en-espana-2008-2013/*
Artículo en Training Peaks sobre la potencia y los récords mundiales:
—> *https://www.trainingpeaks.com/blog/running-with-power-what-it-can-tell-us-about-our-human-limits/*
Calculadora de *The Secret of Running*:
—> *https://thesecretofrunning.com/calculator/*
Palladino Power Project de Steve Palladino:
—> *https://www.facebook.com/groups/PalladinoPowerProject/*
Estudio sobre genética de los atletas:
—> *https://elpais.com/elpais/2016/02/03/ciencia/1454514559_638013.html*
Estudio sobre disminución prestaciones físicas de los niños:
—> *http://www.nydailynews.com/life-style/health/kids-today-run-slower-parents-study-finds-article-1.1522349*
Artículo en la revista *Nature* sobre la carrera a pie y la evolución del ser humano:
—> *https://www.nature.com/articles/nature03052*